跨境电商

海外淘金全攻略

玩转“速卖通”100招

智创文化　主编

化学工业出版社
·北京·

“速卖通”平台是阿里巴巴集团打造的国际版“淘宝”，旨在将中国制造卖向全世界。本书收集、整理了新手卖家在开店、选品、物流、营销等实操过程中的100个技巧，并针对常见问题给予全面解答，告知新手卖家如何轻松玩转“速卖通”。

本书共10章，覆盖了跨境电商在“速卖通”平台实务操作必知、必会的要点，内容涵盖平台概述、账号注册、数据运营、商品发布、商品推广、店铺定位、店铺设计与装饰、商品定价、交易管理、售后服务等方方面面，这些知识可以帮助新跨境电商迅速掌握当下的发展态势和基本业务流程，以便对如何开展跨境电商业务做到心中有数。本书还分享了独创管理表格，以提高店铺管理效率，优化搜索引擎，带领读者开启跨境电商海外淘金之路，可以帮助跨境电商迅速掌握阿里“速卖通”平台运营的核心，提升自己的业绩和竞争力。

本书不仅是我国传统零售行业做好外贸出口转型跨境电商的实操指导书籍，也适合传统电商从业人员、高等学校出口外贸等相关专业的师生参考。

图书在版编目（CIP）数据

跨境电商海外淘金全攻略：玩转“速卖通”100招/智创文化主编.—北京：化学工业出版社，2019.3

ISBN 978-7-122-33552-4

Ⅰ.①跨… Ⅱ.①智… Ⅲ.①电子商务-商业经营 Ⅳ.①F713.365.2

中国版本图书馆CIP数据核字（2018）第303324号

责任编辑：卢萌萌　　装帧设计：尹琳琳
责任校对：边　涛

出版发行：化学工业出版社（北京市东城区青年湖南街13号　邮政编码100011）
印　　装：大厂聚鑫印刷有限责任公司
710mm×1000mm　1/16　印张15½　字数293千字　2020年11月北京第1版第1次印刷

购书咨询：010-64518888　　售后服务：010-64518899
网　　址：http://www.cip.com.cn
凡购买本书，如有缺损质量问题，本社销售中心负责调换。

定　　价：59.80元

前言

自“互联网+”上升到国家战略以来，跨境电子商务快速崛起，成为促进我国外贸经济发展的主要动力。自2017年以来，越来越多的企业、个人加入到了跨境电商大军中，跨境电商交易规模增长率一直维持在30%以上，2017年已经超千亿元。2012年跨境电商仅占整个进出口交易总规模的9.6%，而2017年达到了24%，虽较2016年略有下降，但仍有很大的增长空间，市场潜力巨大。

“速卖通”作为主要的跨境电商平台之一，在市场拓展、市场占有率、客户开发、国际影响力等方面都有巨大优势，已成为企业开拓跨境电商业务，进军国际市场的首选。本书紧紧围绕跨境电商平台——速卖通来详细解读，旨在打造一本实操性、可读性都很强的参考书，帮助读者了解和学好速卖通平台，从零开始学做速卖通跨境卖家。

全书结合速卖通最新版本，采用简练的语言、清晰的图示，详解如何开店，如何运用后台数据分析定位，如何选品、发货，如何与买家沟通等；同时在此基础上还增添了很多创新内容，如典型案例的分析等，有利于卖家边学习边实操，一步一步地指导读者玩转速卖通，完成从新手到高手的进阶之路。

本书共10章，分别从平台概述、账号注册、数据运营、商品发布、商品推广、店铺定位、店铺设计与装饰、商品定价、交易管理、售后服务等方面入手。这些方面基本涵盖了一个“速卖通”卖家新手的所有需求，可以帮助他们全面、快速了解所需要的知识。

本书能够得以出版，要感谢魏艳、苗小刚等的大力支持和帮助，同时也感谢化学工业出版社编辑们在本书出版过程中提出很多好的建议。限于时间和水平，书中难免有疏漏之处，恳请读者批评指正。

编者

2020年1月

目录 CONTENT

第1章

平台概述：充分了解速卖通平台及海外市场

第2章

账号注册：先把“小店”完美地开起来

第3章

数据运营：利用数据纵横研判市场和选品

第4章

商品发布：商品这样上架才能提高曝光度

第5章

商品推广：充分利用直通车推销工具

第6章

店铺定位：打造个性化店铺

第7章

店铺设计与装饰：给买家眼前一亮的感觉

第8章

商品定价：价格是影响销量的核心因素

第9章

交易管理：左手及时发货，右手安全收款

第10章

售后服务：给买家完美的购物体验

第1章

平台概述：充分了解速卖通平台及海外市场

全球速卖通（AliExpress），又常被广大卖家习惯性地简称为速卖通（全书统称），是阿里巴巴旗下一个面向全球市场的在线交易平台。随着跨境电子商务发展浪潮的推进，速卖通在国际市场上的作用越来越重要，成为国内商品走向国际市场，面向全球消费者的重要窗口。

妙招1 跨境电子商务平台预览

随着“互联网+”战略的提出和实施，以及国家对跨境电子商务的大力扶持，跨境电子商务已经成为我国外贸出口的一大“亮点”。跨境电子商务交易规模持续扩大，在整个进出口贸易中所占比重越来越高。这也预示着我国跨境电子商务发展将迎来黄金时代，实现了“买全球”和“卖全球”的战略目标。

跨境电子商务的发展需要跨境电子商务平台的支撑，因为只有平台才能提供相应的服务，如线上交易、物流配送、电子支付等。

目前，卖家做跨境电子商务选择的平台主要有Amazon、eBay、Wish、速卖通等。这些主流的跨境电子商务平台各有特点。

（1）Amazon

亚马逊，全球电子商务B2C平台的鼻祖，它的存在对于整个电子商务的发展影响巨大。中国外贸人选择跨境平台首先认识的也是亚马逊。

亚马逊对入驻商家的要求比较高，在商家资质、商品品质、品牌影响力等方面要求都十分严格。卖家注册亚马逊账号以后，需开通美元银行账户，申请联邦税号。为此，一些老卖家常常会先注册一家美国公司或者找一家美国代理公司，目的就是为了便于开展这方面的业务。

亚马逊的开店流程复杂，手续繁多，且有非常严格的审核制度。如果违规或者不了解规则，不仅会有封店铺的风险，甚至还会有法律上的风险，所以卖家如果在亚马逊上开店，最好先选择一家培训公司接受专业培训，了解开店政策和知识以后再做。

（2）eBay

eBay的核心市场在美国和欧洲等比较成熟的市场。相对于亚马逊，eBay的优势在于开店门槛低、免费、手续简单，劣势是eBay的规则极度偏向买家，如果商品售后做得不好的话，很容易出现问题。

还有一个争议比较多的方面就是eBay的付款方式。大多数卖家选择的付款方式是PayPal，但PayPal有一定的风险，尤其是遇到买卖争议时，eBay最终是偏向买家的，会导致卖家损失惨重。因此，店铺被封是经常有的事情，所以卖家的商品质量、客户服务一定要过关。

（3）Wish

Wish是这几年刚刚兴起的一个基于App的跨境平台，主要靠价廉物美吸引客户，在美国市场有非常高的人气。其核心品类包括服装、珠宝、手机、礼品等，大部分都是从中国发货。Wish商品的价格特别便宜，并且因为其独特的推荐方式和商品较好的品质，使其在短短几年迅速发展。

Wish最大的优势就是移动端的智能推送，可以为客户推送他们喜欢的商品，真正做到点对点的推送，所以客户下单率非常高，而且满意度很高。这对于客户体验来说是非常不错的，因为客户并不想花太多时间在自己不喜欢或者不需要的商品上。通过精准营销，卖家可以在短期内获得销售额的暴增。

据统计，Wish平台97%的订单量来自移动端，App日均下载量稳定在10万左右，峰值时可达到20万。就目前移动互联网的发展态势来看，Wish未来的潜力是非常巨大的，可能成为移动电商未来真正的王者。

对于跨境电子商务从业者来说，选择符合自己特点的跨境平台是首先要做的事情。但无论选择哪个平台，切记一点：确定一个平台后就要集中资源投入，勿要选择广撒网模式。大多数跨境贸易新人往往都有这样一个简单的想法，认为只要在主流跨境电子商务平台全部开店，机会就会最大，收益也会最大。

其实这个观点是错误的，尤其是对跨境新人而言，因为经验、资源、精力有限，所以专注永远比广撒网更有效率。选择一个合适的跨境平台，投入自己的资源，好好经营一家店铺，这才是跨境新人正确开店的第一步。如果各个平台全部投入，顾此失彼，最终只能是竹篮打水一场空。

妙招 2　充分了解速卖通的优势

速卖通是阿里巴巴旗下一个全球性的在线交易平台，是全球第三大英文在线购物网站。为了帮助读者更好地了解速卖通，笔者对其优势进行了总结，具体如下。

（1）商品丰富、价格低

速卖通作为阿里巴巴未来国际化的重要战略商品，这几年的发展可谓风生水起，已成为全球最活跃的跨境平台之一，同时依靠阿里巴巴庞大的会员基础，也成为目前全球商品品类最丰富的平台之一。

速卖通对价格也比较敏感，低价策略比较明显，这也与阿里巴巴导入淘宝卖家客户的策略有关，因此很多人现在做速卖通的策略类似于前几年的淘宝店铺。

（2）适合中小企业卖家

速卖通被广大用户称为国际版“淘宝”，是中国最大的B2C交易平台。就像国内的淘宝一样，是链接买卖双方交易的一个平台，把商品编辑成在线信息后，通过速卖通平台发布到海外。

不同的是，速卖通面向的是国际消费者，旨在帮助国内中小企业、终端批发零售商的商品小批量、多批次快速销往海外市场，满足全球各个国家和地区的用户需求。速卖通是连接国内销售商与国际消费者的平台，流程如图1-1所示。

图1-1　速卖通的平台性质

（3）综合性平台

速卖通是一个综合性的平台，融商品交易、订单、支付、物流于一体。换句话说就是，买卖双方的整个交易流程全部可以在平台上实现。卖家负责将商品上架、管理、销售、收付款等，买家选择商品、下单、完成支付，并享受售后服务等。速卖通平台上买卖双方交易的流程如图1-2所示。

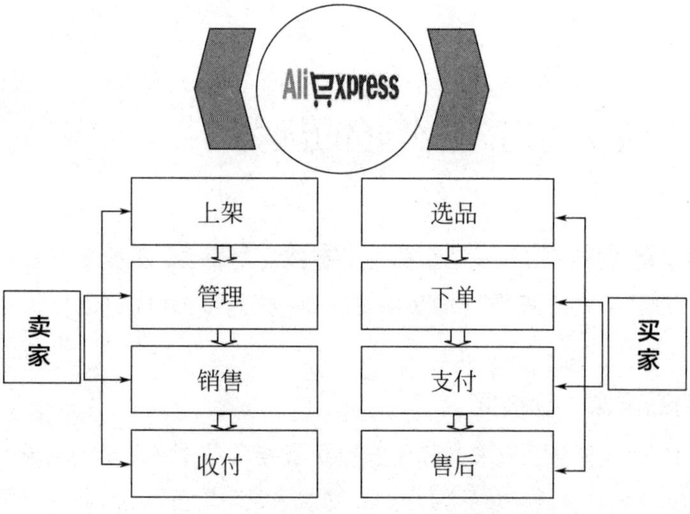

图1-2　速卖通上买卖双方交易的流程

（4）影响大，范围广

速卖通于2010年4月上线，经过几年的发展，至2018年已经成为全球最大的跨境交易平台。速卖通覆盖全球243个国家和地区，拥有世界18个语种站点，网站在Alexa全球排名41位。同时其无线交易占比超过55%，在Android shopping榜单的25个国家中排名第一，是中国第2个荣获Google Play全球编选的App。目前俄罗斯、美国、西班牙、法国、巴西、英国这6个国家已经成为速卖通最大的消费市场。

（5）适合新人卖家

速卖通页面操作的中英文版均简单整洁，非常容易上手，尤其适合新人。与此同时，阿里巴巴一直有非常好的社区和客户培训传统，通过社区和阿里的培训，跨境新人可以快速入门速卖通。

妙招3　速卖通卖方市场分布图

速卖通在发展过程中，逐渐呈现出区域化、集中化的趋势，这使其具有了鲜明的地域特征和行业特征。具体主要表现在卖家分布和行业分布上。

（1）卖家分布

速卖通卖家主要集中在珠三角、长三角经济带。速卖通最重要的战略之一就是帮助中国制造的消费品优势产业走出去，目前速卖通所售卖的产品大都集中在体积小、重量轻的产品方面，以3C配件，服装、配饰，发小包为主。因此，深圳的3C产业、义乌的小商品、福建的母婴鞋服、南通的家纺、北京雅宝路服装等成为重要的出口集散地，这些地方的卖家也最多。

据统计，2017年速卖通卖家所在地区的人数，广东占比最多，达38.25%，其次是浙江18.75%，接下来是上海、福建、江苏等地，卖家数占比示意图如图1-3所示。

（2）行业分布

从行业分布角度来看，2017年速卖通市场份额占比最大的是服装行业，占到总行业市场份额的23.48%，其次是手机通讯、美容健康、珠宝手表等，分别占到13.96%、10.43%、6.92%等，行业市场份额占比示意图如图1-4所示。

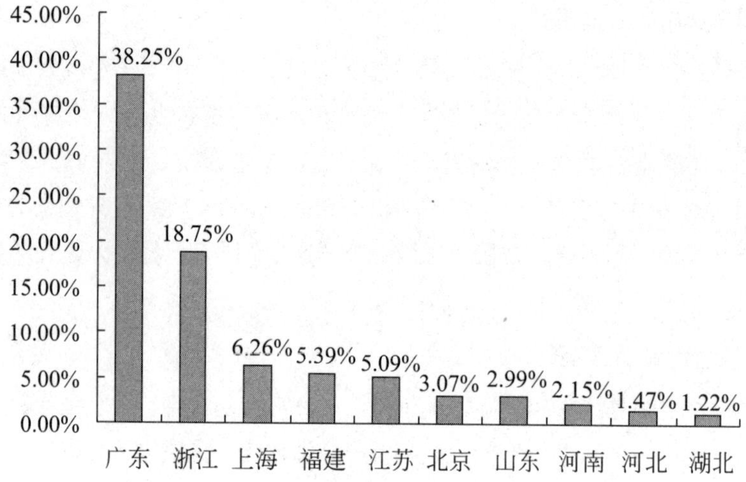

图1-3　速卖通卖家全国各省占比前10

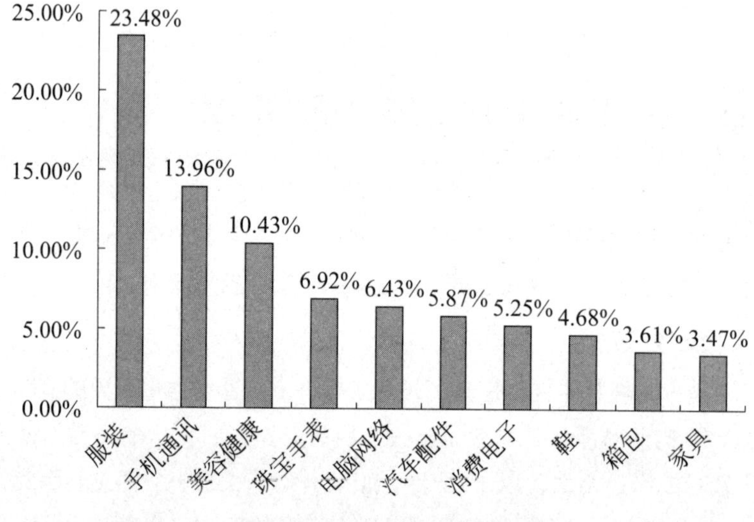

图1-4　速卖通平台商品占整个市场的份额比前10

速卖通的行业分布，与我国长期以来形成的外贸行业特点有关，体现了我国出口的优势行业，如服装、手机电子、手工艺品等，因体积小、货值高、成本低、价格低，深受新型市场国家消费者的喜欢。

以服装为例，长期以来服装业务都是我国出口贸易的重中之重，在国际市场上，尤其是在新兴国家有着较大的影响力。这是因为我国的服装业具有质量好、价格低的特点。我国加工服装的历史悠久，有完善的基础设施和技术优势。同时，服装业是典型的劳动密集型产业，我国拥有世界上无人匹敌的劳动力大军，生产成本大大降低，也使得我国的服装具有价格优势。

再以手机为例，随着我国科技的发展，我国的科技公司也正日渐向市场领先企业发起挑战，电子信息商品逐渐开始引领国际市场，主要有手机、电信、移动设备和在线服务等。最显著的特征就是出口增加，据官方调查显示，2014年我国手机整体产量达到16.3亿部，出口13.1亿部，占到80%以上。这意味着多年累积起来的外向型产业制造优势，通过速卖通重新爆发出了活力，已在全球范围内形成较强的产业集群竞争力。

妙招4　速卖通买方市场分布图

速卖通面向的是国际市场，目的是将国内的优势产业推向国际市场，让全世界的人都能够买到国内的商品。在具体布局上的重点是新兴国家市场，如俄罗斯、巴西是目前最大的两大市场。

不过，随着速卖通平台的转型，目前买方市场也有向欧美国家发展的趋势。如2014年买方市场中排在前五的国家分别为巴西、俄罗斯、西班牙、乌克兰、智利，到2016年，美国已经超过巴西、俄罗斯上升到首位，法国、英国也成为TOP5中成员，在这些国家中，网购人数、人均消费额都排在前列。这充分说明，速卖通在全球的市场正在从东欧、中东等新兴市场向成熟的欧美市场过渡。速卖通国际市场变化态势如图1-5所示。

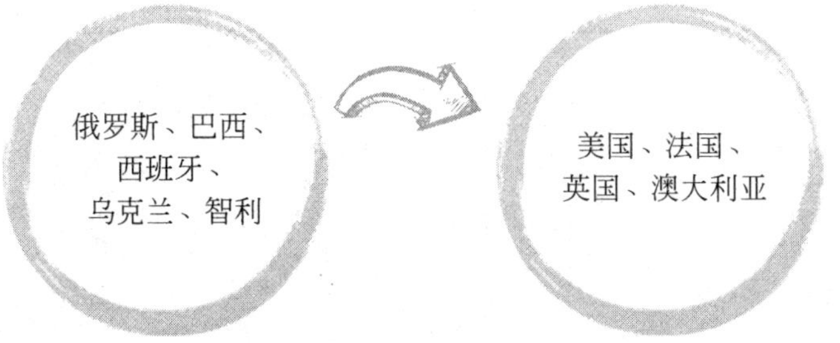

图1-5　速卖通国际市场消费者变化态势

从品牌影响力上看，速卖通这个跨境电商平台在国际市场上的影响力越来越大，地位越来越稳固，已经逐步由中低端市场向高端市场转变，逐步由以靠低价、量大取胜向靠质优、价值高取胜转变。

可以预见，速卖通在国际市场上的表现正处于一个急剧变化的阶段，广大卖家可以依靠这种变化开辟新的市场，吸引更多境外消费者。

妙招 5　明确速卖通与外贸网站的区别

外贸网站被誉为外贸企业的“网络站点”，长期以来充当着国内供应商与海外进口商的“桥梁”，主要用以满足买卖双方的信息和服务供需，如卖家的企业信息展示、商品信息展示以及询价体系等。

外贸网站按照功能可以分为浏览型网站和营销型网站。浏览型网站，顾名思义，即用以满足客户获取所需网站的信息，如某些出口企业的商品信息；还有一种浏览型网站主要简述从事外贸业务的一些方法技巧，以及外贸网站如何建设，什么样的用户体验能够带来最大收益等。如图1-6和图1-7所示为某饼干出口企业的浏览型外贸网站，主要向客户展示商品信息和询价服务。

图1-6　某饼干出口企业的浏览型外贸网站首页

营销型网站，是指具备营销推广功能的网站，即为实现某种特定的营销目标，将营销的思想、方法和技巧融入到网站策划、设计与制作中。最为常见的营销型网站的目的是获得销售线索或直接获得订单，如图1-8和图1-9所示为某中式家具出口企业的营销型外贸网站，客户可直接在网站下订单购买。

图1-7　某饼干出口企业的浏览型外贸网站商品介绍

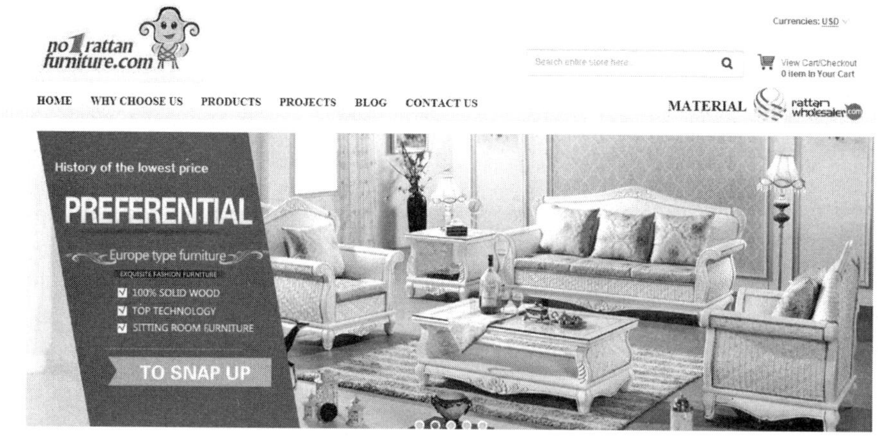

图1-8　某中式家具出口企业的营销型外贸网站首页

图1-9　某中式家具出口企业的营销型外贸网站商品展示

无论是浏览型网站还是营销型网站，大致都有三个部分组成，分别是国内供应商、海外销售（包括进口商、批发商、零售商）以及消费者。也正因为此，这种网站劣势明显，即商品无法直接到达消费者手里，而是必须经过海外进口商、批发商、零售商的中转，传统外贸网站的交易流程如图1-10所示。这样一来，产品成本被中间环节抬高，最终到达消费者手里时的产品价格可能是出厂价的3倍、4倍，甚至更多。

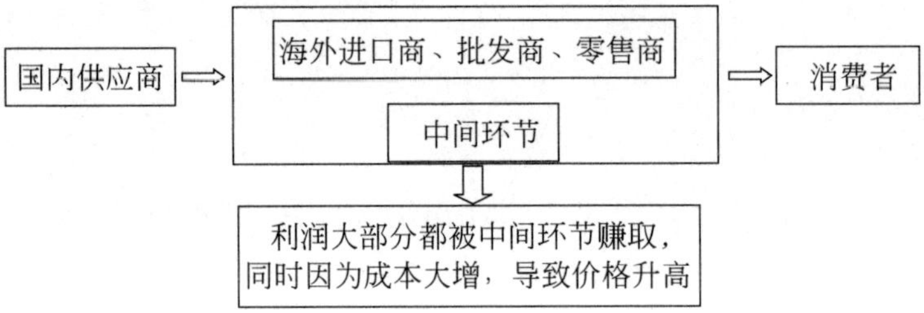

图1-10　传统外贸网站的交易流程

速卖通与传统的网站有着很多不同。速卖通模式下，海外进口商或批发商的这个中间环节就完全被砍去了，商品可以更快、更直接地从生产商处到达消费者手中，如图1-11所示。这种交易模式大大降低了消费成本，消费者也许只需要支付出厂价的1.2至1.5倍即可。

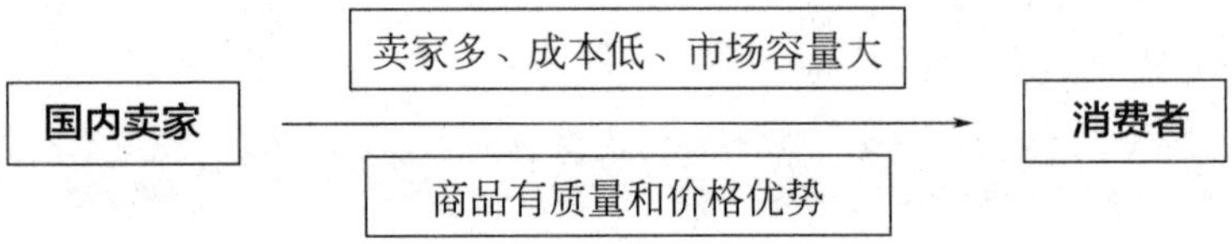

图1-11　速卖通平台的交易流程

可见，外贸网站与速卖通最根本的区别就在于贸易模式的不同。外贸网站的运营思路是一种传统的外贸模式，速卖通是一种去中间化的新型贸易模式，更加适合互联网时代新型企业扁平化的管理思维，也更加符合互联网消费市场用户至上的营销理念。

在当前大环境下，很多企业为降低成本、赢得更多消费者都在做直销，提倡砍掉中间环节、缩短渠道，让商品直接到达消费者手中。因此，无论是国内企业还是外贸企业，都在创新营销模式，想办法突破传统销售模式所受到的制约。

将商品直接销售给全球的消费者，这一商机成了对外贸易的新锐力量，也推动了跨境电子商务零售成为新的外贸增长点。速卖通正是承袭了这一商机才让更多的中国制造走遍全球，外贸网站－传统贸易模式与速卖通－去中间化新型贸易模式的区别如图1-12所示。

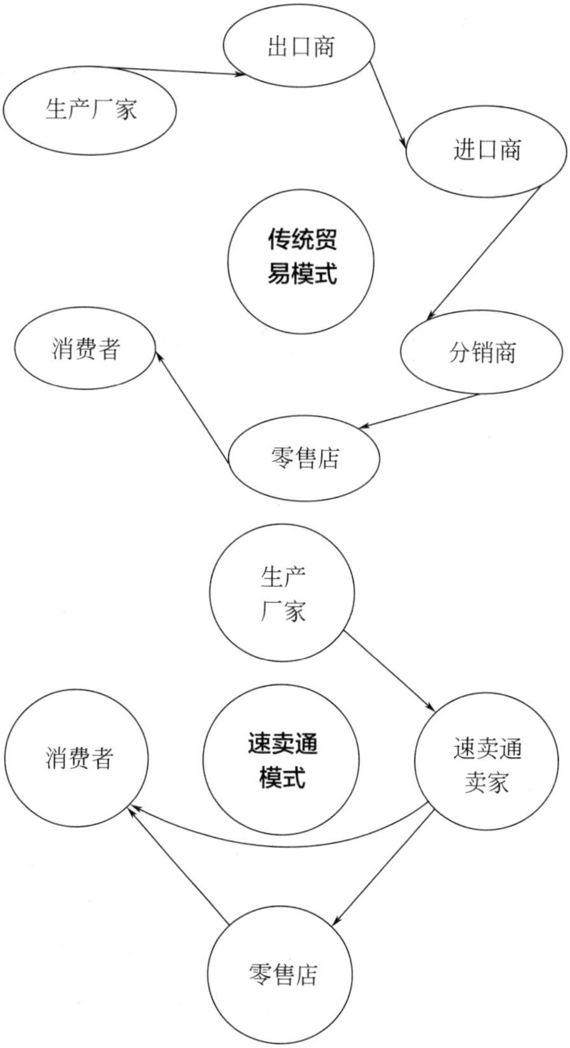

图1-12　外贸网站－传统贸易模式与速卖通－去中间化新型贸易模式对比

第2章

账号注册：先把“小店”完美地开起来

与大多数电商平台一样，卖家想要把店铺搬上速卖通，需要先注册账号，成为速卖通卖家用户。值得提醒的是，在注册账号过程中，有很多平台规则、规定、关键点需要格外注意。比如，卖家享有哪些权利，应尽哪些义务，销售特殊商品有什么规定，纠纷产生后该如何处理等等。

妙招6　注册账号

登录速卖通卖家频道，点击“免费注册”，进入速卖通普通会员免费注册页面。

（1）速卖通开店步骤

1）打开速卖通申请页面：填写邮件地址，验证，点击下一步，如图2-1所示。

图2-1　速卖通开店申请页面

2）按照网页提示，全部填写完成后，进入注册邮箱，找到邮件，点击完成注册，如图2-2所示。

图2-2　开店邮箱注册

3）跳转到填写账号信息页面后（此处需要一个英文名，不要只填写名字，还要注意写上英文的姓氏，同时要填写正确的手机号），如图2-3所示。

图2-3 填写详细信息

4）信息填写完毕，点击确定后手机将会收到一个验证码。填写手机上收到的验证码，点击确定完成注册，如图2-4所示。

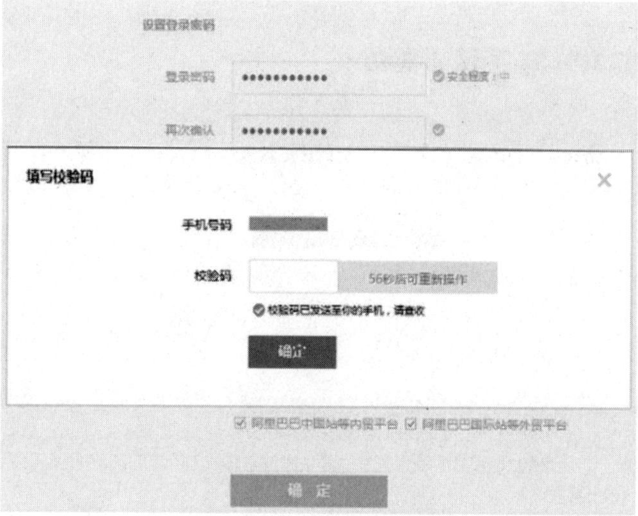

图2-4 手机验证码验证

5）注册完成，如图2-5所示。

AliExpress
Smarter Shopping, Better Living!
language
恭喜您注册成功！
您的登录名是（@qq.com），请牢记！
该账号可以登录阿里巴巴集团旗下网站：全球速卖通、阿里巴巴国际站、阿里巴巴中文站、淘宝、天猫、
在速卖通发布产品进行销售之前，必须完成实名认证。认证信息将作为该店铺的唯一凭证。
速卖通实名认证（什么是实名认证？）：
企业认证
第一步：登录支付宝账号
（该支付宝账号必须已经完成企业支付宝认证）
第二步：绑定支付宝账号

图2-5　注册完成

（2）速卖通平台入驻新规

1）填写准确的邮箱地址及手机号码。

速卖通平台的订单等信息都将会以邮件的形式发送到注册用户的邮箱中，所以在注册时务必填写常用且准确的邮箱地址。通常推荐使用@alibaba.com或@yahoo.com.cn等专业邮箱服务器。同时还要填写真实有效的手机号，以保证能收到验证码。

2）填写真实姓名。

在注册时务必保证所填写个人信息的准确性和真实性，以便于在成单后顺利收款。

3）准确填写行业背景和经验信息。

准确填写行业、经验模式和在线经验信息，这样将获得速卖通量身定制的培养方案，更加有利于店铺的经营和成长。

妙招7 激活支付宝账户

开通速卖通账户后，接下来需要开通支付宝账户，并对其进行激活和认证。用已经申请的账号登录，进入速卖通后台页面后，在首页中间位置会有提示，发布商品信息需要先对企业信息进行认证。

如果已经是支付宝账户，且已有通过支付宝认证的支付宝账号，可直接点击认证按钮即可进入支付宝认证页面；如果是非支付宝账户，还需要先注册支付宝账号，成为认证会员。

企业支付宝认证流程大致可分为3个步骤，如图2-6所示。

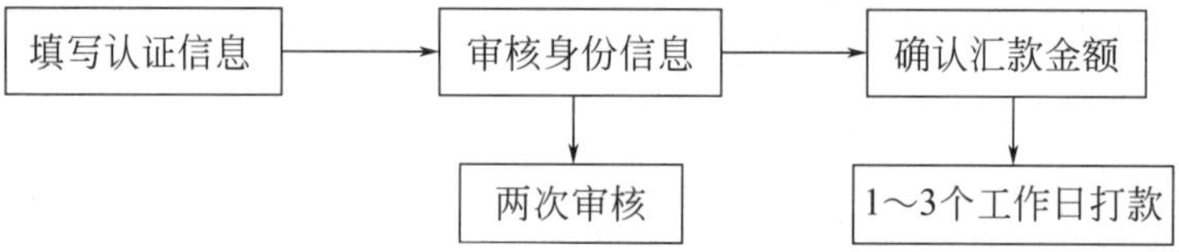

图2-6 企业支付宝认证流程

（1）直接登录

注册后直接登录www.alipay.com，进入企业支付宝账户认证界面，找到认证入口，点击“申请认证”，支付宝登录界面如图2-7所示。

图2-7 支付宝登录界面

（2）填写企业实名信息

点击“企业实名信息填写”，进入填写信息页面，按照提示填写公司名称、营业执照注册号和校验码，企业实名信息填写界面如图2-8所示。需要注意的是，所填写的公司名称必须与营业执照上完全一致。

（3）选择单位类型

填写后即进入具体信息提交页面，按照规定，申请人须为公司法定代表人；若不是公司法定代表人，还需要填写一份委托书（官网自行下载）。委托书内容包括组织机构代码、企业经营范围、企业注册资金、营业执照有效期等信息。单位类型选择界面如图2-9所示（以企业为例）。

图2-8　企业实名信息填写界面

图2-9　单位类型选择界面

（4）填写并上传资料

填写“企业名称”：根据营业执照中的“名称”填写；填写“社会信用代码（或注册号）”：根据营业执照右上角“统一社会信用代码”或“注册号”填写；上传“营业执照”：上传单位营业执照照片（企业法人营业执照）：原件扫描件或复印件加盖公司红章。上传、填写资料界面如图2-10所示。

图2-10　上传、填写资料界面

（5）核对并完善信息

填写完毕后，系统自动提示填写人核对所提交的信息是否正确。核对信息主要包括申请人的企业信息、代理人信息两部分。

① 企业信息核对界面如图2-11所示，核对内容如表2-1所列。

表2-1　企业信息核对内容

项目	内容
企业名称	与营业执照中“名称”保持一致，系统会识别到前一页面填写的信息，自动带入（可编辑）
社会信用代码（或注册号）	系统会识别到前一页面填写的信息，自动带入可编辑
单位所在地+住所	与营业执照中的“住所”一致
经营范围	与营业执照中的“经营范围”保持一致
营业期限	与营业执照中的“营业期限”保持一致
注册资本	与营业执照中的“注册资本”保持一致

图2-11　企业信息核对界面

② 法定代表人信息核对界面如图2-12所示，核对内容如表2-2所列（若填写人身份为代理人申请，则需要额外填写代理人信息）。

图2-12　法定代表人信息核对界面

表2-2　法定代表人核对内容

<table>
<tr><th>项目</th><th>内容</th></tr>
<tr><td>法定代表人姓名</td><td>与营业执照中“法定代表人姓名”保持一致，系统会识别到前一页面填写的信息，自动带入（可编辑）</td></tr>
<tr><td>身份证号</td><td>与法人身份证证件号码保持一致；
注：法人证件号码会根据法人归属显示，按照页面填写证件号类型如下。
<table>
<tr><td>法人代表归属地</td><td>所需填写内容</td></tr>
<tr><td>中国大陆</td><td>身份证号码</td></tr>
<tr><td>中国香港</td><td>来往内地通行证号</td></tr>
<tr><td>中国澳门</td><td>来往内地通行证号</td></tr>
<tr><td>中国台湾</td><td>台胞证号（回乡证）</td></tr>
<tr><td>海外</td><td>护照号</td></tr>
</table></td></tr>
<tr><td>证件有效信息</td><td>与法人身份证有效期保持一致</td></tr>
</table>

注：代理人只能为中国大陆

（6）填写实际控股人信息

实际控股人是指实际上控制和支配企业行为的人或组织。控股股东就是指对持有50%以上股权或虽不足50%但对企业经营管理有决定权的股东（注：若实际控股人身份选项为法定代表人则无此项），股东信息填写界面如图2-13所示。

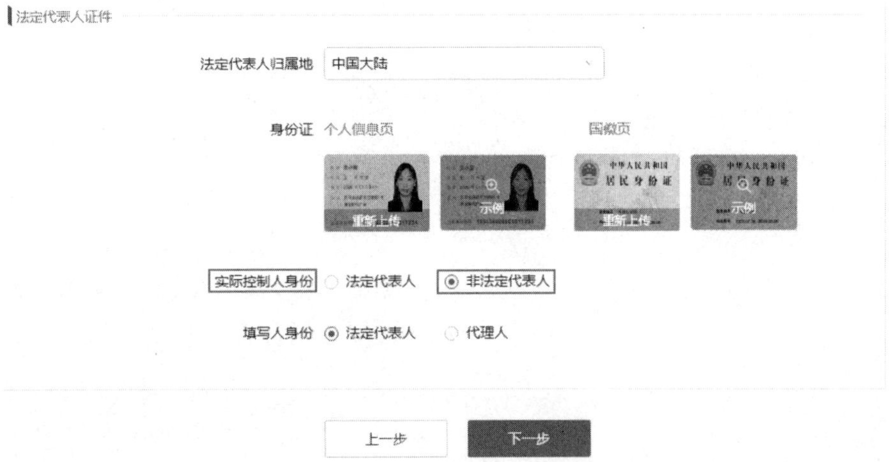

图2-13　股东信息填写界面

股东分为个人和企业两种类型，类型不同，在信息的填写和核对上都有些不同。比如，个人包括实际控股人归属地、姓名和证件号码，企业信息系统会根据填写的公司名称自动带入，具体见表2-1所列。

（7）填写联系人手机号码

该号码用于通知认证审核结果，不会与账户绑定；填写联系人手机号码界面如图2-14所示。

图2-14　填写联系人手机号码界面

（8）确认无误

确认无误后点击“确定”，界面如图2-15所示。审核结果会在48小时内以短信或邮件的方式通知商户。

上传完证件后，需要按照如下流程，进行打款认证操作。

图2-15　企业认证确定界面

妙招 8 设置人民币收款账户

在速卖通平台，根据买家的国际支付渠道的不同，款项将会以美金或人民币的形式进入到国际支付宝账户，然后分别可以以美金提现和人民币提现。因此，卖家通常需要设置两个收款账户：美元收款账户和人民币收款账户。美元收款账户通常是满足通过T/T银行汇款支付的客户；人民币收款账户主要用在买家通过信用卡支付时。也就是说，买家采用的支付方式不同，其打入收款账户的货款币种也不同。

了解了两个收款账户的基本情况之后，接下来先介绍人民币账户设置。

1）登录速卖通后台，按照“交易”→“收款账户管理”→“人民币收款账户”的步骤操作，进入人民币收款账户界面，如图2-16所示。

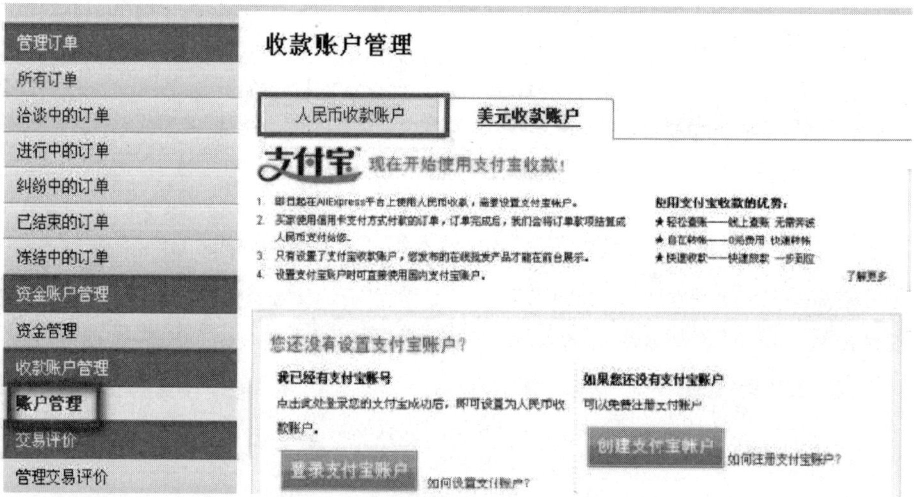

图2-16 速卖通收款账户管理界面

2）登录支付宝账户，未开通支付宝账户的卖家需点击“创建支付宝账户”按钮进行注册、认证，如图2-17中的框中部分所示。

3）创建支付宝账户，依次填写“支付宝账户姓名”“登录密码”“校验码”等必填项，填写完毕后点击“登录”。登录成功后，即完成收款账户的绑定，同时也可以对收款账户进行编辑，如图2-18所示。

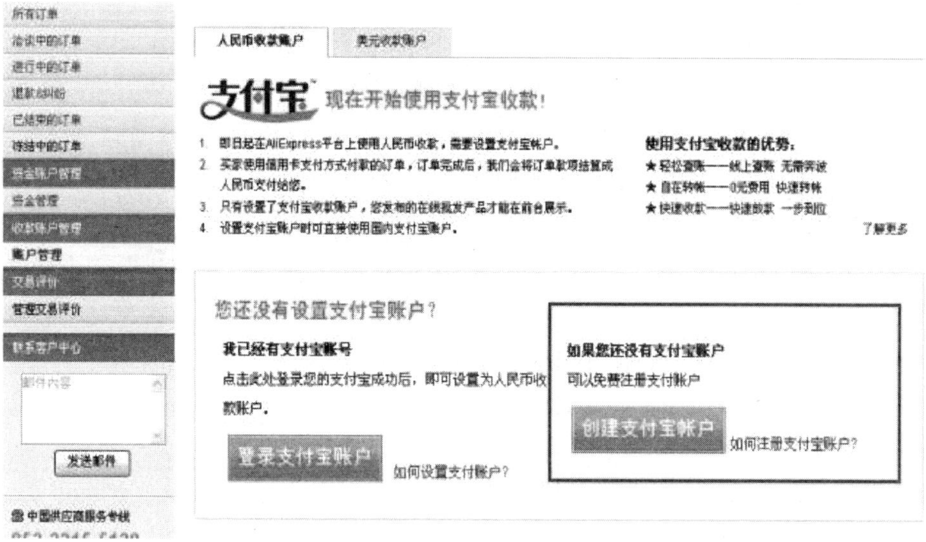

图2-17　创建支付宝账户

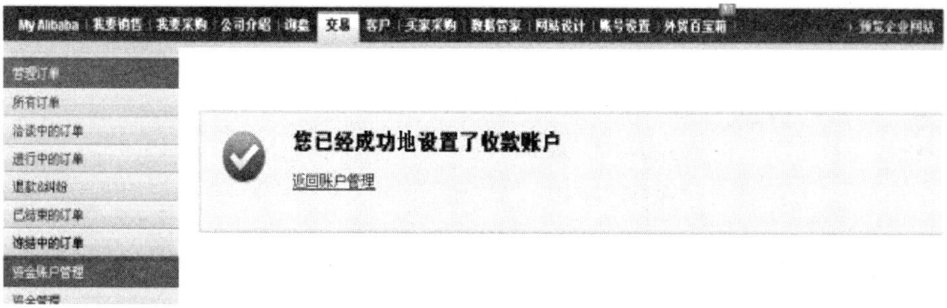

图2-18　收款账户的设置

注意

以上步骤是在没有设置支付宝账户的前提下需要做的，如果已认证过支付宝账户，可直接用已有的支付宝点击“登录支付宝账户”进行设置，因为支付宝账号就是默认的人民币收款账户。

具体操作流程如下。

1）登录速卖通，点击“交易”进入“收款账户管理”，选择“人民币收款账户”界面下的“登录支付宝账户”，如图2-19中的框中部分所示。

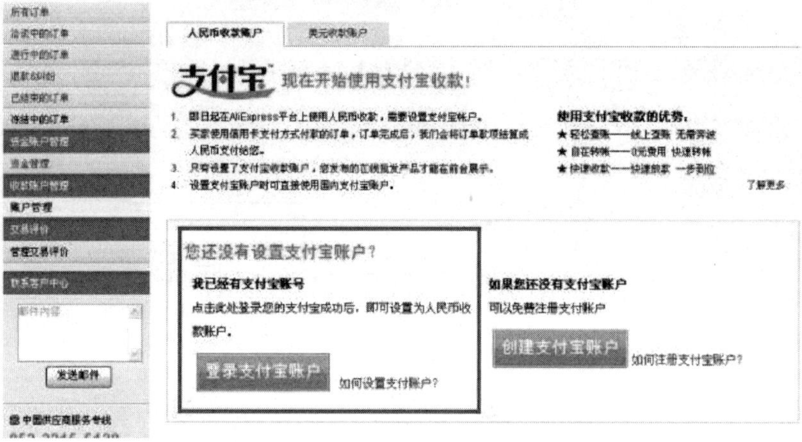
人民币收款账户
美元收款账户
支付宝 现在开始使用支付宝收款！
1. 即日起在AliExpress平台上使用人民币收款，需要设置支付宝账户。
2. 买家使用信用卡支付方式付款的订单，订单完成后，我们会将订单款项结算成人民币支付给您。
3. 只有设置了支付宝收款账户，您发布的在线批发产品才能在前台展示。
4. 设置支付宝账户时可直接使用国内支付宝账户。
使用支付宝收款的优势：
了解更多
您还没有设置支付宝账户？
我已经有支付宝账号
点击此处登录您的支付宝成功后，即可设置为人民币收款账户。
登录支付宝账户
如何设置支付账户？
如果您还没有支付宝账户
可以免费注册支付账户
创建支付宝账户
如何注册支付宝账户？
发送邮件
中国供应商服务专线

图2-19　设置支付宝账户为收款账户1

2）登录后，由于已经设置过支付宝收款账户，可直接点击“确认为收款账户”，将支付宝账户作为收款账户，如图2-20所示。

收款账户管理
人民币收款账户
美元收款账户
支付宝 现在开始使用支付宝收款！
使用支付宝收款的优势：
了解更多
您已经设置过支付宝账户
请点击“确认为收款账户”将您的支付宝账户作为人民币收款账户。
支付宝账户姓名: [redacted]
支付宝账户: [redacted]@alipay.com
编辑
确认为收款账户
如何注册支付宝账户？
发送邮件
中国供应商服务专线
852-2215-5128

图2-20　设置支付宝账户为收款账户2

3）点击“确认为收款账户”后，支付宝即可作为收款账户。以后的新订单款项将会进入到支付宝账户中，如图2-21所示。

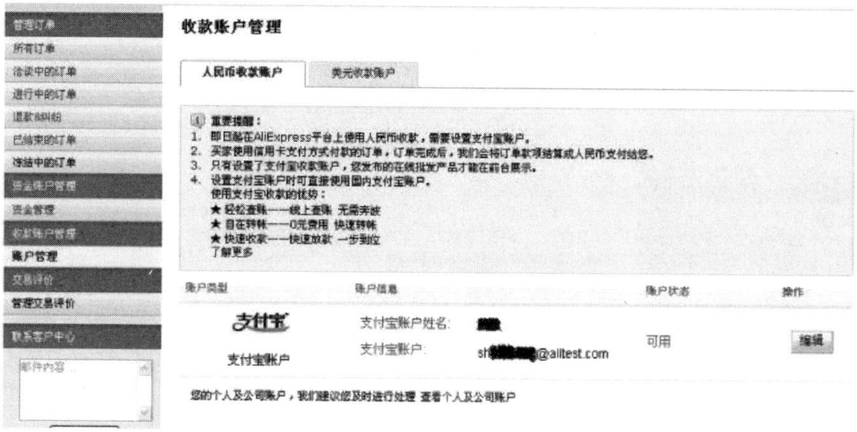

图2-21　设置支付宝账户为收款账户3

注意

若需要对账户信息进行修改，可在“收款账户管理”页面中编辑。登录支付宝账户点击“编辑”按钮，输入新的支付宝账户号，依次填写“支付宝账户姓名”“登录密码”“校验码”等必填项，填写完毕后重新登录，登录成功后显示“修改请求已提交”。

妙招 9　设置美元收款账户

登录速卖通后台，点击“交易”→“银行账户管理”→“收款账户管理”，进入“收款账户管理”界面，点击“创建美元收款账户”，如图2-22所示。

选择账户后，依次填写“开户名”“开户行”“Swift Code”“银行账号”等必填项。填写完毕后，点击“保存”按钮。卖家在创建账户后，买家就可以按照银行汇款的支付方式进行支付，如图2-23所示。

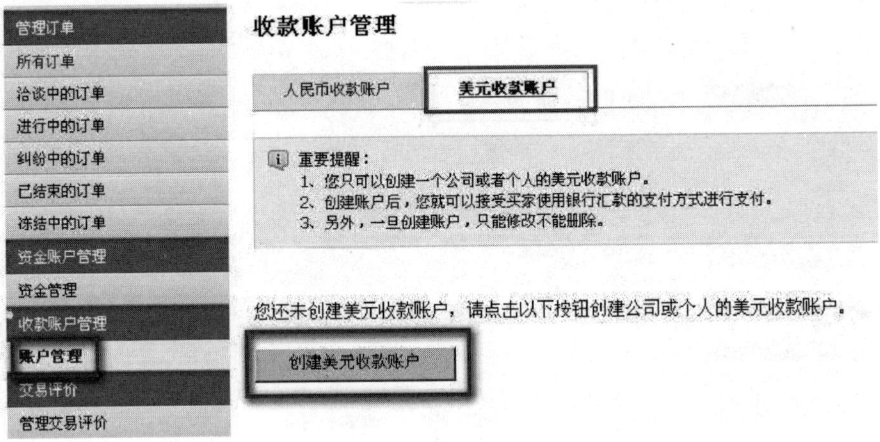
管理订单
所有订单
洽谈中的订单
进行中的订单
纠纷中的订单
已结束的订单
冻结中的订单
资金账户管理
资金管理
收款账户管理
账户管理
交易评价
管理交易评价
收款账户管理
人民币收款账户
美元收款账户
重要提醒：
1、您只可以创建一个公司或者个人的美元收款账户。
2、创建账户后，您就可以接受买家使用银行汇款的支付方式进行支付。
3、另外，一旦创建账户，只能修改不能删除。
您还未创建美元收款账户，请点击以下按钮创建公司或个人的美元收款账户。
创建美元收款账户

图2-22 创建美元收款账户

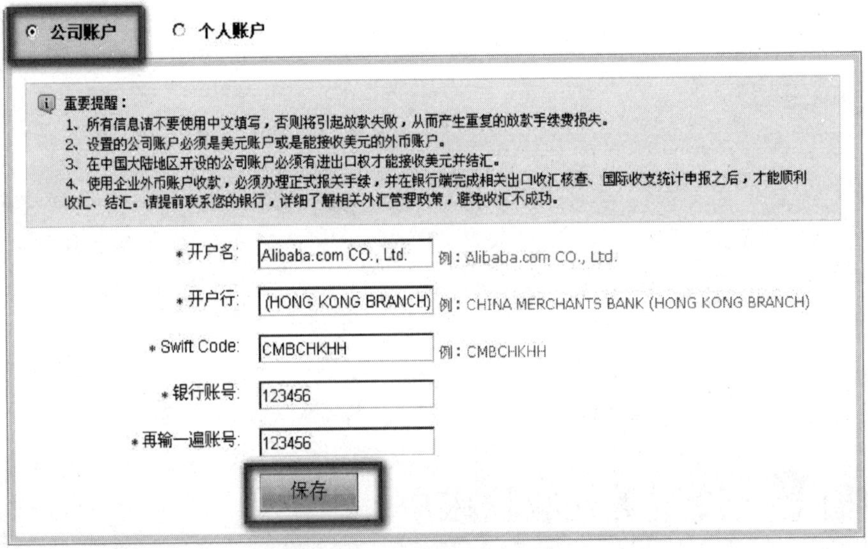
公司账户
个人账户
重要提醒：
1、所有信息请不要使用中文填写，否则将引起放款失败，从而产生重复的放款手续费损失。
2、设置的公司账户必须是美元账户或是能接收美元的外币账户。
3、在中国大陆地区开设的公司账户必须有进出口权才能接收美元并结汇。
4、使用企业外币账户收款，必须办理正式报关手续，并在银行端完成相关出口收汇核查、国际收支统计申报之后，才能顺利收汇、结汇。请提前联系您的银行，详细了解相关外汇管理政策，避免收汇不成功。
*开户名: Alibaba.com CO., Ltd. 例：Alibaba.com CO., Ltd.
*开户行: (HONG KONG BRANCH) 例：CHINA MERCHANTS BANK (HONG KONG BRANCH)
*Swift Code: CMBCHKHH 例：CMBCHKHH
*银行账号: 123456
*再输一遍账号: 123456
保存

图2-23 详细信息填写界面

注意：所有信息使用英文填写，以免引起放款失败，产生重复放款。

设置的公司账户必须是美元账户或是能接收美元的外币账户。因此，最好是持双币卡（人民币和美元），如果是非双币卡，可本人带上有效身份证去银行开通个人外币收款功能，目前国内的银行都可以办理外币业务。

需要注意的是，一个店铺只可创建一个公司收款账户或个人收款账户，这点和人民币账户有所区别。

妙招10　下载并安装聊天工具

速卖通平台上配有专门的聊天软件——国际版旺旺Trade Manager，这是一款国际间的即时聊天工具，也是速卖通卖家常用的一款聊天工具。使用前只需要下载并安装，即可与国外买家进行实时或非实时的交流与沟通。

下载、安装流程如下所示。

① 进入阿里巴巴国际站官方网站，找到“免费下载”按钮，点击即可进行下载，如图2-24所示。

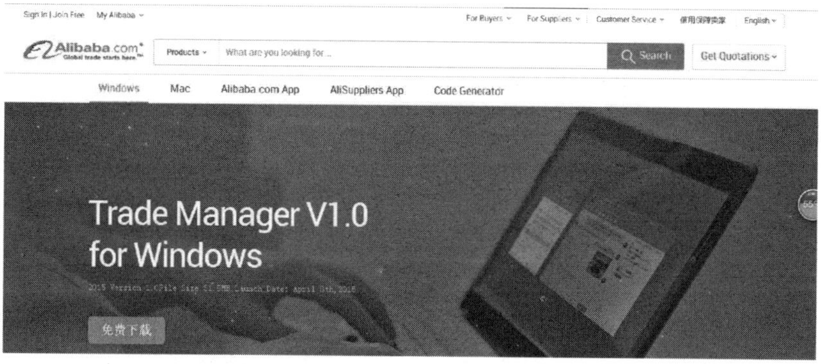

图2-24　国际版旺旺Trade Manager下载界面

② 在弹出的下载保存位置设置中，可直接点击下载保存到默认位置，也可以更改保存路径，保存到已经设置好的文件夹中，如图2-25所示，然后点击下载。

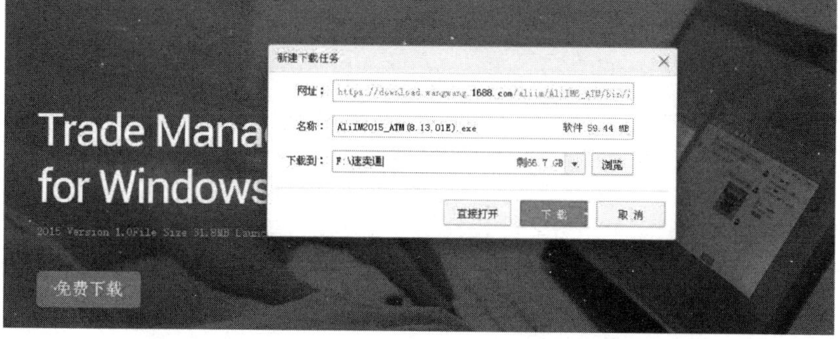

图2-25　国际版旺旺Trade Manager下载保存设置

③ 下载完成后，选择相应软件安装包，点击打开按钮即可进行安装，如图2-26所示。

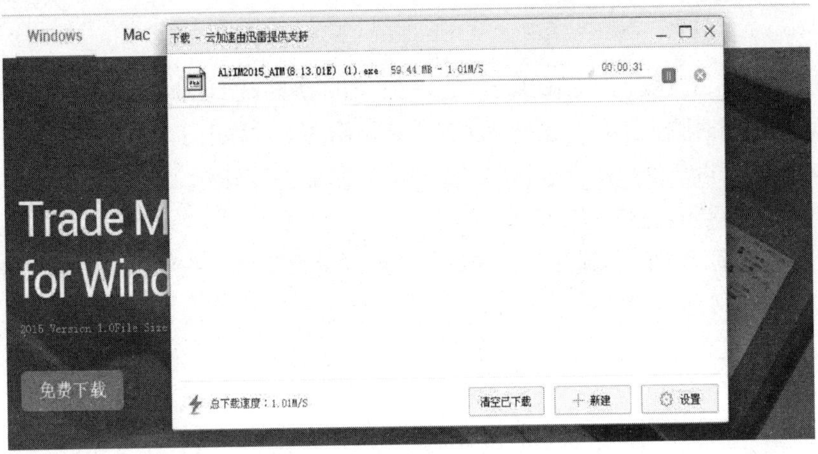

图2-26　国际版旺旺Trade Manager安装

④ 在弹出的安装语言选择中，选择需要的语言版本，如简体中文，如图2-27所示。

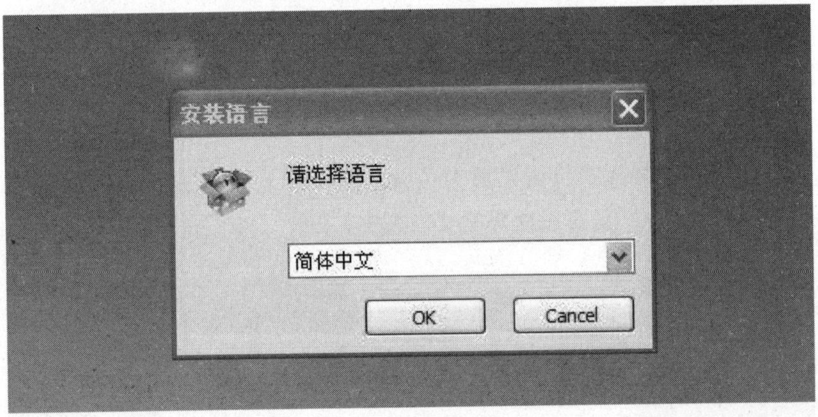

图2-27　选择简体中文下载

⑤ 进入Trade Manager安装向导页，直接点击“下一步”进入Trade Manager软件许可协议页面，点击“我接受”继续，如图2-28和图2-29所示。

⑥ 来到快捷方式设置页，根据自己的需求再进行选择，符合意向的直接打钩；在安装位置设置页，点击“浏览”对安装目标文件夹进行修改（不建议放C盘），如图2-30和图2-31所示。

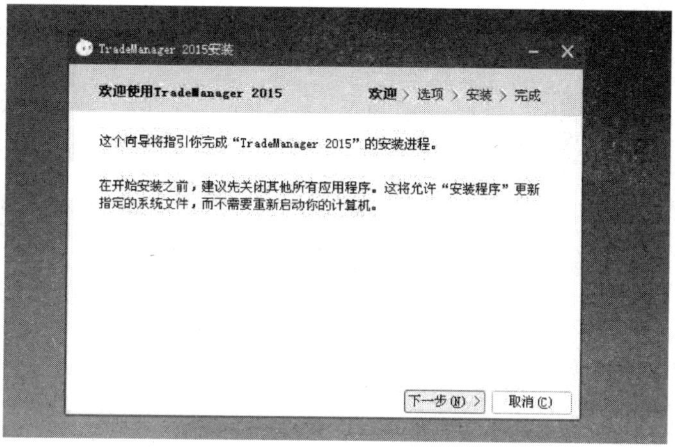
TradeManager 2015安装
欢迎使用TradeManager 2015
欢迎 > 选项 > 安装 > 完成
这个向导将指引你完成“TradeManager 2015”的安装进程。
在开始安装之前，建议先关闭其他所有应用程序。这将允许“安装程序”更新指定的系统文件，而不需要重新启动你的计算机。
下一步(N) >
取消(C)

图2-28　阅读协议内容

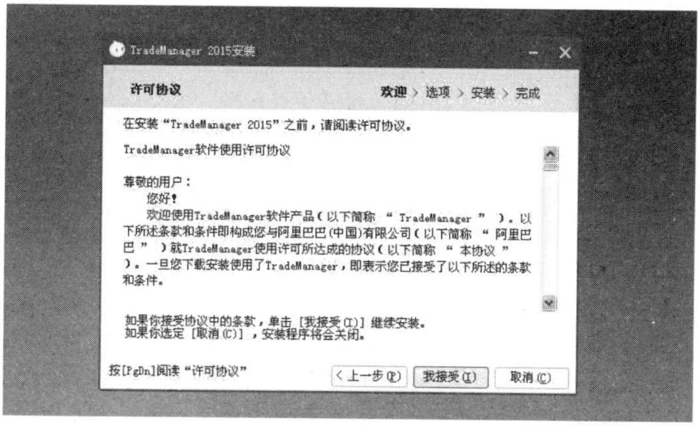
TradeManager 2015安装
许可协议
欢迎 > 选项 > 安装 > 完成
在安装“TradeManager 2015”之前，请阅读许可协议。
TradeManager软件使用许可协议
尊敬的用户：
您好！
欢迎使用TradeManager软件产品（以下简称“TradeManager”）。以下所述条款和条件即构成您与阿里巴巴(中国)有限公司（以下简称“阿里巴巴”）就TradeManager使用许可所达成的协议（以下简称“本协议”）。一旦您下载安装使用了TradeManager，即表示您已接受了以下所述的条款和条件。
如果你接受协议中的条款，单击［我接受(I)］继续安装。
如果你选定［取消(C)］，安装程序将会关闭。
按[PgDn]阅读“许可协议”
< 上一步(P)
我接受(I)
取消(C)

图2-29　接受协议内容

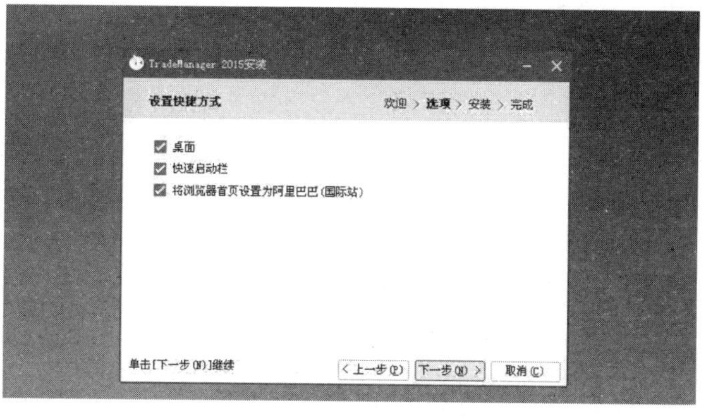
TradeManager 2015安装
设置快捷方式
欢迎 > 选项 > 安装 > 完成
桌面
快速启动栏
将浏览器首页设置为阿里巴巴(国际站)
单击[下一步(N)]继续
< 上一步(P)
下一步(N) >
取消(C)

图2-30　设置快捷界面方式

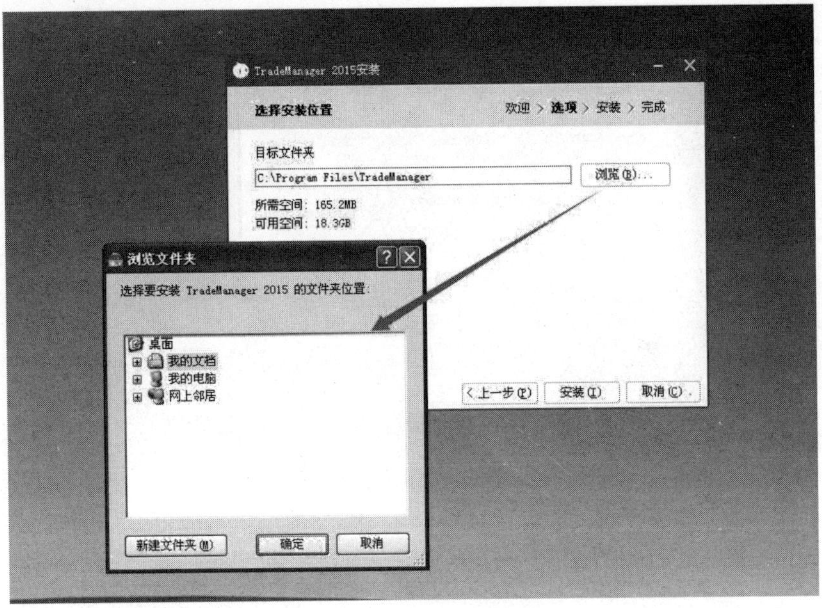

图2-31　设置保存路径

⑦ 安装过程正式开始后静待向导的操作，在出现安装完成提示时，点击“完成”，结束安装。安装完毕后即可以体验Trade Manager的最新版功能，如图2-32所示。

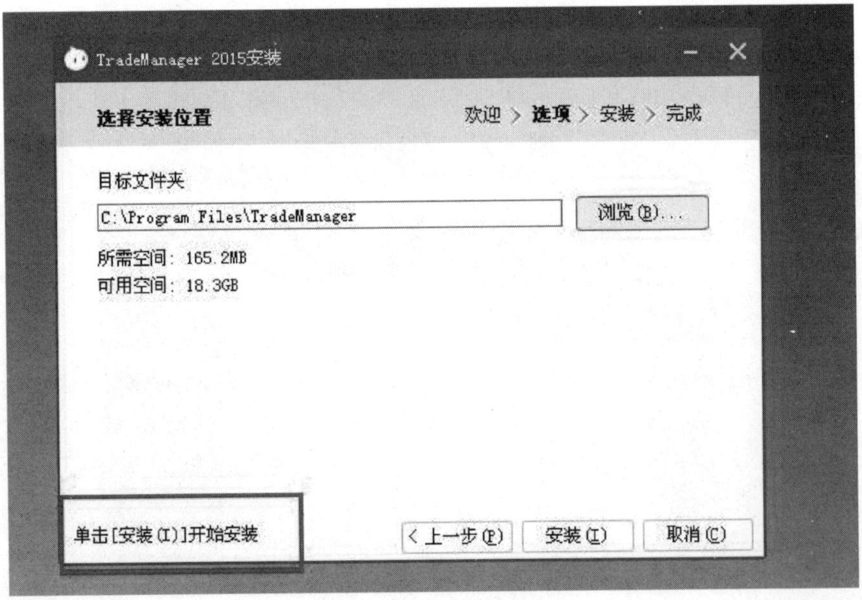

图2-32　安装完毕

妙招 11　明确交易中应履行的基本义务

卖家的一切行为必须符合国家相关法律法规和速卖通平台的规定，同时也需要在交易中履行基本义务，具体内容如表2-3所列。

表2-3　卖家在交易中应履行的义务

符合国家法律法规	卖家在速卖通平台上的任何行为，应遵守国家法律、行政法规、部门规章等。任何涉嫌违法的行为都会受到相应惩罚
遵守平台规定	卖家在速卖通平台上的任何行为，应同时遵守阿里巴巴发布的各项网站规则
配合买家完成交易	了解并熟悉交易过程中的买家市场规定，配合买家完成交易
禁止发布禁限售商品	具体可参考速卖通禁限售商品目录
尊重他人的知识产权	卖家应尊重他人的知识产权，速卖通平台严禁卖家未经授权发布、销售涉及侵犯第三方知识产权的商品，详见速卖通知识产权规则
诚实守信	卖家应恪守诚信经营原则，如及时履行订单要求，兑现服务承诺等，不得出现虚假交易、虚假发货、货不对版等不诚信行为，详见交易类规则
提供符合标准的商品	卖家应保证其出售的商品在合理期限内可以正常使用，包括商品不存在危及人身财产安全的不合理危险、具备商品应当具备的使用性能、符合商品或其包装上注明采用的标准等
避免提供虚假商品信息	卖家应履行商品如实描述义务，卖家在商品描述页面、店铺页面、贸易通等所有速卖通提供的渠道中，应当对商品的基本属性、成色、瑕疵等必须说明的信息进行真实、完整的描述

如果卖家不履行以上基本义务，速卖通将保留处罚的权利，影响恶劣者将直接清退卖家。

妙招 12　重视商品评价的互动与管理

商品评价是指生产厂家、卖家根据具体商品的性能、规格、材质、使用寿命、外观等内在价值设定一个定量或定性的评价体系。在各大电商平台上，商品评价已经成为一个非常重要的内容，为消费者选购商品、卖家提高商品服务能力提供了科学、客观的参考。

国际上著名的电商，如亚马逊、梅西网等都已经在广泛使用商品评价体系，依靠完善的商品评价来协助销售和提高销量。国内的京东、天猫、淘宝商城等电商也有相对完善的商品评价体系，为消费者提供了对所购商品进行评论的功能板块。

不过，目前国内大多数电商平台所实行的商品评论体系还是有所局限的。其评论主要来自消费者，多为消费者的购物感受，而来自生产厂家、卖家方面的评价则比较欠缺，甚至没有。因此，严格上讲这样的商品评价并不能真实反映该商品的价值，对消费者的指导意义也非常有限。毕竟，受知识面、理解能力、个人偏好等多方因素的影响，消费者的评价不可能将商品的真正价值和利益点描述出来，而来自厂家、卖家方面的商品评价会相对更客观、更准确、更满足消费者对商品价值的需求。

因此，一个完整的商品评价体系需要结合厂家、卖家和消费者各方面，否则很难真正体现商品的价值，反映卖家和消费者双方的需求。速卖通平台的商品评价体系正是基于此而构建，大致可分为两大类，一是信用评价，二是卖家分项评分。信用评价是买卖双方可以进行互评，而卖家分项评分只能由买家对卖家做出，具体如图2-33所示。

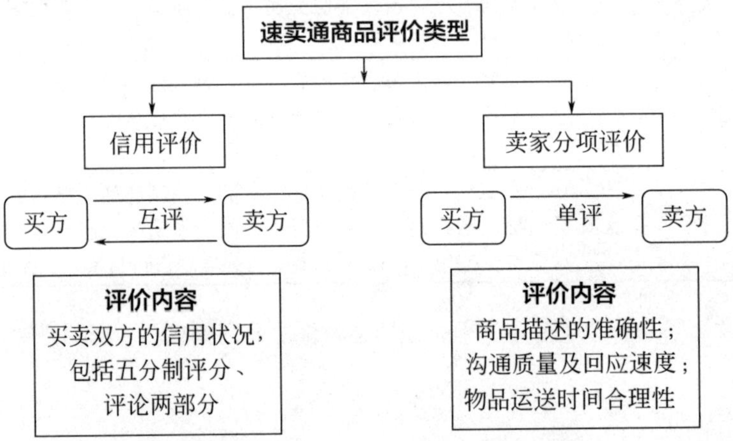

图2-33　速卖通平台上商品的评价类型

为了更详细地了解这两种评价机制，接下来将对两者进行详细阐述。

（1）信用评价

信用评价，是指买卖双方在订单交易结束后对对方信用状况的评价。按照平台规定，在交易结束30天内（以发货订单为准），买卖双方均可评价，具体规则如图2-34所示。

图2-34　信用评价规则

对于信用评价，如果在评价期间内双方都未给出评价，该订单则不会有任何评价记录；如一方做出评价，另一方未评的，系统则不会给评价方默认评价。对于卖家分项评分，如买家在订单评价时间内未对卖家进行分项评分，该订单也不会有卖家分项评分记录。

（2）卖家分项评分

卖家分项评分是指在交易结束后，买家以匿名的方式对卖家的商品、服务，以及交易过程所做出的评价，如图2-35所示为梅西官方网站上买家对一件西服的评价。

图2-35　卖家分项评分

这种评价通常是单向的，只针对买家对卖家，卖家无法对买家进行评论。这也是评分系统中非常主流的一种形式，可最大限度地反映卖家的商品质量、服务态度等。评分内容包括卖家所提供的商品描述是否准确、沟通质量、回应速度、物品运送是否有延迟等方面。

卖家分项评分通常采用积分制，平台会根据买家评价计算分值，形成卖家信任度。因此，卖家信用是根据买家的评价来累积的，积分决定着卖家店铺的信用等级。具体标志及对应的积分如表2-4所列。

表2-4　速卖通店铺的信用等级

Level（等级）		
L1.1	L2.1	L3.1
L1.2	L2.2	L3.2
L1.3	L2.3	L3.3
L1.4	L2.4	L3.4
L1.5	L2.5	L3.5

那么，平台是如何计算买家的这些评价行为的呢？对此，平台有明确规定，具体有以下3点。

1）同一买家在同一个自然旬（自然旬指每月1～10日，11～20日，21日～月底）内对同一个卖家只做出一个评价的，该买家订单的评价星级则为当笔评价的星级（自然旬统计的是境外时间）。

2）相同买家在同一个自然旬内对同一个卖家做出多个评价的，按照评价类型（好评、中评、差评）分别汇总计算，即好中差评数都只各计一次（包括1个订单里有多个商品的情况）。

3）同一买家在一个自然旬内对同一卖家的商品描述的准确性、沟通质量及回应速度、物品运送时间合理性三项中某一项的多次评分只算一个。

以上评价都会按照好评、中评、差评进行计算，好评得+1分，中评得0分，差评得-1分，然后根据最终积分计算出商品/卖家好评率和卖家信用积分。值得注意的是以上评价原则（除第3种外）与计算方法同样适用于信用评价。

计算方法：

好评率=6个月内好评数量/（6个月内好评数量+6个月内差评数量）

差评率=6个月内差评数量/（6个月内好评数量+6个月内差评数量）

平均星级=所有评价的星级总分/评价数量

卖家分项评分中各单项平均评分=买家对该分项评分总和/评价次数（四舍五入）

同时，在评价体系中还有一些特殊情况，在这些特情况里无论买家留差评或好评，仅展示留评的内容而不计算好评率及评价积分。这些特殊情况包括：

1）成交金额低于5美元的订单。（成交金额明确为买家支付金额减去售中的退款金额，不包括售后退款情况）。

2）买家提起未收到货物纠纷，或纠纷中包含退货情况，且买家在纠纷上升到仲裁前未主动取消。

3）运费补差价、赠品、定金、结账专用链、预售品等特殊商品（简称“黑五类”）的评价。

注意

评价中不能含有包括人身攻击或者其他不适当的言论的评价，否则速卖通平台有权删除评价内容。尤其是买家的信用评价，严禁出现不符合规定的内容，因为信用评价一旦被删除，对应的卖家分值也会随之被删除。

妙招13　注意查看客户纠纷的处理规则

在我们生活中存在着各种各样的纠纷，如医疗纠纷、民事纠纷、经济纠纷、交易纠纷等等。纠纷就是争执不下的事情和不易解决的问题，在速卖通上卖货也容易产生这样或那样的纠纷。

速卖通平台的纠纷属于交易纠纷，主要是指那些在交易过程中，买卖双方因利益冲突、误会，或者一方刻意隐瞒，从而无法使交易满意完成而产生的退货、退款等行为。速卖通交易纠纷主要有两大类型，这两大类型又分别有不同的小类，具体如图2-36所示。

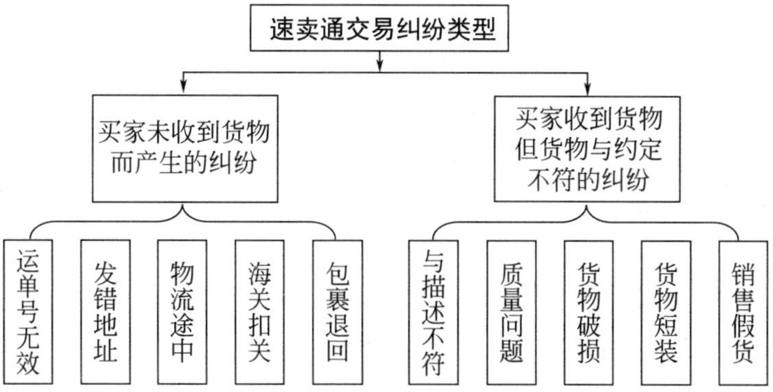

图2-36　速卖通交易两大类型的纠纷

无论哪类纠纷都会对卖家产生一定的负面影响，不仅影响到交易的回款周期，还可能最终导致大批客源流失。同时，也会令买家对平台的商品产生置疑，因此，对于比较严重的纠纷，平台也会介入参与，制订处罚措施。作为卖家必须明确平台上与纠纷相关的制度和规定，严格按照规定去做，服务好每位买家，将纠纷率降到最低。同时，一旦出现买家退货、退款等要求，要按照相关程序及时、有效地做出答复。

通常来讲，自买家提出退款/退货申请起便进入纠纷阶段，卖家须与买家及时协商，共同解决。纠纷解决详细流程如图2-37所示。

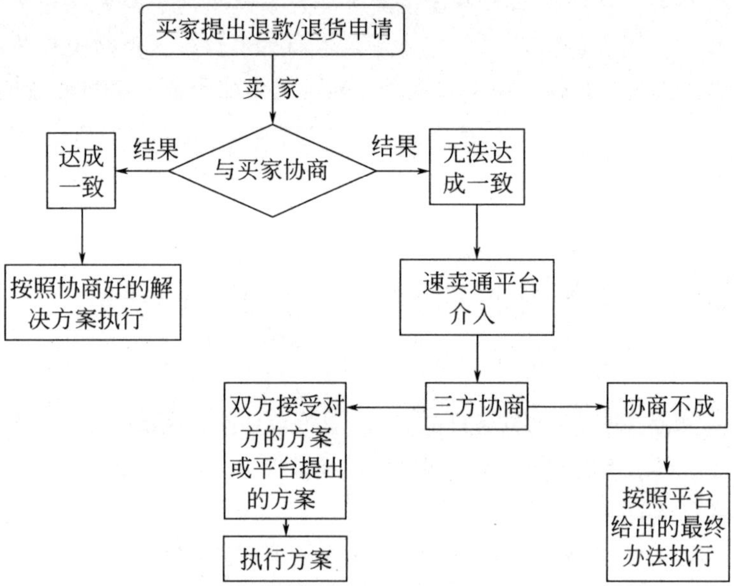

图2-37　买家纠纷解决详细流程

在处理买家纠纷时有两个非常关键的步骤需要特别注意，第一是及时查看和确认买方提出的退货/退款申请，第二是双方协商不成的情况下，立即邀请平台方介入。

（1）及时确认买方提出的纠纷申请

买家提出退货/退款申请后，需要卖家的确认，卖家可以在纠纷列表页面中看到所有的纠纷订单并快速筛选出纠纷状态：“买家已提交纠纷，等待您确认”，卖家可通过查看纠纷详情，而后决定是“接受”，还是“拒绝并提供方案”，具体详情如图2-38所示。

点击“接受”或“拒绝并提供方案”按钮进入纠纷详情，详情页面如图2-39所示。进入纠纷详情页面后，卖家可以看到买家提起纠纷的时间、原因、证据以及买家提供的协商方案等信息。

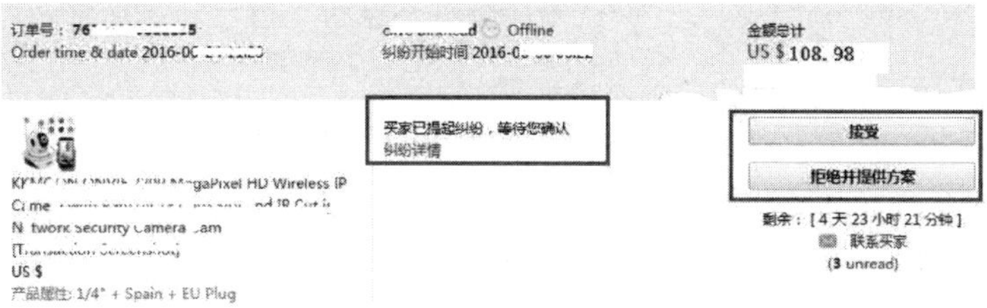

图2-38　查看纠纷详情界面

图2-39　纠纷处理流程界面

当买家提起纠纷后，卖家务必在纠纷提起的5天内接受或拒绝，如果同意买家提出的解决方案，则可点击下方的“同意”；反之则需要给出新的解决方案。增加新解决方案需要点击纠纷详情页下方的“新增方案”按钮，进入此功能页面后选择新增“退款方案”或者“退货方案”，如图2-40所示。这两个方案是互斥方案，提交了一个，另一个只能默认不选。同时，需要上传证据，列出方案详情。

图2-40　纠纷处理方案填写界面

（2）邀请平台方介入

卖家若逾期未响应买家提出的申请，系统会自动根据买家提出的退款金额执行，建议卖家在协商阶段积极与买家沟通。一般来讲，在买家提交纠纷后，平台会在7天内（包含第7天）介入，然后根据案件的情况，以及双方协商阶段提供的证明给出买家、卖家、平台三方的方案。

关于平台的方案，买卖双方在纠纷详情页面都可以看到。买卖双方如果接受对方或者平台给出的方案，可以点击接受此方案，此时双方对同一个方案达成一致，纠纷完成。

注意

纠纷处理过程中，纠纷原因、方案、举证均可随时独立修改（在案件结束之前，买卖双方如果对自己之前提供的方案、证据等不满意，可以随时进行修改）。纠纷完成赔付状态中，买卖双方不能够再协商。

其实，在实际操作中，很多纠纷处理起来远远不止如此简单，在买卖双方实际交易过程中，由于海外消费者的消费习惯、消费心理的不同，以及与国内卖家的沟通不畅等多种外在因素的影响，纠纷会比想象中复杂得多。因此，要灵活处理买方提出的意见和纠纷，最有效的方法就是双方协商自行解决。

延伸阅读

速卖通平台关于买卖双方纠纷处理相关规定

买家可以在哪些情况下提起投诉？

卖家发货并填写发货通知后，买家如果没有收到货物或者对收到的货物不满意，可以在卖家全部发货10天后申请退款（若卖家设置的限时达时间小于5天则买家可以在卖家全部发货后立即申请退款），买家提交退款申请时纠纷即生成。

1）当买家提交或修改纠纷后，卖家必须在5天内“接受”或“拒绝”买家的退款申请，否则订单将根据买家提出的退款金额执行。

2）如果买卖双方协商达成一致，则按照双方达成的退款协议进行操作；如果无法达成一致，则提交至速卖通进行裁决。

3）买家提交纠纷后，双方有7天的协商期，纠纷小二会在7天内（包含第7天）介入处理：

① 若买家提起的退款申请原因是“未收到货-货物在途”，则系统会在限时到达完成后自动提交速卖通进行裁决。

② 为了提高买家体验和对速卖通平台及平台卖家的信心，速卖通鼓励

卖家积极与买家协商；协商不一致的情况下，纠纷小二会主动介入并给出解决方案（纠纷小二介入后，买卖双方还是可以协商的）。

4）如买卖双方达成退款协议且买家同意退货的，买家应在达成退款协议后10天内完成退货发货并填写发货通知，速卖通将按以下情形处理：

① 买家未在10天内填写发货通知，则结束退款流程并交易完成。

② 买家在10天内填写发货通知且卖家30天内确认收货，速卖通根据退款协议执行。

③ 买家在10天内填写发货通知，30天内卖家未确认收货且卖家未提出纠纷的，速卖通根据退款协议执行。

④ 在买家退货并填写退货信息后的30天内，若卖家未收到退货或收到的货物货不对版，卖家也可以提交到速卖通进行纠纷裁决。

妙招14　注意查看对知识产权的规定

从诸多违规行为中分析发现，速卖通卖家问题集中爆发在侵犯知识产权方面，包括图片盗用、发布侵权商品、销售假货侵犯知识产权行为等。

速卖通方面表示，这些违规卖家的行为不仅损害了买家体验，也给平台上一直坚持诚信并提供着优质服务的其他卖家带来了严重影响。因此，平台会对违规卖家给予处罚，并每周对部分违规处罚情况进行公示。

在速卖通平台，严禁用户未经授权发布、销售涉及第三方知识产权的商品。知识产权侵权行为包括但不局限于以下3类，具体如表2-5所列。

表2-5　速卖通平台规定的知识产权侵权行为

类型	定义
商标侵权	未经商标权人的许可，在商标权核定的同一或类似的商品上使用与核准注册的商标相同或相近商标的行为，以及其他法律规定的损害商标权人合法权益的行为
专利侵权	未经专利权人许可，以生产经营为目的，实施了依法受保护的有效专利的违法行为
著作权侵权	未经著作权人同意，又无法律上的依据，使用他人作品或行使著作权人专有权的行为，以及其他法律规定的损害著作权人合法权益的行为

知识产权管理规则如表2–6所列。

表2-6　速卖通平台知识产权管理规则

<table>
<tr><th colspan="2" rowspan="2">违规行为</th><th colspan="4">违规行为情节/频次</th><th rowspan="2">备注</th><th rowspan="2">其他处罚</th></tr>
<tr><th>第1次</th><th>第2次</th><th>第3次</th><th>4次↑</th></tr>
<tr><td rowspan="3">权利投诉人</td><td>卖家投诉收到假货</td><td colspan="4">6分/次</td><td></td><td rowspan="6">退回/删除违规信息</td></tr>
<tr><td>一般侵权</td><td>0分</td><td colspan="3">6分/次</td><td>首次被投诉5天内同一知识产权算一次，其后每一天所有同一知识产权投诉扣1分</td></tr>
<tr><td>严重侵权</td><td>0分</td><td>12分</td><td>12分/36分</td><td>24分</td><td>首次被投诉5天内同一知识产权算一次，其后每一天所有同一知识产权投诉扣12分，第四次扣24分，同一知识产权被投诉累计达3次扣36分</td></tr>
<tr><td colspan="2" rowspan="3">平台抽样检查/举报涉嫌侵权</td><td colspan="2">一般</td><td colspan="2">0.2分/次（1天内不超过6分）</td><td></td></tr>
<tr><td colspan="2">严重</td><td colspan="2">2分/次（1天内不超过12分）</td><td>涉嫌投放侵权品牌衍生品；发布涉嫌侵权信息且类目错放的行为</td></tr>
<tr><td colspan="2">特别严重</td><td colspan="2">48分/次</td><td>全店售价进行恶意规避行为</td></tr>
</table>

① 下架商品在“平台抽样检查”范围之内，如有侵权行为会按照相关规定处罚。

② 若三次被同一知识产权投诉成立，第三次则扣36分，若三次是不同知识产权投诉成立，第三次则扣12分。

③ 根据权利人投诉及情节严重程度，分为一般侵权和严重侵权，具体如表2–7所列。

表2-7　速卖通平台知识产权侵权标准及处罚规定

严重程度	情形	处罚
一般侵权	① 所发布的商品信息或店铺、域名等中不当使用他人商标权、著作权等权利； ② 所发布、销售商品涉嫌不当使用他人商标权、著作权、专利权等权利； ③ 所发布的商品信息或所使用的其他信息造成其他用户的混淆或误认	6分/次，首次不扣分。首次投诉5天内算一次； 其后一天内若有多次投诉成立扣一次分。时间以投诉结案时间为准
严重侵权	① 所发布、销售未经著作权人许可复制其作品的图书、音像制品、软件； ② 所发布、销售非商品来源国的注册商标权利人或其被许可人生产的商品	首次被投诉后5天内投诉成立算一次； 同一知识产权严重侵权违规首次扣0分，第二次扣12分，第三次扣36分。 不同知识产权严重侵权违规首次扣0分，第二次扣12分，第三次扣12分，第四次扣24分
一天内所有知识产权投诉成立扣一次分，时间以投诉处理时间为准（每次违规后，均需要进行知识产权学习）		

为了保护第三方的知识产权，树立良好的平台形象，速卖通官方对知识产权侵权行为制订了更严格的规定，加大了制裁力度。2016年12月底，速卖通再次更新知识产权规则，重点是对商标产权的保护，包括一般违规行为和部分侵权特别严重的行为，如表2-8所列。

表2-8　速卖通平台对商标权的保护规定

商标侵权	情形	处罚
一般侵权	① 商品展示背景使用他人品牌包装袋\包装盒，容易导致消费者发生混淆的； ② 未正确表达适用场景，如卖家销售的是B品牌手机壳，且描述中也是与B有关的，事实上却是A品牌手机壳； ③ 其他未经授权，擅自使用他人品牌的情况	针对一般侵权行为，平台处罚规则规定，首次违规扣0分，重复违规扣6分，对累计扣除分数达到48分的卖家进行封号处理

续表

商标侵权	情形	处罚
严重侵权	① 在商品中完全使用，或变相使用他人品牌名称或衍生词、品牌的（包括但不限于商品标题、属性描述、商品组名等商品文本信息或店铺名称、店铺banner、滚动页等店铺装潢图片）； ② 虽获他人品牌授权，但销售品牌商未生产过的型号/系列； ③ 实际销售他人或他人品牌未生产过的型号/系列，如卖家发布的商品是A品牌，但销售的实物是B品牌； ④ 自有品牌的商品设计涉及他人品牌； ⑤ 虽自有品牌的，但商品标题、属性、描述、商品组名等商品文本信息中或店铺名称等店铺信息使用他人品牌名称或衍生词，或明示/暗示他人品牌； ⑥ 销售他人品牌包装袋/包装盒/标签/纽扣/证书/图案贴等品牌商品的配件或配套商品	针严重侵权行为，平台处罚规则规定，三次违规就关闭账号，情节特别严重者，直接关闭账号。在具体处罚方法上，速卖通将保留所有认为合适处罚的权利，包括但不限于关闭用户账号且冻结其关联支付宝账户资金两年的权利

注：2017年2月22日正式实施的新规则上线后，原有扣分分数保留，如有历史投诉记录被撤销，仍按原有积分逻辑撤销，不影响新规则的违规次数记录及扣分逻辑。

妙招 15　注意查看平台的放款规则

为确保速卖通平台交易安全，保障买卖双方合法权益，就通过速卖通平台进行交易产生的货款，速卖通及其关联公司根据相关协议及规则，有权根据买家指令、风险因素及其他实际情况决定相应放款时间及放款规则。

（1）放款时间

速卖通放款时间通常在发货后3天或买家保护期结束后，同时也会根据卖家的综合经营情况（例如好评率、拒付率、退款率等）评估订单放款时间。如速卖通发现卖家存在纠纷、拒付、欺诈等行为的，平台有权视具体情况拒绝按时或延迟放款并对订单款项进行处理。如果该笔订单有异常或疑似异常（或存在平台认为不适合予以特别放款情形的），平台同样有权拒绝按时或延迟放款。

卖家有如下异常行为或状态，平台将拒绝按时或延迟放款。

1）不再符合卖家综合经营情况评估指标（纠纷率，退款率，好评率等）。

2）卖家违反平台规定进行交易操作的。

3）卖家未在规定时间内补足保证金的。

4）卖家存在其他涉嫌违反《承诺函》、协议或平台规则的行为等。

（2）放款方式

速卖通平台放款规定如表2-9所列。

表2-9 速卖通平台放款规定

账号状态	放款规则		
	放款时间	放款比例	备注
正常	发货3个自然日后（3～5天）	70%～97%	保证金释放时间，可查看：提前放款保证金释放时间表
		100%	
	买家保护期结束后	100%	卖家保护期结束：买家确认收货/买家确认收货超时后15天
关闭	发货后180天	100%	无

提前放款保证金释放时间表，如表2-10所列。

表2-10 速卖通平台提前放款的规定

类型	条件		保证金释放时间
按照比例冻结的保证金	商业快递+系统核实物流妥投	无	交易结束当天
	1.商业快递+系统未核实物流妥投 2.非商业快递	交易完成时间～发货时间≤30天	发货后30天
		交易完成时间～发货时间30～60天	交易结束当天
		交易完成时间～发货时间≥60天	发货后60天
固定保证金	账号被关闭	无	提前放款的订单全部结束（交易结束+15天）后全额释放
	退出提前放款		
	提前放款不准入		

（3）平台对违规卖家的处理办法

对于结束获得提前放款的卖家，速卖通通常会视情况做出冻结账户的相应处罚：根据卖家的经营状况在卖家国际支付宝账户冻结一定数额的“放款保证金”，并有权对保证金额度进行调整。

具体情况包括如下两类。

1）因交易纠纷导致卖家需要退还买家货款，或速卖通代为向买家垫付（有权但没有义务）相应资金，或因卖家原因造成买家、速卖通或其他第三方损失的，速卖通有权对卖家支付宝国际账户中的资金进行划扣，不足赔付部分，放款保证金将被直接划扣用于支付该资金或赔付；仍不足赔付的，速卖通有权继续向卖家追讨。

2）经速卖通评估，不再符合发货后或交易结束前获得提前放款条件的卖家，放款保证金将在速卖通平台通知取消之日起6个月后退还。期间若因卖家原因导致买家、平台或其他第三方损失或产生退款、垫付的，速卖通有权将放款保证金划扣以补偿损失，并将剩余部分于6个月期限届满后退还卖家。不足部分，速卖通有权对卖家支付宝国际账户中的资金进行划扣，仍不足赔付的，速卖通有权继续向卖家追讨。

妙招16 由C2C平台向B2C平台转型升级

2016年8月，速卖通发布全平台招商准入新制度，推出了新的卖家入驻条件，全面禁止个人卖家入驻。从2017年3月初开始，所有商家必须以企业身份（不包含个体工商户）入驻速卖通、不再允许个人商家入驻。而过去只要商家有企业支付宝就可以入驻。

这也标志着，速卖通完成了由C2C平台向B2C平台的转型升级，此举被不少业内人士视作2017年跨境电商领域中最大的变化。

转型的意义主要表现在以下3个方面。

第一，买家体验大大上升。据统计，2017年全年，速卖通平台上买家对于商品品质问题的纠纷率下降了30% ~ 50%，同时，买家的NPS（Net Promoter Score，净推荐值）上升了50%。

第二，平台风险大大降低。过去平台上总是存在一些类似侵权的风险，转型后这个比例降低了60%。

第三，平台卖家结构将发生重大变化，使得平台的专业化程度更高，复购率更高。如速卖通平台除了审核卖家的资质之外，还检查了卖家的经营指标，根据这些指标选出金牌卖家、银牌卖家等，这无疑对中小卖家提出了更高要求，直接促使卖家提高商品质量和服务能力。

妙招17　实施全行业品牌化、商标化

2017年速卖通在招商细则中增加了“品牌属性”的相关内容，即商家发布新产品必须选择商标。规定自2017年1月1日起实施，3月1日起将启动全行业商标化，平台将分批次执行在线产品“品牌属性”的编辑功能，这意味着速卖通平台出口产品无商标时代即将结束。

同时，速卖通对新卖家的入驻做了明确规定：

从2017年4月初开始，所有速卖通大型活动，只允许有品牌的商家参与，平台主推在中国甚至全世界有品牌商标注册的商家。

对于有品牌的商家，速卖通也将会进行政策倾斜：消费者在搜索品牌关键词的时候会有店铺直达通道，在所有流量中优先推荐，以帮助保护品牌知识产权，维护品牌内容。

速卖通十分注重知识产权的保护，从商标品牌知识产权到设计专利均十分重视。这对于有优质供应链的生产制造型企业来说，可提高其竞争力，但同时也会削弱单纯贸易型的流通性的出口企业的优势。

速卖通上有5种品牌无法注册，如表2-11所列。

表2-11　速卖通上5种无法注册品牌

1	与速卖通已有品牌、频道、业务或类目相同或近似的品牌
2	包含行业名称或者行业热搜词的品牌
3	包含知名人士，地名的品牌
4	与知名品牌类似的品牌
5	纯图形商标

这些限制对于已经具备出口品牌的外贸企业是有优势的，而对于需要新注册品牌的外贸企业，最好咨询一下专业机构。

另外，若出现以下两种对品牌的违规使用情况，速卖通会终止其在平台的经营。

第一，该品牌商品由不具备生产资质的生产商生产，不符合国家、地方、行业、企业强制性标准。

第二，该品牌经判定对他人商标、商品名称、包装和装潢、企业名称、产品质量标志等构成仿冒或容易造成消费者混淆、误认。

速卖通对品牌商标化的要求，不仅仅是简单地添加商品商标，其实也是消费市场的一种变革和客观需求。未来，品牌客户体验度、满意度以及影响力将是影响出口贸易的重要因素，如果没有一个强有力的品牌力量，商品将很难走出国门，参与国际市场的竞争。从外贸大环境来看，中国制造正在从廉价代工升级至全球品牌，商标化是大势所趋。因为品牌竞争才能凸显企业的价值优势，中小企业会逐渐向产业链的更高端发展，实现产品的附加价值，最终让外贸出口企业走上一个更高端的优质发展道路。

第3章

数据运营：利用数据纵横研判市场和选品

数据是速卖通卖家运营和管理店铺的基础，在店铺的管理和运营过程中会产生大量的数据。平台会将这些数据加以搜集和分析，供卖家使用和参考，如行业分析、选品分析、成交分析、售后流量分析等等，这些都是卖家需要特别注意的。合理运用这些数据，可大大提升店铺的运营效率和精准度。

妙招 18　大数据：网店管理和经营的重要依据

随着大数据概念的提出，各行各业开始认识到大数据的巨大价值。目前，大数据已经逐步延伸到生产、生活、工作和学习等各个方面，备受各大企业重视。尤其是在零售行业，无论传统实体企业，还是新型的电商企业都在着手开发、研究大数据，并采用多种方法扩大运用，充分挖掘大数据的价值，以实现企业利益的最大化。以下几个案例足以说明。

案例1

沃尔玛利用大数据提供购物自动搜索功能

全球零售业巨头沃尔玛网站上有一个强大的搜索引擎Polaris，这个功能用于购物搜索，可以帮助用户快速找到想要购买的物品。用户在Polaris上输入关键词，搜索结果不仅仅是带有关键字字样的商品，还会有一些相关提示、建议。仅仅这一项大数据技术便使沃尔玛在线购物提升了5个百分点，利润高达数十亿美元。

案例2

Morton牛排店利用大数据长途送餐

一家位于芝加哥的牛排连锁店利用大数据技术开展了一次长途送餐。当时一位顾客开玩笑地通过推特订餐，需要送到纽约Newark机场（他将在一天工作之后抵达该处），在接到订单之后，Morton就开始了自己的社交秀。首先，通过分析推特数据，发现该顾客是本店的常客，也是推特的常用者。然后，根据客户以往的订单成功推测出其所乘的航班，并派出了一位身着燕尾服的侍者为其提供晚餐。

案例3

快餐店利用视频数据分析

某餐饮店通过视频拍摄到的客户等候排队的长度，来分析客户需求变化，然后自动变化电子菜单的显示内容。如果队列较长，则显示可以快速供给的食物；如果队列较短，则显示那些利润较高但准备时间相对长的食品。

大量数据因互联网发展而快速出现，并通过互联网得以传播、扩散，对资源的优化配置起到了调配作用。20世纪90年代末，美国航空航天局的研究人员创造了“大数据”一词。自诞生以来，它一直很神秘、很模糊却又十分诱人。2015年以来，越来越多的人提到大数据，这与互联网的快速发展有莫大的联系。正是互联网的普及，大数据的搜集、分析和运用变得更为简单，实际运用才得以体现。

因此，大数据与互联网有着不解之缘，速卖通网店作为依靠网络而运营的一种线上虚拟店铺，与大数据也密不可分。在这个大数据时代，网店一样可以有效地利用数据来合理地优化店铺的管理与运营方案。数据是最直接的言语，卖家可以利用各种数据，通过精准的分析，让店铺和商品更能迎合买家需求，营销行为更精准。从市场分析角度来说，选品、打造爆款、直通车、营销、运营每一个环节都离不开数据，数据就是卖家经营的依据。

那么，网店卖家该如何利用大数据呢？主要思路有三个，具体如图3-1所示。

搜集
数据
店铺内数据
店铺外数据
分析
数据
借助各种数据分析工具对数据进行分析
实践
运用
找到店铺管理与运用的问题所在，提高管理和运营效果

图3-1 网店卖家实行大数据管理的思路

首先是搜集数据，可通过店内、店外两个途径去搜集。如果只是单纯地想要分析店铺内部管理与运营细节，可以使用与店铺密切相关的数据，如流量数据、转化率数据、成交额数据等。如果卖家想要分析的是商品市场，那么就需要获取店铺外的数据，如某件商品在市场上最近的销量。

然后，卖家需要借助工具进行数据分析，如Excel软件、速卖通卖家工具等。数据分析就是把一堆杂乱的信息用带有逻辑的方式去思考，把隐藏在信息间的规律提炼出来。在速卖通后台就有很多这样需要整理的数据。

最后，通过分析后的数据也就是经过可视化处理的数据，卖家很容易就能看出问题的关键点所在，从而为接下来的管理与运营策略调整提供强有力的理论支撑。

通过卖家的分析将数据最终变成有用的策略，就是网店数据化管理与运营的核心。换言之，数据只有通过分析转换，才能彰显其价值和意义。如果卖家只会一味寻找数据而不懂数据分析之法，那么这些数据对盈利没有丝毫帮助。

妙招19　店铺运营应搜集的两大类数据

对于速卖通平台而言，数据就是平台给卖家的成绩单，成绩好，平台分配的资源就更多；同时，数据也是平台给卖家的调查表，会根据结果引导平台的市场方向。

那么，在店铺经营过程中卖家应该搜集哪些数据呢?

从数据的作用来看，速卖通数据一般分为两个维度，一个是店铺维度数据，一个是商品维度数据。如果对店铺数据和商品数据再进行细分的话，又可分为第一层数据、第二层数据，如图3-2所示。

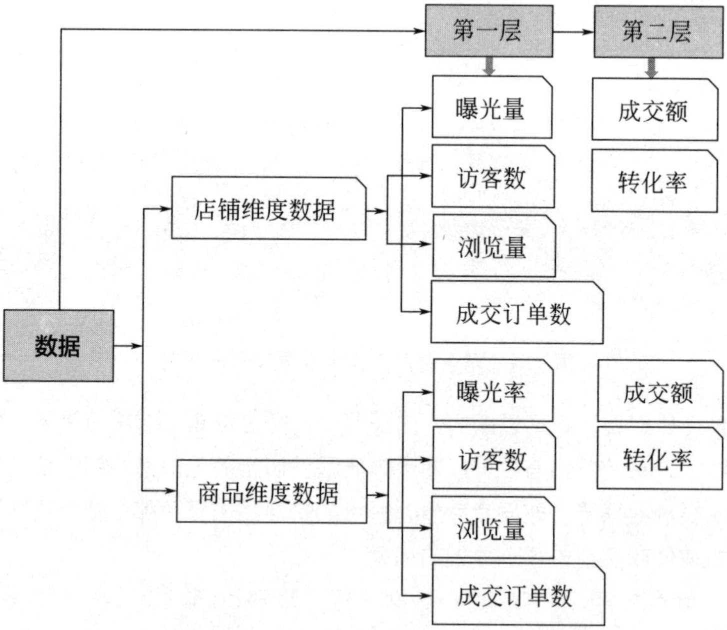

图3-2　速卖通平台上两个维度的数据

作为卖家，每天关注数据的重点就是观察和分析店铺和商品的曝光率、访客数、浏览量、订单数、转化率等。通过关注这些数据，可以分析店铺或某个单品的运营情况，轻松诊断出问题所在。店铺数据分析如图3-3所示。

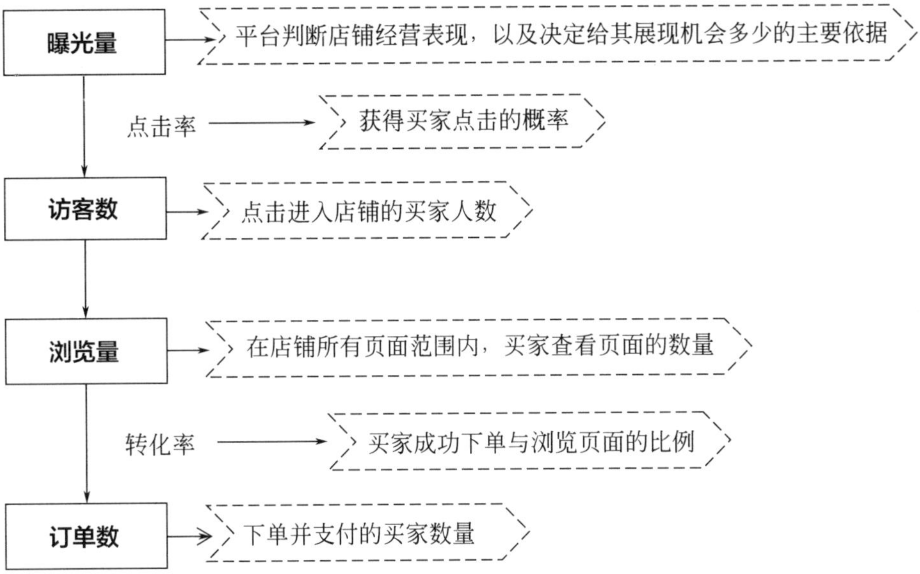
曝光量
平台判断店铺经营表现，以及决定给其展现机会多少的主要依据
点击率
获得买家点击的概率
访客数
点击进入店铺的买家人数
浏览量
在店铺所有页面范围内，买家查看页面的数量
转化率
买家成功下单与浏览页面的比例
订单数
下单并支付的买家数量

图3-3　店铺重要数据的分析

（对单品的数据分析，思路与店铺层面类似）

从数据性质来看，速卖通数据又可分为商机发现数据、经营分析数据和店铺监测数据。商机发现数据包括市场行情、行业情报、商机发现和搜索词分析；经营分析数据包括成交分析，商品分析、店铺装修、营销助手；店铺经营监测数据包括实时风暴、流量分析、能力诊断等。

妙招20　数据纵横：实现数据精准运营

数据纵横是速卖通平台上主要的数据模块，其中蕴含着大量数据信息。这是卖家开设店铺后第一个需要了解的功能，也是需要大量时间和精力来学习和研究的一个功能。

数据纵横为卖家在店铺数据化运营上提供了切实可行的依据。数据是电子商务的大势所趋，作为一个成功的卖家，必然需要大量的可靠的数据来支撑。为了帮助卖家更好地选择经营市场、经营商品线，并制订精准的营销方案，速卖通在2011年开放平台交易数据，并致力于打造了专业的数据营销工具——数据纵横，以帮助卖家朋友们更加方便地使用和管理数据。

（1）数据纵横的3个数据模块和4个数据类型

数据纵横的3个数据模块如图3-4所示，数据纵横的4个数据类型如图3-5所示。

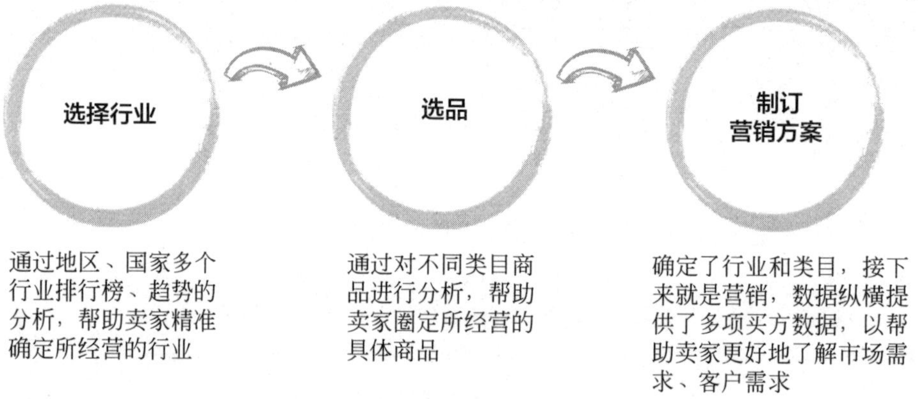
选择行业
选品
制订
营销方案
通过地区、国家多个行业排行榜、趋势的分析，帮助卖家精准确定所经营的行业
通过对不同类目商品进行分析，帮助卖家圈定所经营的具体商品
确定了行业和类目，接下来就是营销，数据纵横提供了多项买方数据，以帮助卖家更好地了解市场需求、客户需求

图3-4 数据纵横的3个数据模块

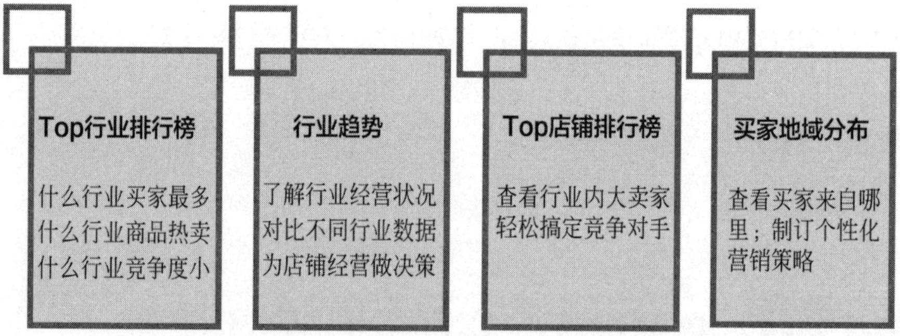
Top行业排行榜
什么行业买家最多
什么行业商品热卖
什么行业竞争度小
行业趋势
了解行业经营状况
对比不同行业数据
为店铺经营做决策
Top店铺排行榜
查看行业内大卖家
轻松搞定竞争对手
买家地域分布
查看买家来自哪里；制订个性化营销策略

图3-5 数据纵横的4个数据类型

（2）数据纵横的3类店铺运营数据

数据纵横为卖家提供了3大类数据如图3-6所示。

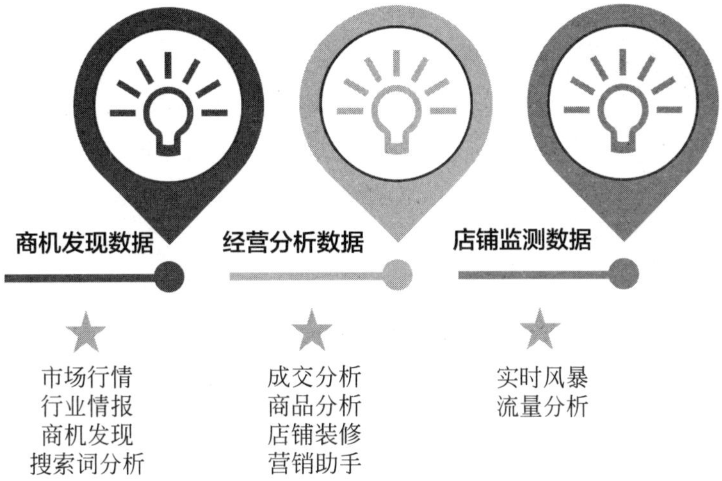

图3-6　数据纵横为卖家提供的3大类店铺运营数据

以上三类数据在速卖通平台上都有体现，都集中在“数据纵横”中（数据纵横是速卖通基于平台海量数据打造的，便于卖家优化商品信息的数据分析工具）。下面分析的所有数据都是围绕这类数据进行的。

妙招21　行业情报：开店前研判行业态势

行业情报数据是速卖通大数据中需要重点分析的数据。要想经营好一个速卖通店铺，首先需要搞清楚整个行业的发展态势。尤其对新手卖家或正处于确定行业、选品阶段的店铺，这一数据最有参考价值。

具体操作为：登录速卖通后台→数据纵横→商机发现→行业情报。行业情报分为两部分，一部分是行业概况，另一部分是蓝海行业。行业概况数据包括数据周期和数据内容，数据周期包括周数据、月数据、季度数据，数据内容包括行业数据、行业趋势、行业国家三个方面，如图3-7所示。

下面我们重点阐述如何通过行业情报数据来确定一个热门行业。

（1）行业概况

行业概况包括如何选择符合所售商品的行业，查看该行业最近7天/30天/90天的流量，成交转化和市场规模数据，了解市场行情变化情况。

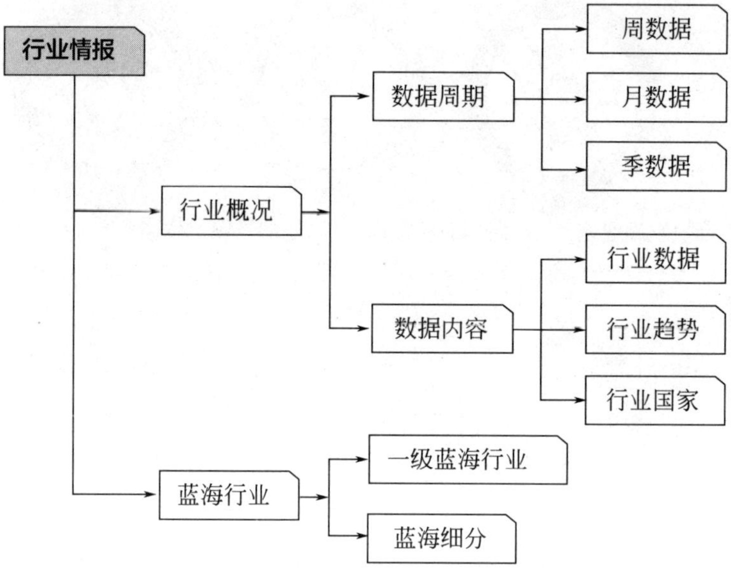

图3-7　速卖通平台上的行业概况数据

1）第一步：确定行业。

首先在行业选择下拉菜单中，选择自己所从事或准备从事的行业。行业选择非常细分，通常可细分到四级类目。

以美容健康行业为例，分别为美容健康→彩妆→眼部彩妆→眼影，如图3-8所示。

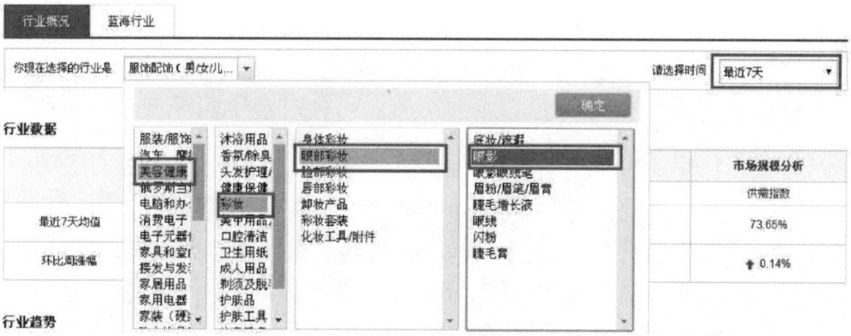

图3-8　行业选择

2）第二步：查看行业数据。

确定行业后，单击“确定”即可看到该行业7天内的流量分析、成交转化分析和市场规模分析数据，如图3-9所示。

你现在选择的行业是　眼影　　　　请选择时间　最近7天

行业数据

	流量分析		成交转化分析		市场规模分析
	访客数占比	浏览量占比	支付金额占比	支付订单数占比	供需指数
最近7天均值	61.95%	61.84%	56.73%	37.94%	114.3%
环比周涨幅	↓ -3.7%	↓ -3.68%	↓ -0.8%	↓ -4.24%	↑ 5.81%

图3-9　查看行业7天内的数据

如此细分的数据说明速卖通平台所提供的某个行业数据还是非常有价值的，可让卖家了解到每款商品的详细情况。

3）第三步：查看行业趋势数据。

行业趋势数据包括趋势图和趋势数据明细表。趋势图可以从访客数占比、支付金额占比、浏览量占比、供需指数等多项数据上查看；趋势数据明细表是表格的形式，使这些数据呈现出来得更直观，也更容易进行比对分析。同时，这些数据还可以下载、保存，以便进一步分析。如图3-10是眼影行业支付金额趋势图，图3-11是眼影行业支付金额趋势数据明细表。

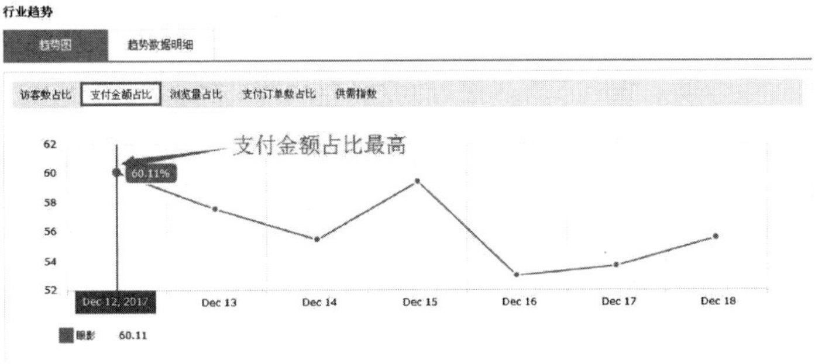

图3-10　眼影行业支付金额趋势图

趋势图　趋势数据明细　　可下载、保存　下载数据

	流量分析		成交转化分析		市场规模分析
	访客数占比	浏览量占比	支付金额占比	支付订单数占比	供需指数
2017-12-12	65.31%	64.67%	60.11%	39.34%	114.31%
2017-12-13	63.21%	63.25%	57.53%	38.47%	115.74%
2017-12-14	64.65%	63.47%	55.44%	38.79%	107.22%
2017-12-15	62.68%	62.01%	59.42%	37.21%	111.05%
2017-12-16	57.89%	59.19%	52.98%	36.12%	119.54%
2017-12-17	59.66%	59.78%	53.67%	36.4%	116.87%
2017-12-18	60.02%	60.36%	56.56%	38.28%	116.4%

图3-11　眼影行业支付金额趋势数据明细表

同时，利用行业趋势数据还可以进行最多三个行业的对比分析。如确定眼影行业后，还想了解一下牙齿美白商品、精油护肤品等的市场情况，就可以在底部的“行业选择”下拉菜单中选择，确定后，三者比对趋势图就会出来，如图3-12所示。

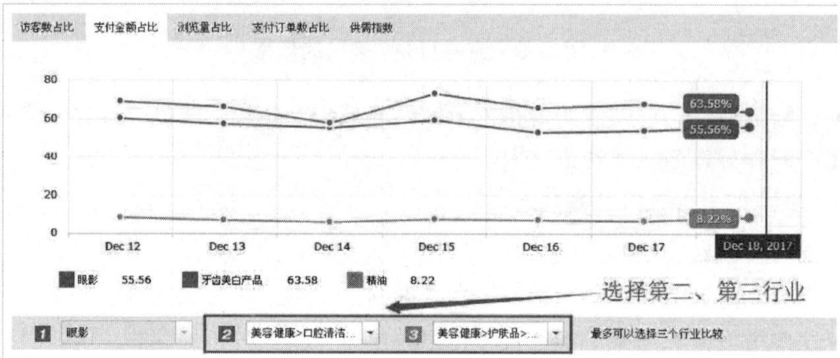

图3-12 行业趋势数据对比

图中数据显示，牙齿美白商品支付金额占比最高，精油护肤品最低。

4）第四步：查看行业国家分布情况。

在了解行业趋势的基础上，还可以对该行业在特定国家或地区的市场情况进行了解，这足以保证卖家能够观察到各个市场的消费现状、潜力，确定重点市场，提升商品的转化率。如眼影，支付金额最多的是俄罗斯，其次是美国，占到总量的40%以上，如图3-13所示；访客数最多的是俄罗斯和巴西，分别为32.97%和13.50%，如图3-14所示。

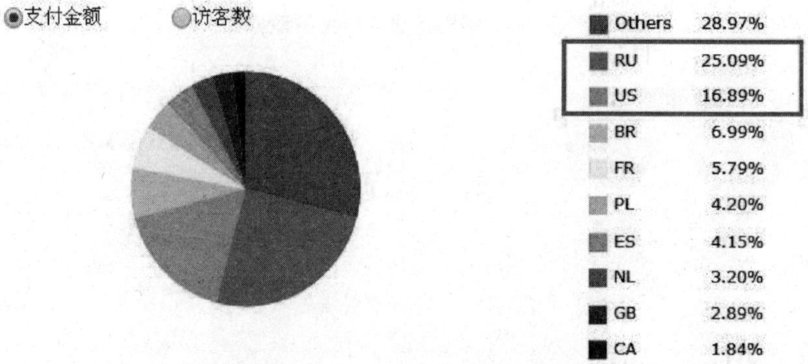

图3-13 眼影支付金额国家占比示意图

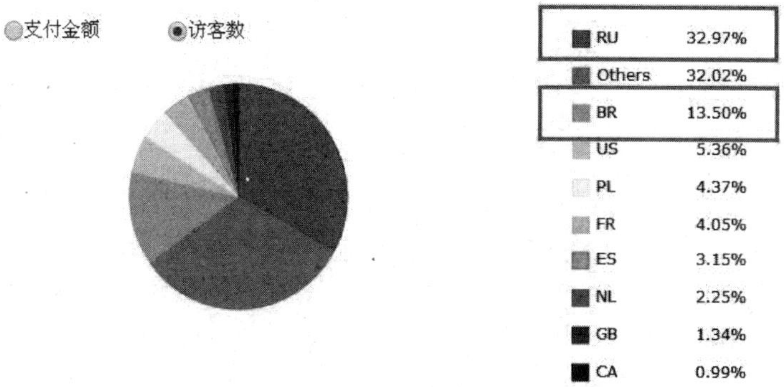

图3-14　眼影访客数国家占比示意图

（2）蓝海行业

所谓蓝海，是指未知的、有待开拓的市场空间，蓝海行业具体指那些竞争尚不大，但又能充分满足买家需求的行业。蓝海行业充满新的商机，发掘蓝海行业，可实现竞争优势，优先抢占市场份额或者找到竞争的差异化。

蓝海行业数据包括一级蓝海行业和细分行业，一级蓝海行业展现的是整个行业或某行业一级类目的情况，细分行业展现的是二、三级类目的情况。

案例4

下图圈中展示的行业是2017年12月12日～18日七天内一级蓝海行业，颜色越蓝代表行业内竞争越小，即从前往后依次表示竞争越来越大。如上面例子中提到的美容健康→彩妆→眼部彩妆→眼影，排在第一列的第二个，说明该行业竞争还是非常小的，如图3-15所示。

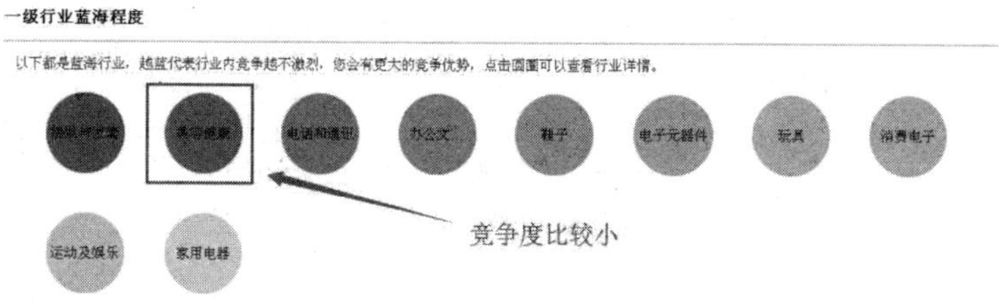

图3-15　行业竞争程度判断标准

同时，还可对蓝海行业进行细分，细分表中有一项重要数据，是判断竞争大小的重要指标，该数值越大，竞争越小。关于这个指标，本书会在接下来的内容详细介绍。图3-16是美容健康行业蓝海细分部分内容。

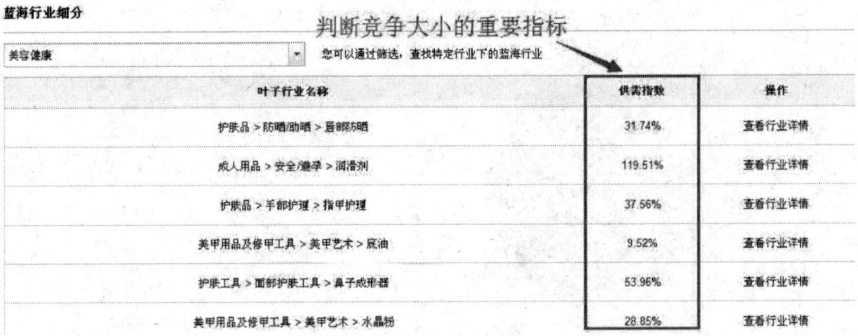

图3-16 行业竞争程度判断指标

(3)行业情报中的细分数据

行业概况数据大都属于宏观层面的，想要了解一个行业的情况，除了宏观层面的数据外，还需要了解微观层面的数据，如访客数占比、浏览量占比、成交额占比、成交订单占比和供需指数等。

这些数据，尤其是供需指数，可以反映出该品类是热门品类还是冷门品类，需求是大还是小，竞争程度如何（供需指数是统计一段时间内某一个行业的商品指数/流量指数，比较不同行业仅从供需指数也可见一斑，数值越大意味着热度越大、需求越大，反之越小）。

表3-1所列是速卖通平台一级类目中某年某月某天的统计结果。

表3-1 速卖通行业一级类目数据统计结果

一级类目	访客数占比	浏览量占比	成交额占比	成交订单数占比	供需指数
服饰	23.48%	35.74%	27.64%	13.44%	110.94%
珠宝钟表	7.13%	8.88%	10.46%	12.14%	104.21%
电话通信	8.02%	6.75%	9.23%	9.52%	99.82%
家具	8.75%	6.45%	8.26%	6.28%	75.21%
美容健康	4.79%	3.69%	7.61%	6.04%	54.36%
运动娱乐	4.38%	3.22%	4.32%	4.71%	53.49%
箱包	5.53%	5.41%	4.43%	4.02%	30.73%
消费电子	4.76%	3.33%	4.89%	3.77%	56.80%
玩具	3.61%	2.83%	2.65%	2.65%	52.17%
……	……				

从表3-1中可以看出服饰无疑是第一大品类，访客数占比、浏览量占比、成交额占比、成交订单占比和供需指数均比较高，其次依次为珠宝钟表、电话通信、家具等商品。

当然，这只是一级类目数据，只能对一个行业进行大致的了解，要想真正对实际经营有指导作用，还需要进一步分析二级类目、三级类目。

1）二级类目、三级类目。

通过二级类目、三级类目数据所占总平台数据的比例，可更精准地分析该品类商品在整个平台中的市场行情，如表3-2所列。

表3-2　服装行业二级、三级类目数据统计结果

二级类目	三级类目	访客数占比	浏览量占比	成交额占比	成交订单数占比
女装	连衣裙	7.52%	6.28%	2.91%	3.76%
	外套大衣	3.87%	4.13%	3.10%	1.87%
	雪纺衬衫	2.68%	2.25%	1.55%	3.03%
	上衣/T恤	1.85%	1.3.%	0.73%	1.46%
	卫衣	1.70%	1.279%	0.86%	1.01%
	毛衣	1.51%	1.77%	0.70%	0.94%
	……	……			

由上表可见，女装类目中连衣裙、外套大衣、雪纺衬衫、上衣/T恤、卫衣、毛衣以及贴身衣物占了平台总访客数的21%，占平台总浏览量的17.5%，占平台成交额的10.5%，占成交订单数的13.5%，绝对是平台的主力。

不过，需要注意的是，行业情报中每一级类目的数据都是基于上一级目录的，以服饰→男装→牛仔裤的访客数占比为例进行说明，如表3-3所列。

表3-3　一级类目和二级、三级类目之间的关系

一级类目	二级类目	三级类目
服饰	男装	牛仔裤
23.48%	20.72%	22.31%

表中男装的访客数占比为20.72%，是指占服饰类商品的20.72%；牛仔裤的访客数占比为22.31%，是指占男装商品的22.31%。

也就是说，二级类目或三级类目在整个平台访客量的占比无法直接看到，需要通过一个简单的二次计算获得。仍以服饰→男装→牛仔裤的数据为例，二级类目男装所占整个平台访客量比例=23.48%×20.72%≈4.87%，三级类目牛仔裤所占整个平台访客量比例=23.48%×22.31%≈5.24%。浏览量、成交额、成交订单数等数据都可以以同样方式计算。

2）各项数据的综合考量原则。

判断一个品类适合不适合去做，不能单一地看某组数据，而是要遵守兼顾原则，综合考量各项数据。

如上面提到的在所有数据中尤其要注意的供需指数，这是判断某品类竞争度的主要数据，很多人会认为选一个供需指数大的行业即可，因为是热门品类。但再结合访客数占比考虑的话，得出的结果也许恰恰相反，因为一个品类再热门，没有人访问也没有用，注定不会有太大销量。因此，选品时最科学的做法是，在计算出二级类目或三级类目结果的基础上，再在访客数占比和供需指数之间找到一个平衡点。这样再来看供需指数这一数据会更有意义，这里有个技巧，即利用供需系数来判断。所谓供需系数是指访客数占比除以供需指数：

供需系数=访客数占比 ÷ 供需指数，如连衣裙的供需系数
=7.52%÷107.76%≈0.069784（四舍五入0.0698）

供需系数越高，对选品越有指导意义。那么如何根据供需系数来选品呢？下面看一个示例，如表3-4所列是服装三级类目计算结果。

表3-4　服装三级类目计算结果

二级类目	三级类目	访客数占比	浏览量占比	成交额占比	成交订单数占比	供需指数	供需系数
女装	连衣裙	7.52%	6.28%	2.91%	3.76%	107.76%	6.98
	外套大衣	3.87%	4.13%	3.10%	1.87%	88.17%	4.39
	雪纺衬衫	2.68%	2.25%	1.55%	3.03%	78.13%	3.43
	上衣/T恤	1.85%	1.3.%	0.73%	1.46%	161.34%	1.15
	卫衣	1.70%	1.279%	0.86%	1.01%	58.48%	2.90
	毛衣	1.51%	1.77%	0.70%	0.94%	95.72%	1.57
	……	……				……	……

从表3-4中可以发现，上衣/T恤的供需指数为161.34%，比卫衣的58.48%要高很多，表面上看选择上衣/T恤更好。但结合两者的访客数占比1.85%和1.70%来看，卫衣的供需系数偏高，因此选择卫衣要更为合适。

妙招 22　选品专家：开店前精准选择商品

确定了大方向之后，就要考虑具体的商品选择，这时可使用平台上的“选品专家”功能。该功能是卖家对商品进行进一步分析的重要工具，也是选品、取名、定价的必备工具。

选品专家有两大数据模块，分别为“热销”和“热搜”。登录速卖通后台→数据纵横→商机发现→选品专家，即可以清晰地看到。

“热销”是从卖家维度入手，显示近期有哪些热销品，“热搜”是从买家维度入手，表示有哪些最受买家欢迎的热销品。

（1）热销

热销从行业、国家和地区两个维度进行分析，分别提供最近1天、1周、1月的反馈数据，可让卖家快速看清某类商品在市场上的表现。

1）热销品

① 销量。

销量可通过“TOP热销产品词”这一指标来分析，以2017年12月12日-2017年12月18日一周内，消费电子行业热销品类为例，如图3-17所示。

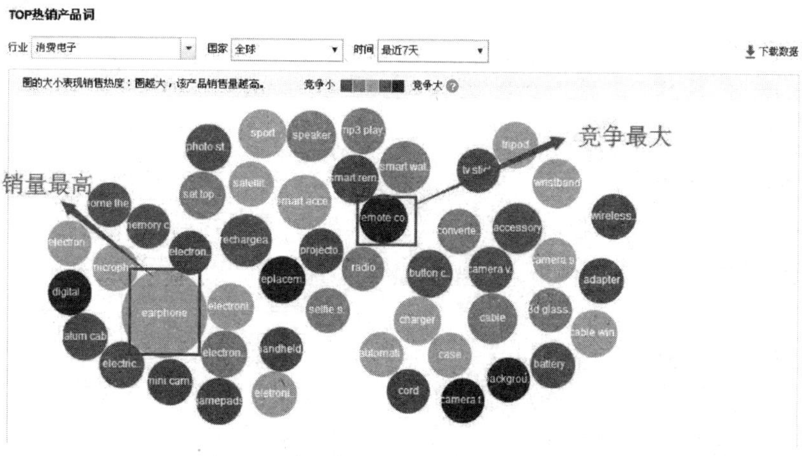

图3-17　热销品销量数据变化示意图

图中圆圈大小表示销量，圆圈越大，表示销量越高，反之越低。从图中可以看出，earphone（耳机，听筒）销量最大。

② 竞争激烈程度。

不过，卖家需要理性看待这些热销品，不要只要看到是热销品就一窝蜂地去做。卖家还需要注意竞争的影响，竞争较大的商品，必定有很多卖家都在做，而且有很多实力强劲的卖家。与成熟的卖家竞争，也是新手卖家需要回避的。

一个商品的竞争程度如何也可以通过“TOP热销产品词”指标来分析。如图3-17所示，圆圈颜色越红，表示竞争越大，颜色越蓝，表示竞争越小。图中显示remote control（遥控器，远程控制器）竞争度最高。

③ 查看商品的详细信息。

点击任何一个圆圈都可查看相应品类的详细信息，包括成交指数、竞争指数、关联商品、热销属性、热销属性组合等，如表3-5所列。

表3-5　热销品销量数据指标

指标	概念	备注
成交指数	所选行业，所选时间范围内，累计成交订单数，指数越大成交量越大	成交指数不等于成交量，是经过数据处理后得到的对应指数
竞争指数	所选行业在所选时间范围内，商品词对应的竞争指数，指数越大，竞争越激烈	无
关联商品	卖家同时浏览、点击、购买的商品	无
热销属性	某个品类下热销的属性	无
热销属性组合	某个品类下热销属性组合	无

以图3-17中销量最大的品类earphone（耳机，听筒）为例，将鼠标轻轻放在earphone圆圈处即可看到成交指数、竞争指数，如图3-18所示。

图3-18中显示earphone成交指数为485191，竞争指数最小，据此可以初步判断这是该行业最热销的品类。

2）关联商品

买家在购买这个商品的同时，还会购买什么其他商品呢？消费者能重复消费和连带消费是很多买家最喜欢的。要想了解这个问题也很简单，卖家可根据“TOP关联产品”进行大致的判断。

如图3-19所示earphone的关联产品图，连线越粗，表示产品与产品间的关联越强，即买家同时浏览、点击、购买的越多。圆圈越大，表示销量越高；颜色越红，表示竞争越激烈；颜色越蓝，表示竞争越小。

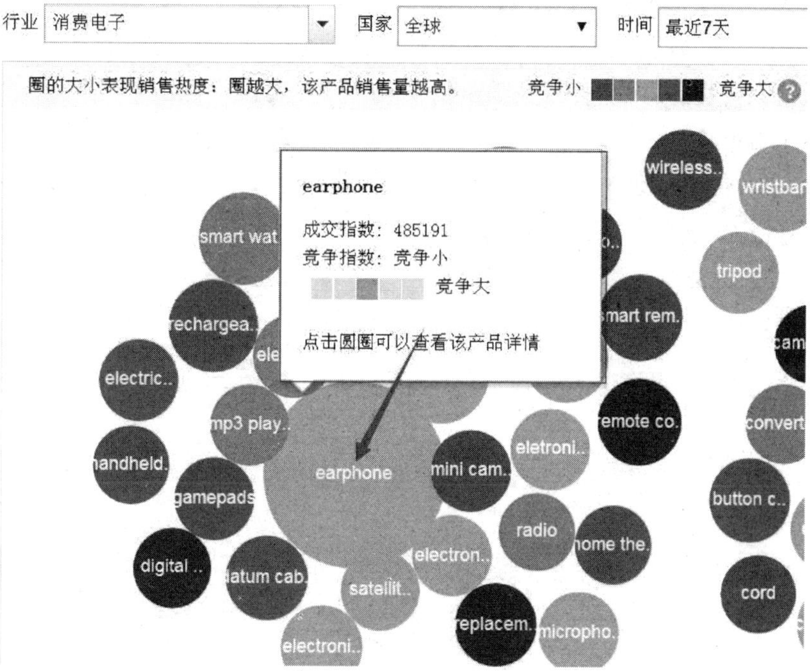

图3-18　热销品的成交指数与竞争指数

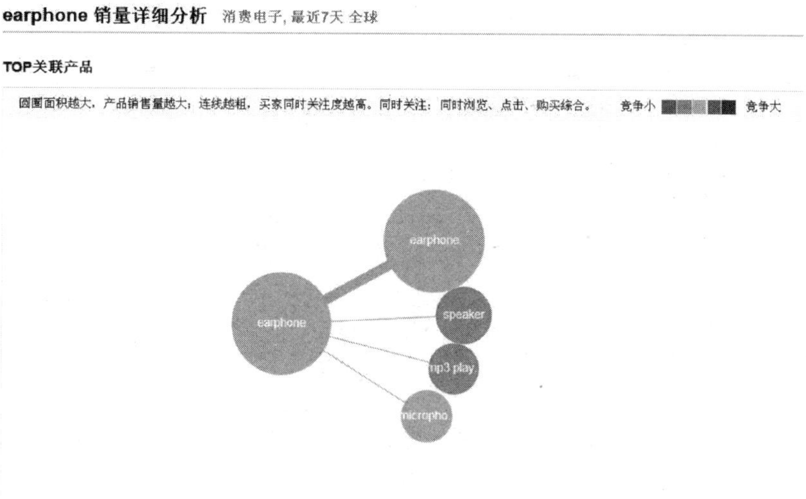

图3-19　earphone关联产品示意图

3）热销属性

想要查看某个热销品类的属性，如dress热销的属性，可看到袖子长度方面无袖最热销；面料方面雪纺最热销；裙长方面膝盖以上的mini裙最热销。

每个属性都是以圆圈表示，圆圈上有“+”“-”标识，点击“+”号可以展开看到更详细的属性值，点击“-”号可以收起，点开后属性值的圈越大表示销量越高。

仍以earphone为例，在该品类中可以看到很多属性，诸如style（类型、风格）、function（功能、作用）、connectors（连接器）、plug type（插头）等，如图3-20所示。

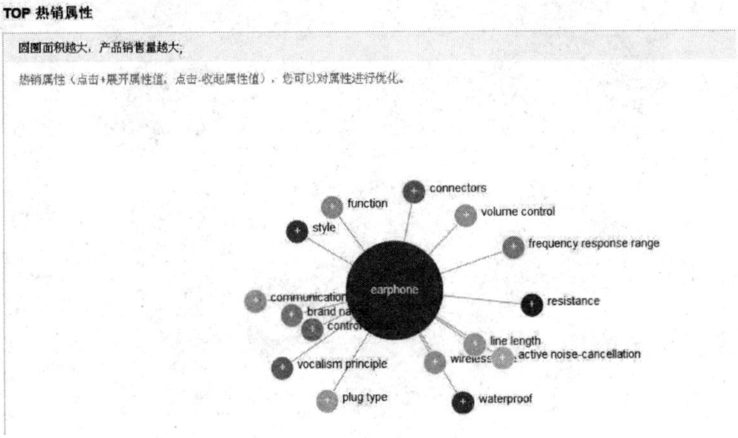

图3-20 热销品的属性数据

如果想查看某个属性的更多信息，可点击“+”展开，如earphone的function（功能、作用）属性，如图3-21所示。

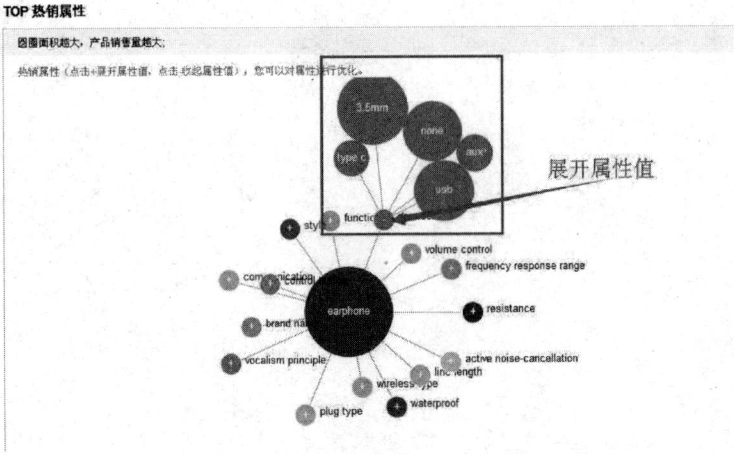

图3-21 热销品的展开属性值

4）热销品类属性组合

当很多属性组合在一起时，更容易凸显出商品特色，便于买家精准搜索。如买家搜索女童装并对其做了精准定位：带花的、蝴蝶结、蓬蓬裙，在这种情况下，商品属性描述得越清晰便越容易被买家搜索到。

对于卖家而言，也可以根据属性组合结合供应情况进行选品。在查看商品属性时应注意，相同颜色代表同一类属性组合，颜色占比越大表示属性越强、关注度越高，如图3-22所示。

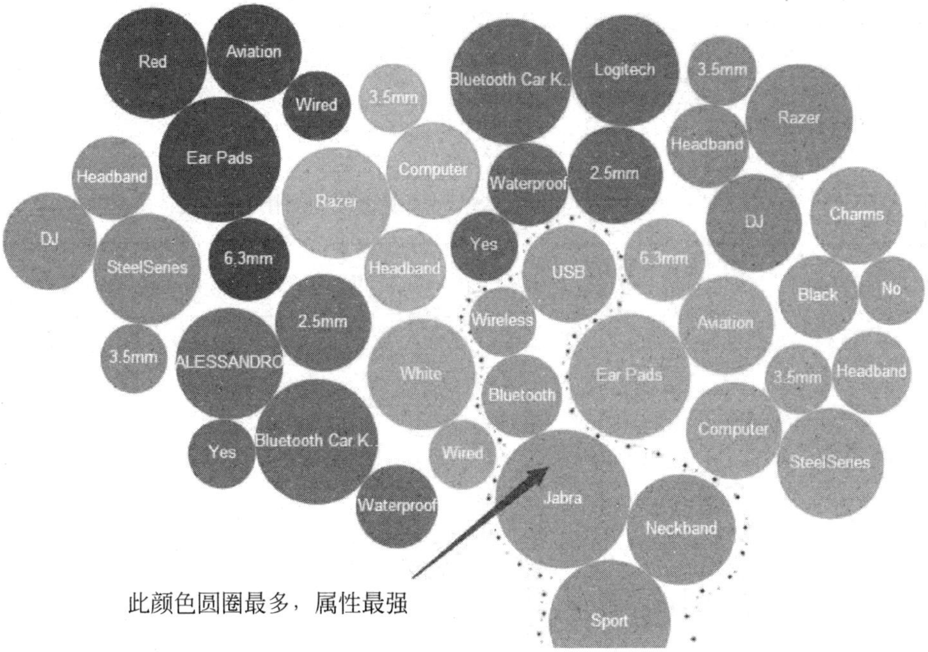

图3-22　同一色圆圈数量越多属性越强

经过这样的分析，卖家可以了解到目前热销的商品及其属性，方便进行选品。同时也可以结合自己的商品特征，对商品属性进行定位、优化，以扩大商品曝光度，提高买家搜索的精准度。

（2）热搜

如果说“热销”是帮助卖家确定热销品类的关键词，那么“热搜”就是帮助卖家了解买家具体在搜索什么。通过“热搜”可以看清楚全球或某一国家和地区买家热搜的品类、品类属性、关联商品等。

热搜的关键指标有6个，具体如表3-6所列。

表3-6　热搜关键指标的概念及其注意事项

指标	概念	注意事项
搜索指数	所选行业在所选时间范围内，搜索该关键词的次数，指数越大搜索量越大	搜索指数不等于搜索次数，是经过数据处理后得到的对应指数
搜索人气	所选行业在所选时间范围内，搜索该关键词的人数，人气越大搜索人越多	搜索人气不等于搜索人数，是经过数据处理后得到的对应指数
竞争指数	所选行业在所选时间范围内，关键词对应的竞争指数。指数越大，竞争越激烈	无
关联商品	买家同时浏览、点击、购买的商品	无
热搜属性	某个品类下热搜的属性	无
热搜属性组合	某个品类下热搜属性组合	无

热搜版块的运用规则也与热销板块类似，如圆圈越大，代表搜索或销售量越大，连线越粗，代表关联性越强等等。在此，将不一一赘述，通过以下实例进行分析。

1）热搜词。

以2017年12月的俄罗斯孕婴童行业为例，行业热搜词如图3-23所示。

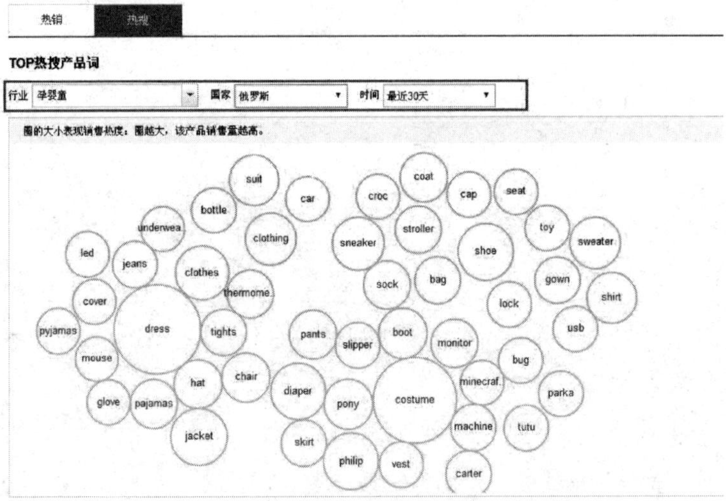

图3-23　孕婴童行业的热搜词

圆圈越大，表示热搜量越大，从图中可以看出，搜索度最高的是costume（演出服），其次是dress（女式裙）、Jacket（短上衣、夹克）、sneaker（橡皮底帆布鞋）。

2）关联商品：以costume（演出服）为例，如图3-24所示。

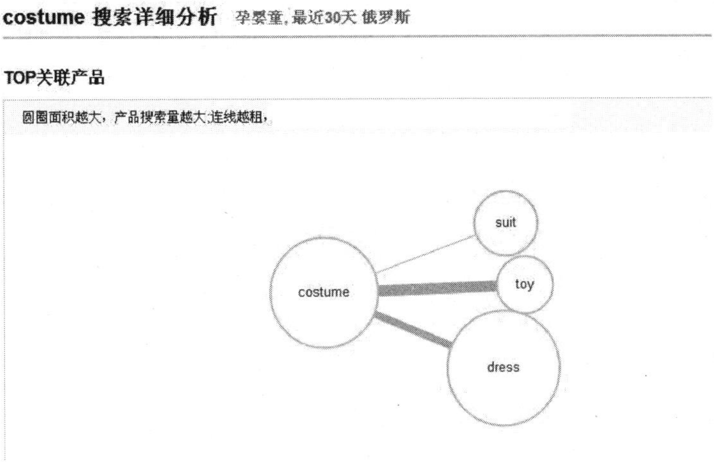

图3-24　孕婴童行业热搜词costume的关联产品

连线越粗，表示搜索关键词的买家越多，圆圈越大，表示销量越高。从图中可以看出，costume与toy之间的线条最粗，表示同时买这两个商品的人数最多；dress的圆圈最大，表示女式裙这部分销量最大。

3）行业TOP热搜属性：如图3-25所示。

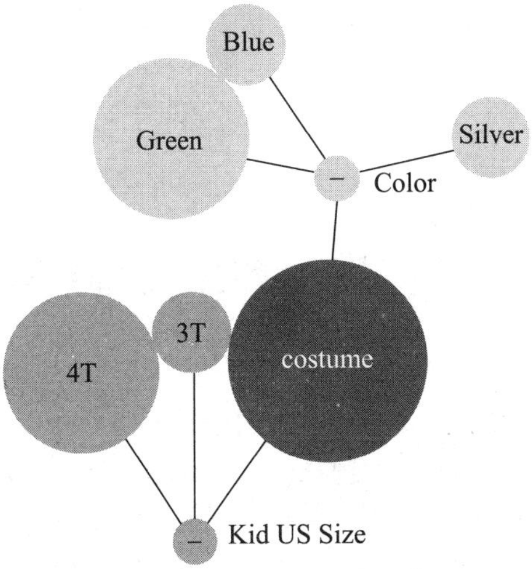

图3-25　孕婴童行业热搜属性展开值

图中展示的是costume的热搜属性及其属性值，其热搜属性包括Color（颜色）、Kid US Size（美国儿童号）。属性值的圈越大表示搜索量越高，可以看出绿色的、4T码的搜索量最高。

（3）站外数据

速卖通卖家除了可以通过站内平台进行数据搜集和分析外，还可以通过站外工具获取更多数据，以便了解当前的热卖商品及整体海外市场的需求，用以辅助日常的商品开发。

常见的站外工具有Watcheditem、Watchcount、Google insight for search、google adword、EBay Pluse，具体如表3-7所列。

表3-7 常见的站外数据搜集与分析工具

工具名称	作用	网址
Watcheditem	方便查看美国eBay各级类目下热卖的商品	http://www.watcheditem.com/
Watchcount	查看eBay各国站点中关注度最高的商品	http://www.watchcount.com/
Google insight for search	可以查询商品关键字的海外搜索量排序，了解商品在不同地区、季节的热度分布及趋势	http://www.google.com/insights/search/
google adword	可以查询关键字和相关关键词的海外搜索量，找到热卖的品类	https://adwords.google.com/
EBay Pluse	可以方便地查看美国eBay 35个大类目下被买家搜索次数最多的前10的关键字，同理进入某个大类目下可以查看二级、三级、四级……	http://pulse.eBay.com/

妙招23 搜索词分析：利用关键词提高搜索率

速卖通官方规定，卖家在发布商品时可设定3个关键词，包括一个必填项和两个选填项。建议卖家最好将3个选项都填写完整，因为这样可以大大地增加商品的排名和曝光率。但是需要注意的是，关键词的选择不能随便填写，需要结合商品特性、市场需求、买家需求来综合考虑。

关键词设置的准确与否，将直接影响买家的搜索结果。关键词的设定依据是搜索词分析，卖家可利用后台的“数据纵横”来分析，具体操作为：登录速卖通后台→数据纵横→商机发现→搜索词分析。搜索词包括三种：热搜词、飙升词、零少词，如图3-26所示。

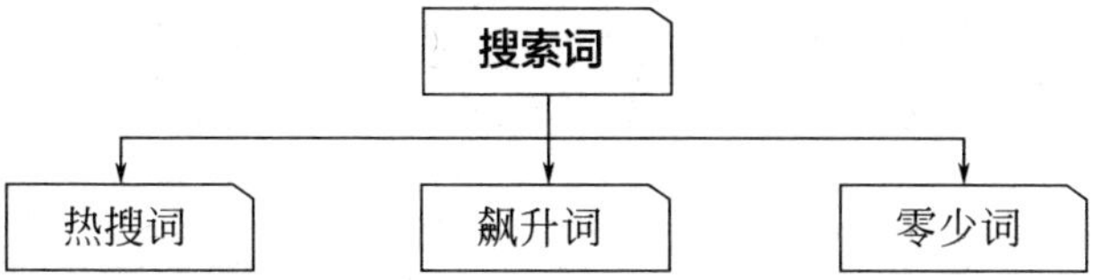

图3-26　速卖通平台上搜索词的三种类型

（1）热搜词

进入“搜索词分析”模块，选定行业类目、时间、范围之后，就可以查看某种商品对应的热门搜索词，然后根据搜索结果去优化关键词设置。如搜索dress（连衣裙），在搜索词对话框内进行三级目录选择“服装/服饰配件→女装→连衣裙”，便可以查看最近7天的热搜词，如图3-27所示。

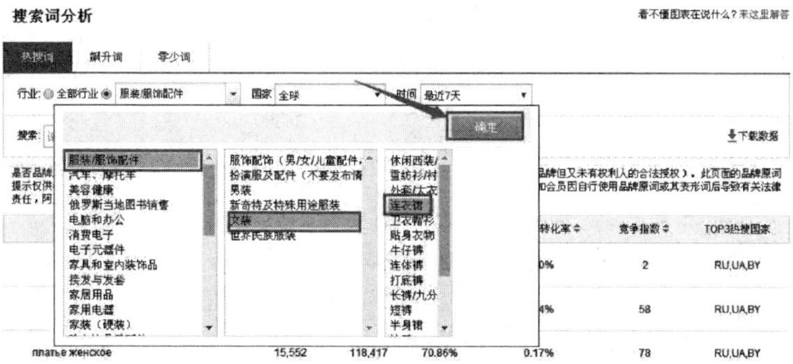

图3-27　搜索词dress（连衣裙）的分析

选择完成之后，单击“确定”即可进行搜索，搜索人气排在前10的搜索结果如图3-28所示。

搜索词	是否品牌原词	搜索人气	搜索指数	点击率	浏览-支付转化率	竞争指数	TOP3热搜国家
oodji		85,336	250,293	27.65%	0.06%	1	RU,UA,BY
платье		33,949	220,881	68.60%	0.14%	56	RU,UA,BY
dress		22,858	111,540	52.25%	0.35%	96	US,CZ,NL
платья		16,032	103,411	70.62%	0.13%	58	RU,UA,BY
платье женское		15,498	117,045	70.54%	0.17%	75	RU,UA,BY
vestidos		12,187	68,990	52.14%	0.32%	79	BR,ES,CL
2017		10,445	50,118	50.76%	0.18%	103	US,SK,CZ
vestido		9,764	50,872	53.35%	0.16%	52	BR,ES,CL
платья женские		8,315	63,827	65.59%	0.13%	92	RU,UA,BY
платье oodji		5,260	12,747	47.79%	0.00%	1	RU,UA,BY

图3-28　搜索人气排在前10的关键词

搜索结果可以按照搜索指数、搜索人气、点击率、浏览-支付转化率、竞争指数共5个维度指标进行排列，不同指标的含义如表3-8所列。

表3-8 搜索词搜索指标及其含义

搜索指标	含义
搜索指数	搜索该关键词的次数经过数据处理后得到的对应指数
搜索人气	搜索该关键词的人数经过数据处理后得到的对应指数
点击率	搜索该关键词后点击进入商品页面的次数
浏览-支付转化率	关键词带来的成交转化率
竞争指数	供需比经过指数化处理的结果（供需比是指在所选时间段内，每天关键词曝光出来的最大商品数/所选时间段内每天平均搜索人气，该值越大竞争越激烈）

不同指标下搜索词的排列会有所差异，不过总体来讲，排在前面的搜索词，其“搜索人气”和“搜索指数”都相对较高，也是买家热搜的。卖家可以直接参考此信息，如“oodji（一服装品牌）”“nnatbe（一服装品牌）”“dress（夏款连衣裙）”等都是热搜词，这三个可作为关键词设置的参考。

除此之外，“竞争指数”也是一个重要的参考指标，该数值越大，说明平台上以这个词来做关键词的卖家越多，也预示着同行竞争越激烈；反之，则越小。因此，对于新手卖家，最好选用竞争指数相对小一点的搜索词作为关键词，以让自己的商品与知名品牌、好评率高、销量大等综合实力强的卖家区别开来。

以某厨房用具的速卖通卖家为例，其主营商品是沥水架。店铺运营之初，由于缺乏经验，店主对关键词的理解就是搜索指数、搜索人气和竞争指数，由此选择了“Rack”（支架）、“Holder”（支撑物）、“Shelf”（架子）等这些业内所称的“大词”作为关键词。但商品发布之后，曝光量、浏览量、访客数始终很低，几乎没有订单。后经多方咨询、学习，才认识到这些“大词”范围广、竞争性强，不利于新手卖家的商品曝光。

弄清楚缘由之后，该店利用平台上数据纵横里的信息，选取“搜索指数”“搜索人气”相对较高，而“竞争指数”相对较低的词，再融入商品的用途、适用范围等信息，将关键词设置为类似于“Kitchen Sink Drain Rack”（厨房水槽沥水支架）、“Bowls Storage Holder”（碗栏支架）、“Cutlery Shelf Fruit Vegetable Dish Rack Set”（刀具、餐盘摆放支架）等词。

也就是说，该店将关键词进行了细化，对范围做了界定。这就意味着相应地缩小了同一关键词下共同竞争的店铺数量，同时也更为贴近买家的搜索需求，商品的曝光率随之提高，订单量也逐步增加。

（2）飙升词

飙升词是指在某段时间内，某个地区的买家搜索词出现快速增长或大量增加的词汇。该词通常可根据搜索指数、搜索指数飙升幅度、曝光商品数增长幅度、曝光卖家数增长幅度等维度指标来判断。不同指标的含义如表3-9所列。

表3-9　飙升词搜索指标及其含义

搜索指标	含义
搜索指数	搜索该关键词的次数经过数据处理后得到的对应指数
搜索指数飙升幅度	所选时间段内累计搜索指数同比上一个时间段内累计搜索指数的增长幅度
曝光商品数增长幅度	所选时间段内每天平均曝光商品数同比上一个时间段内每天平均曝光商品数增长幅度
曝光卖家数增长幅度	所选时间段内每天平均曝光卖家数同比上一个时间段内每天平均曝光卖家数增长幅度

搜索词的上述几个指标同时排在前列的，一定是搜索度最高，买家最关注的词。同时也表明其所在品类商品的上升潜力和上升空间最大。如图3-29所示为2017年12月12日—18日一周内玩具类产品在全球范围内飙升最快的词：squishy。

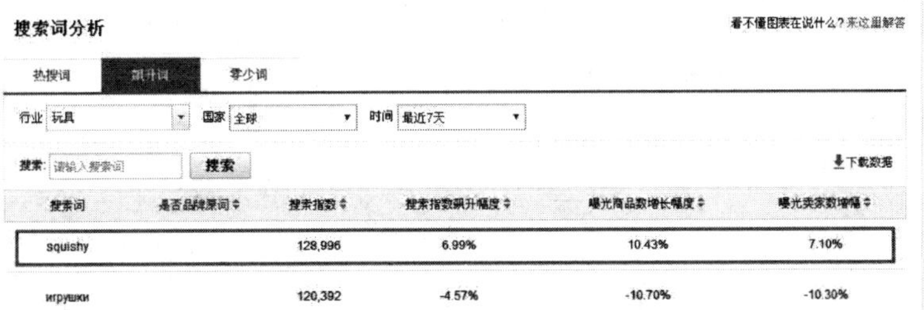

图3-29　飙升词分析界面

（3）零少词

零少词，又称为蓝海词、长尾词，是指具备一定相关搜索热度，但竞争度较低、发布较少且对应的精确匹配商品数量不超过1页的关键词。零少词维度指标通常有3个，不同指标有不同的含义，具体如表3-10所列。

表3-10　零少词搜索指标及其含义

搜索指标	含义
曝光商品数增长幅度	所选时间段内每天平均曝光商品数同比上一个时间段内每天平均曝光商品数增长幅度
搜索人气	所选时间段内累计搜索人气
搜索指数	所选时间段内累计搜索指数

零少词非常少，它的出现甚至带有很多偶然性，并不是每个行业、每个时间段都会出现。因此，卖家一旦能抓住并准确使用这些词语，再巧妙结合商品来发布信息，将获得曝光度和点击率的快速提升。

妙招24 成交分析：挖掘订单中的秘密

成交分析是速卖通2016年6月27日更新版本后的一个新增功能，整合了原“店铺概况”和“店铺流量分析”的内容。新功能分别从成交订单的现状、趋势、构成、特征及波动分析等角度来刻画成交数据，帮助卖家对店铺成交情况进行全方位的分析，并能够对店铺经营中的问题进行快速定位和诊断，提高卖家的数据分析能力。

具体操作步骤为：数据纵横→经营分析→成交分析，成交分析包含成交概况与成交波动分析两个模块，如图3-30所示。

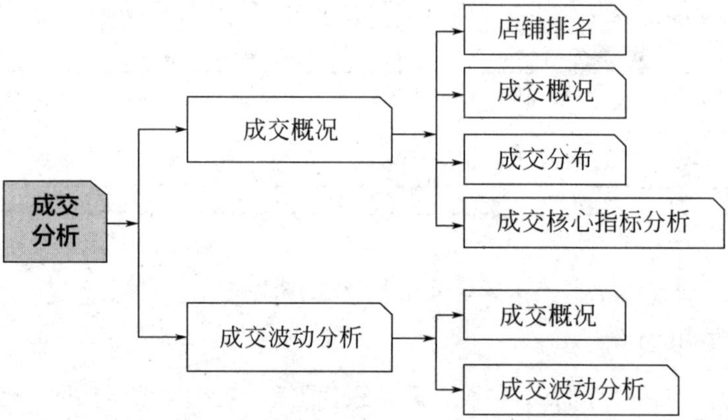

图3-30 速卖通平台上的成交分析数据

（1）商铺排名

商铺排名是针对主营二级行业而言的，所谓二级行业就是一级类目下的二级类目，如在服装行业中，连衣裙、头饰、晚礼服、内衣等就是二级类目。

商铺排名分别可以对近30天、近一周，近一天3个时间段的支付金额进行对比。具体又可分为5个层级，分别为0 ~ \$1000、\$1000 ~ \$5000、\$5000 ~ \$10000、\$10000 ~ \$50000、\$50000以上，具体如图3-31所示。

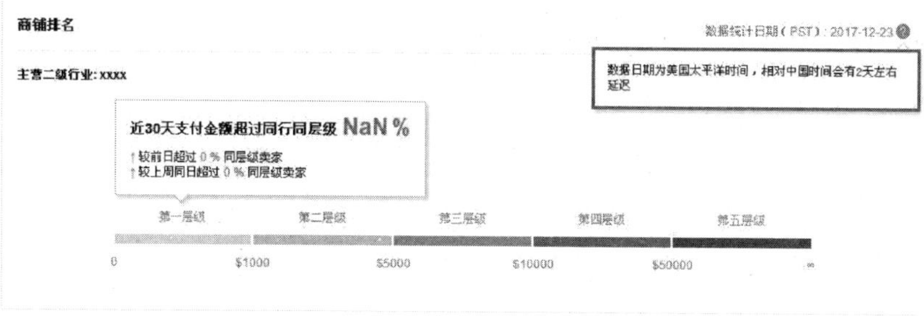

图3-31　商铺排名查询页面

这些数据多层面、全方位地反映了店铺的运营情况，以保证卖家对自己店铺有一个清晰的认识，明确店铺的经营情况、所处的发展阶段，以及与同行业其他卖家的差距等。

（2）成交概况

成交概况是指某段时期内店铺在PC端和移动端所有的成交情况，即成交金额的多少。由于成交金额=访客数 × 浏览－支付转化率 × 客单价，因此访客数、浏览－支付转化率、客单价这几项数据也是需要重点分析的，如图3-32所示。

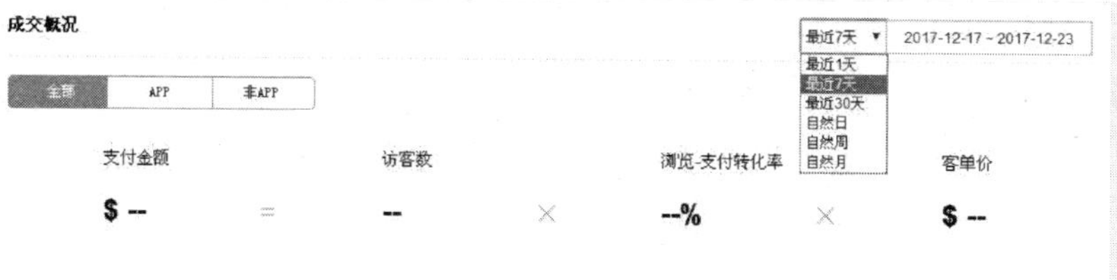

图3-32　商铺成交概况分析界面

研究这些数据的意义在于从数据中找出成交规律，确定什么时间段是成交高峰期，什么时间是低潮期，支付金额增长或降低的原因所在。

（3）成交分布

成交分布是关于成交订单的一系列的明细数据，可进一步研究买家信息，如所处国家、购买商品类型、所购商品的价格区间、是新客户还是老客户、购买次数等，根据这些数据可以更精准地确定买家画像。成交分布数据体系如表3-11所列。

表3-11　成交分布数据体系

<table>
<tr><td>数据类型</td><td>国家</td><td>平台</td><td>行业</td><td>商品</td><td>价格带</td><td colspan="2">新老买家</td><td colspan="2">90天购买次数</td></tr>
<tr><td>数据时间</td><td colspan="2">最近1天</td><td colspan="2">最近7天</td><td>最近30天</td><td>自然日</td><td colspan="2">自然周</td><td>自然月</td></tr>
<tr><td>数据维度</td><td colspan="4">支付金额</td><td colspan="5">支付买家数</td></tr>
</table>

每个指标都可以从支付金额、支付买家数两个维度去分析，并可以趋势图的形式将明细表示出来，如图3-33所示。

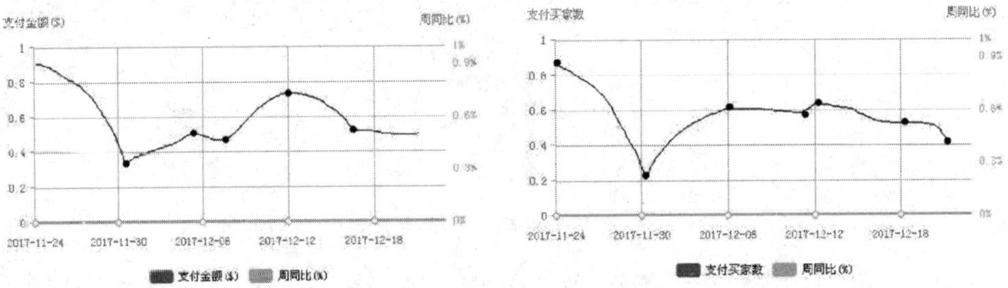

图3-33　成交分布数据两个维度

(4)成交波动分析

成交波动分析是指根据成交概况、成交分布、成交核心指标等一系列数据进行分析而得出结论的过程。尤其是成交分布数据中的国家、平台、行业、商品、新老买家等各个数据都隐含着多种信息，正确解读有利于提升店铺的运营能力。

在进行具体分析时，既可以单独分析某个维度的数据，也可以对比分析两个或两个以上的维度数据，如图3-34所示。

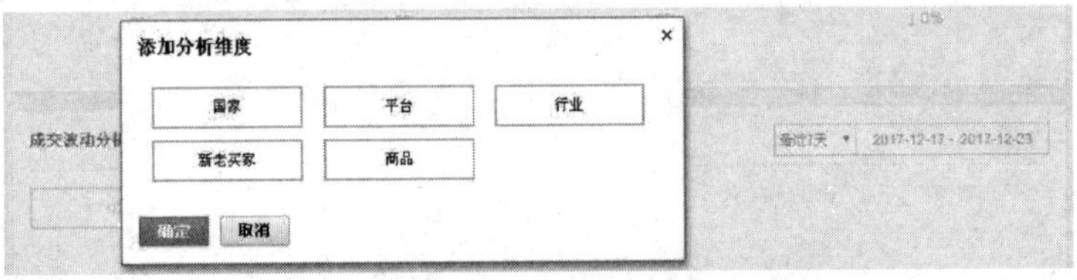

图3-34　成交波动分析的5个维度

为了更好地说明数据成交分析的意义，我们来看4组数据，分别如图3-35～图3-38所示。

成交概况			自然周	2018-06-05—2018-06-11	
支付金额	访客数	浏览·支付转化率	客单价	较上期同比	较同行同层商家
$6564.80	35202	1.36%	$13.76		
↑10.74%	↑1.11%	↑17.24%	↓5.97%	↑41.01%	↓3.79%

图3-35　某商铺的成交数据1

数据解读：

① 支付金额=访客数×（浏览·支付转化率）×客单价

② 支付金额↑10.74%，较上周同比增长↑41.01%，说明店铺盈利增长，而访客数、转化率的提升，客单价的下降又说明店铺之所以盈利增长主要是因为新用户增加，这也凸显出店铺存在二次营销能力差的问题，老客户回头率低。

③ 较同行同层商家下降↓3.79%，说明同行同一层次的商铺进步更快，自身与对方仍存在差距，还要加油，需要考虑做行业动态了解与更新。

成交概况			自然周	2018-06-08—2018-06-14	
支付金额	访客数	浏览·支付转化率	客单价	较上期同比	较同行同层商家
$3179.07	37090	1.35%	$6.33		
↑24.61%	↑49.45%	↓6.25%	↓11.13%	↑436.63%	↑25.79%
注：其中某商品×××增长金额占全店增长的112%					

图3-36　某商铺的成交数据2

数据解读：

① 支付金额↑24.61%，较同行同层商家增长↑25.79%，说明店铺盈利增长，且在同行中属于优秀。

② 在全店支付金额有所上升，访客增长的同时，浏览·支付转化率与客单价都有一定程度下降，说明店铺成交金额增长的原因主要是店铺自身做得好。

③ 从“全店铺成交增长，某商品×××增长金额占全店增长112%”数据中分析得出，该商品×××，是店铺增长主要原因”。结合来看，可能是该商品×××做了活动或推广，引来了49%流量与商品成交。

成交概况			最近30天	2018-07-10—2018-08-09	
支付金额	访客数	浏览·支付转化率	客单价	较上期同比	较同行同层商家
$7513.97	97026	0.16%	$49.76		
↑16.85%	↑49.45%	↓6.25%	↓11.13%	↑45.47%	↑17.52%
其中RU较上期同比40.98%，减少$1456					

图3-37　某商铺的成交数据3

据此，进一步进行RU数据分析，如图3-38所示。

支付金额	访客数	浏览·支付转化率	客单价
$521.95	324	4.94%	$432.61
↓79.55%	↑19.12%	↓84%	↑7.30%
第一层级：新老买家		第二层级：国家	
老买家 支付金额：$1895.49 占比25.23%，减少$1580.78 上期同比：45.47%		RU 支付金额：$521.95 占比27.54%，减少$2030.86 上期同比：79.55%	

图3-38　某商铺的成交数据4

从图3-38中数据看出，该店铺最近30天成交金额下降了16.85%，访客数、转化率、较同行同层级，应该是全面下降；而下降的原因则是来自RU（俄罗斯）销售额下降，固定客户、老买家的减少是盈利下降的主要原因。

从图3-38中看出，RU（俄罗斯）老买家减少，是因为支付转化率相比下降，这说明整体成交金额下降的原因不是行业影响，极有可能是该国买家，或店铺自身的问题，这时应及时去了解该国家的信息，同时调整运营策略，采用必要的手段提升转化率。

妙招25　商品分析：寻找最有潜力的爆品

商品分析数据主要为了帮助卖家更好地进行商品数据分析，主要包括商品效果排行和商品来源分析两大部分。

（1）商品效果排行

1）可分行业查看店铺商品最近7天/最近30天曝光、浏览、访客、转化率等多维度数据，点击单个指标名称可实现排序功能。“自定义数据项”可以修改优先展示的数据项，“批量导出数据”可以提供完整数据导出功能，如图3-39所示。

2）可查看指定商品的转化、成交、访客行为、关键词分析等指标数据与趋势，可与行业top10的商品数据做对比，判断该商品各项指标的竞争力，并有针对性地优化商品，如图3-40所示。

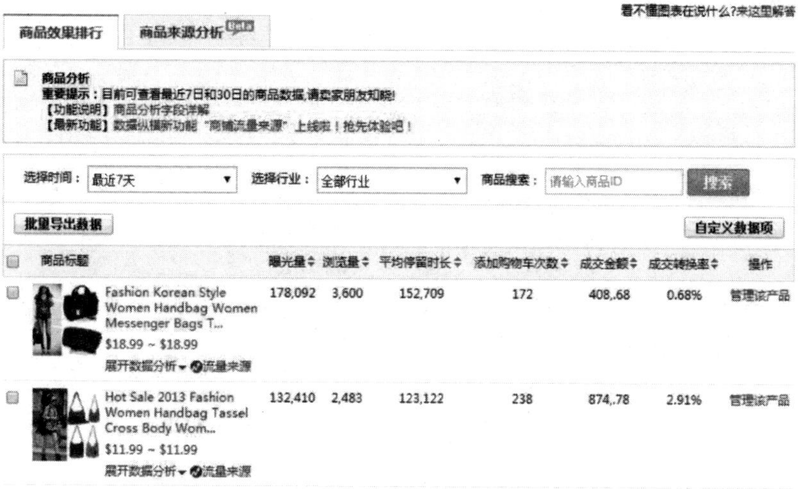

图3-39　商品分析中的商品效果排行数据

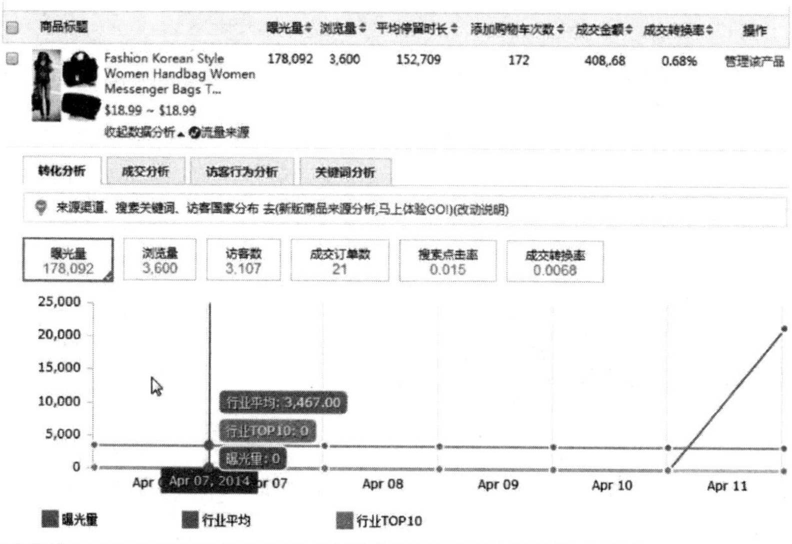

图3-40　指定商品与行业top10的商品数据对比

(2)商品来源分析

可查看指定商品在最近30天内某1天/最近7天/最新30天的流量来源及去向情况；可根据各来源渠道的数据，对当前表现较弱的渠道进行优化和加强；可根据流量去向优化商品，如图3-41所示。

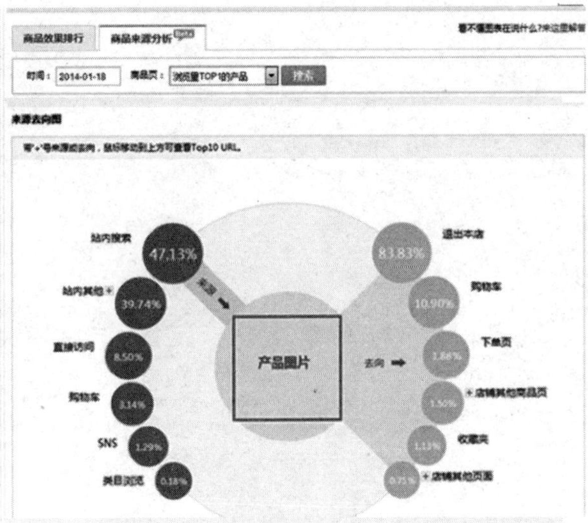

图3-41　商品来源渠道数据分析

从图3-41中可以看出，这个商品的流量主要来自搜索（是哪些关键词带来的流量呢？目前可以在商品效果分析的详情中查看，后续会整合到此处）和站内其他（鼠标移到号可以展开站内其他的TOP来源URL）。

将鼠标移到号上，展开来源URL详情，点击可链接到相应页面，如图3-42所示。

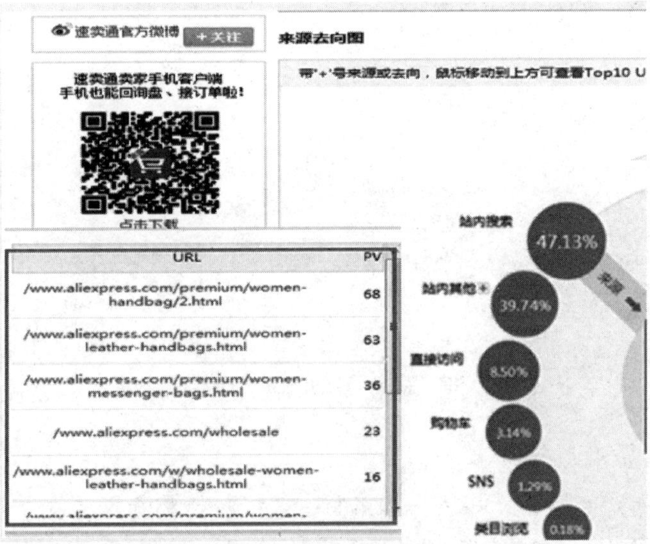

图3-42　查看某商品的详细渠道数据

点击相应圆圈，可以查看该渠道带来的流量去向。从图3-42中可见，搜索带过来的流量在访问了这个商品后，有83.83%退出了本店，剩下的人在本店有收藏、添加购物车、下单、访问其他商品详情页面、店铺其他页面的行为。因此卖家可以在商品详情页中增加同款和搭配款或利用其他营销手段来提升转化率。

详细报表中还可查看各渠道明细数据，点击趋势小图标即可查看该渠道最近7天/最近30天去向趋势详情及各去向流量占比。最近30天原始数据还可以下载做进一步分析使用。

值得注意的是，商品分析功能于2016年6月18日升级，新增国家、无线维度查看数据。

妙招26　商铺装修：辅助商家查看产品展示效果

商铺装修可以帮助卖家查看商铺的装修效果，包括哪天做过商铺装修，装修后商铺流量、访问深度、访问时长以及跳失率变化，如此一来就可以衡量商铺装修的效果。

利用商铺装修功能可以查看最近7天、最近30天，以及任何自定义时间的商铺装修效果，图表上方的点会记录当天是否有装修，如图3-43所示。

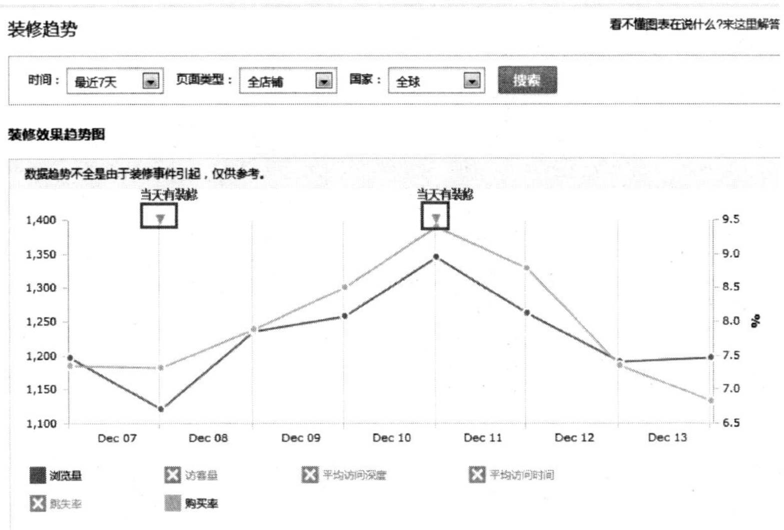

图3-43　商铺装修数据示意图界面

同时也可查看装修事件的详细数据，可以根据对比对弱项进行优化，如图3-44所示。

装修事件数据报表　　　　下载原始数据

日期	浏览量	访客量	平均访问深度	平均访问时间	跳失率	购买率	是否装修
2017-12-7	1,196	776	2	88	13.01%	7.35%	N
2017-12-9	1,121	766	1	75	18.10%	7.31%	Y
2017-12-10	1,235	838	1	83	13.80%	7.88%	N
2017-12-11	1,258	870	1	80	15.62%	8.51%	N
2017-12-12	1,345	767	2	77	14.59%	9.39%	Y
2017-12-13	1,262	763	2	89	15.97%	8.78%	N
2017-12-14	1,190	695	2	97	16.19%	7.34%	N
2017-12-15	1,197	659	2	81	14.08%	6.83%	N

图3-44　装修事件详细数据的查看界面

（注：表格内展示了所有时间段的数据明细，数据可以下载）

商铺装修的指标涉及浏览量、访客量、平均访问深度等，具体如表3-12所列。

表3-12　商铺装修指标及其含义

装修指标	含义
浏览量	商铺各页面被查看的次数。用户多次打开或刷新同一个页面，该指标值累加
访客数	全店各页面的访问人数。同一天同一访客多次访问会进行去重计算，多日合计不计算
平均访问深度	访问深度为用户在一次访问内访问商铺内页面的次数，平均访问深度即所有用户每次访问时访问深度的平均值。跨天查看时，该指标是所选时间周期内日数据的平均值
平均访问时间	访问时间为用户在一次访问内访问商铺内页面的时长，平均访问时间即所有用户每次访问时访问时长的平均值
首页跳失率	跳失率=跳失人次/登录首页的访问人次。即访问首页后，有多少百分比的用户访问直接跳出了商铺
商铺跳失率	分母是访问商铺的所有数，分子是在商铺只访问了一个页面就离开的总次数
购买率	访问该页面的访客中当天下单的访客访问该页面的总量
装修事件	当日发生的装修事件总数

妙招27　营销助手：及时跟踪营销活动效果

营销助手可以更好地帮助卖家分析相关营销活动的效果，并为卖家提供活动所需要的数据支持，从而帮助卖家提升活动商品的选择率，结合数据进行有效的活动优化和改进。

营销助手可对最近30天内的店铺营销活动和平台营销活动进行分析和监测。

（1）营销活动情况

营销活动情况包括活动数、活动商品数、活动售出商品数、活动支付金额、活动支付金额占比等，如图3-45所示。

图3-45　营销活动情况数据查询界面

店铺/平台营销活动效果中各个指标代表的含义如表3-13所列。

表3-13　店铺/平台营销活动效果指标及其含义

活动效果指标	含义
活动数	最近30天参与的活动数量
活动商品数	最近30天参与活动的商品数量
活动售出商品数	活动售出商品数
活动支付金额	活动期间内活动带来的支付金额
活动支付金额占比	活动支付金额占全店支付金额比

（2）店铺营销活动明细

营销活动明细数据可以详细记录各项营销活动的明细数据，包括访客数、下单订单数、浏览-下单转换率、支付订单数、支付金额，如图3-46所示和表3-14所列。

图3-46　营销活动明细数据

表3-14　店铺营销活动明细指标及其含义

指标	含义
访客数	活动商品活动时间段访客数
下单订单数	活动期间内活动带来的下单数
浏览-下单转换率	活动期间内活动带来的浏览-下单转化率
支付订单数	活动期间内活动带来的支付订单数
支付金额	活动期间内活动带来的支付金额

营销活动可查看对应活动趋势图和商品效果排行，点击列表“操作”中“商品排行”即可查看。

妙招 28　流量分析：明白卖家从哪里来

流量分析可让卖家对自己店铺的流量有一个整体把握和判断，其核心指标全部为流量相关指标，也有少部分交易指标用于协助判断流量的健康度。该功能包含5个部分，分别为流量概览、流量趋势、国家流量分布、行业流量分布和买家特征。

（1）流量概览

流量概览可以对平台和国家进行选择，这里的国家是前30个核心国家，平台分成了三类：所有平台、APP和非APP，其中非APP包含PC端浏览器访问、手机和Pad端访问msite和PC页面，衡量指标包括多项，具体如图3-47所示。

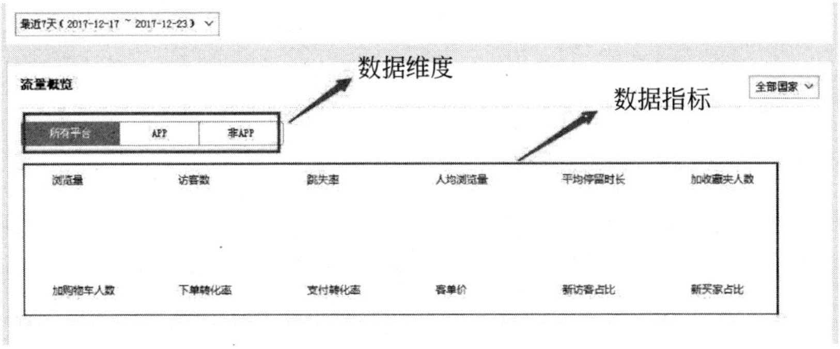

图3-47　流量概览数据和指标分析界面

（2）流量趋势

流量趋势指标和浏量概览是一样的，相关指标定义见指标说明部分，如果需要也可以对相应的指标趋势数据进行下载以进行更加细致的分析。值得注意的是，这里同样也有国家、平台两种筛选维度，如图3-48所示。

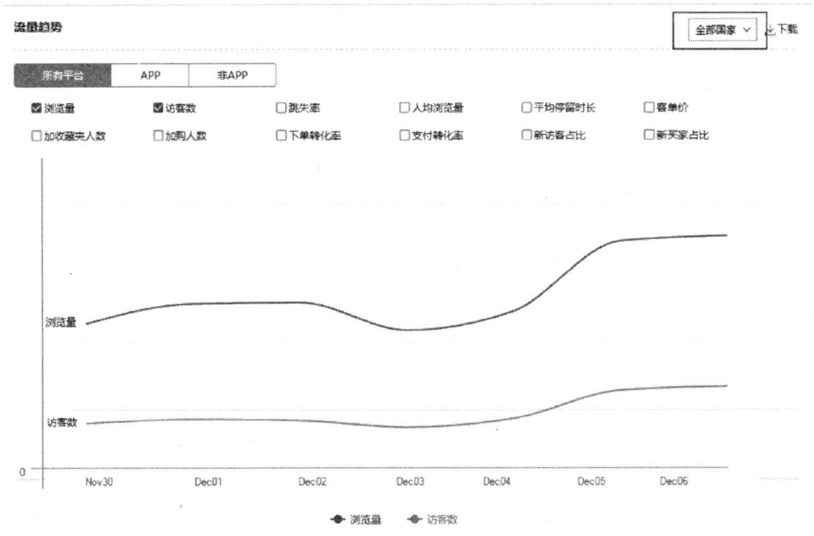

图3-48　流量趋势分析界面

（3）国家流量分布

国家流量分布主要为了让卖家能够了解自己主要的流量来源，目前主要列出了TOP5的国家数据，并对相应的指标提供了趋势变化情况，国家名称使用标准二字码显示，点击对应的中英文国家名称可以进行访问，如图3-49所示。

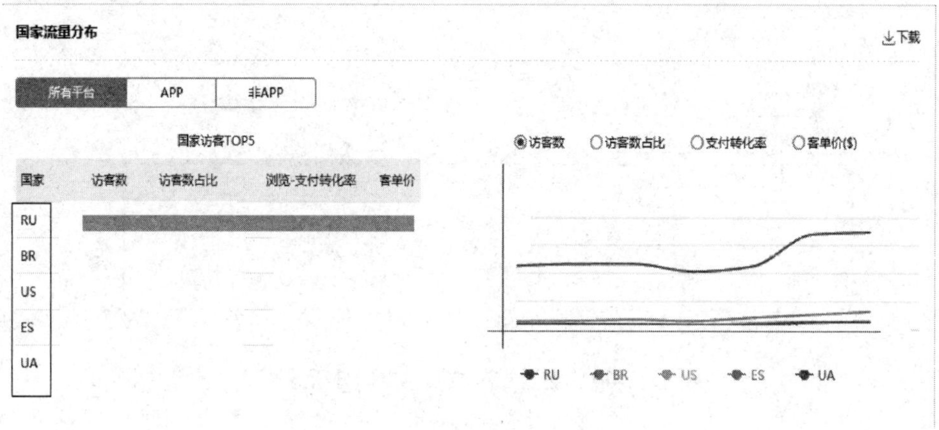

图3-49　国家流量分布分析界面

（4）行业流量分布

行业流量分布主要是为了使卖家对自己各个行业的流量数据有一个大概的了解，这里的流量和相关的指标因为需要归属到具体的行业，所以只计算了对商品页面的访问。该模块提供了对一级和二级行业的选择功能，相应的指标定义请参考指标说明部分，如图3-50所示。

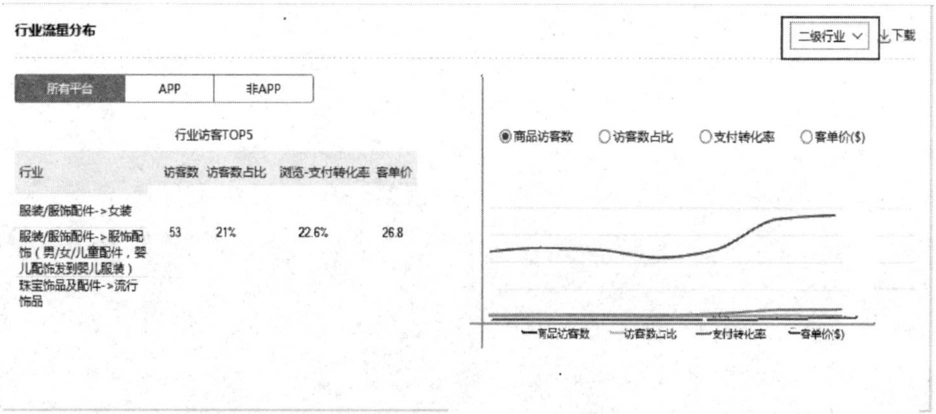

图3-50　行业流量分布分析界面

（5）买家特征

买家特征主要为了让卖家对来访自己的买家的相关特征有一个整体的了解，主要有两个部分：买家平台分布和新老买家占比，其中新老买家占比可对平台进行相应的筛选，具体如图3-51所示。

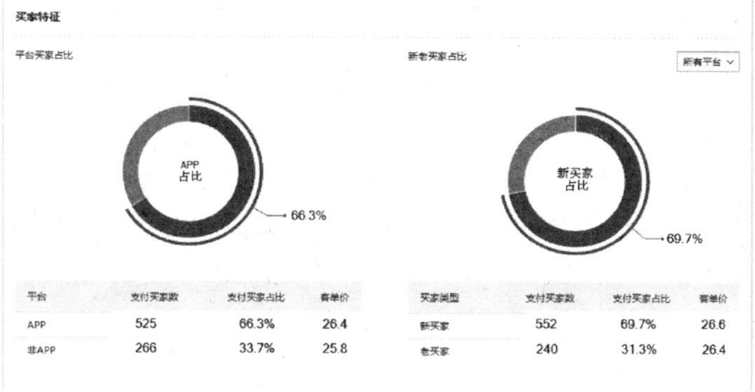

图3-51　买家特征分析界面

妙招 29　市场行情：时刻跟着市场需求变化走

速卖通作为一个面向全球所有国家和地区开放的外贸电商平台，服务于各个国家和地区的消费者。对于卖家而言，及时、准确地了解店铺、商品在各个市场的关注度、销售情况就显得非常重要。

这时，可通过速卖通后台的市场行情功能进行数据搜集和分析。具体操作为：登录速卖通后台→数据纵横→市场行情→国家市场，如图3-52所示。

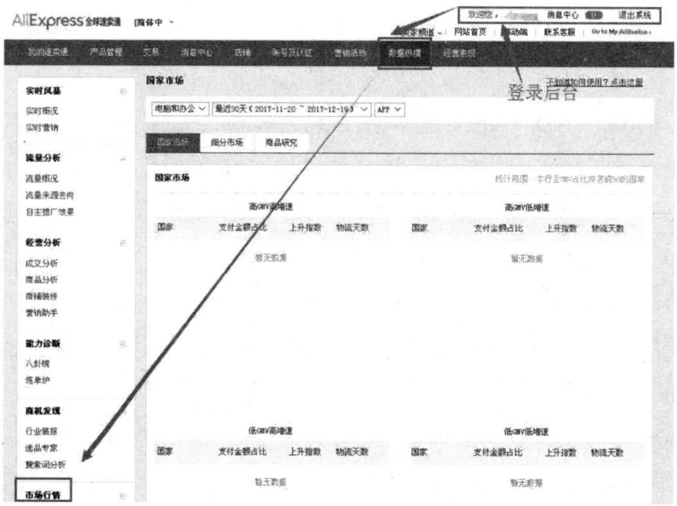

图3-52　市场行情登录口界面

国家市场分析包含3个可以切换的模块：国家市场、细分市场、商品选择。相关功能简述如下。

（1）国家市场

通过销售体量和市场增速两个方面的数据，可以使卖家对某个行业的国家大盘有整体的概念，主要体现在某行业的国家市场和消费能力TOP10两个模块，其中国家市场反映的是某段时期某个国家GMV（成交总额）占比，消费能力TOP10反映的是某段时期消费能力排名前10的国家。

1）某行业的国家市场。

某行业的国家市场反映的是GMV占比，GMV占比分为四个象限来展示，分别为高GMV高增速、低GMV高增速、高GMV低增速、低GMV低增速。其中每个维度又列出支付金额占比、上升指数、物流天数等3项详细数据，如图3-53所示。

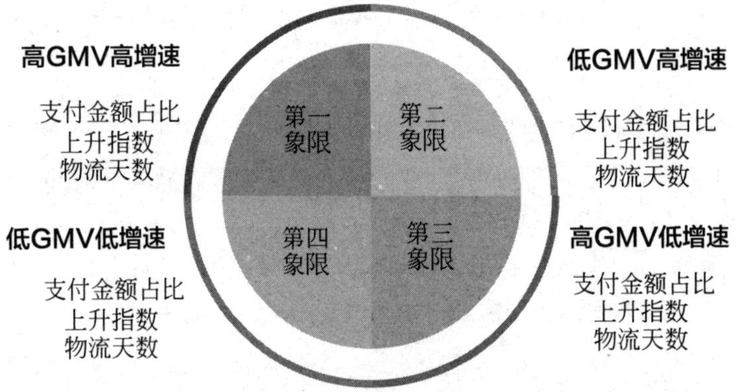

图3-53 国家市场数据分析的4个象限

具有高GMV高增速、低GMV高增速特征的是卖家需要重点关注的国家，具有高GMV低增速、低GMV低增速特征的是可以非重点关注的国家。同时也要根据支付金额、上升指数、物流天数3项详细数据总结出综合指数，综合指数较高的国家为重点关注的国家，反之为非重点关注的国家。

2）消费能力TOP10。

按照支付买家占比降序排序，结合访客数、支付金额以及回购率，对各国家消费者的消费能力进行排行。

（2）细分市场

从国家市场卖家可以看到所有国家和地区或者排名靠前的国家和地区的数据，通过细分市场功能则可以查看单个国家的详情分析，如某国家的核心指标、买家属性，以及重要节假日/汇率/温度、降水预测等。通过这些数据可判断自己的商品是否适合该地区，是否该大批量介入，该如何布局等。具体如图3-54所示。

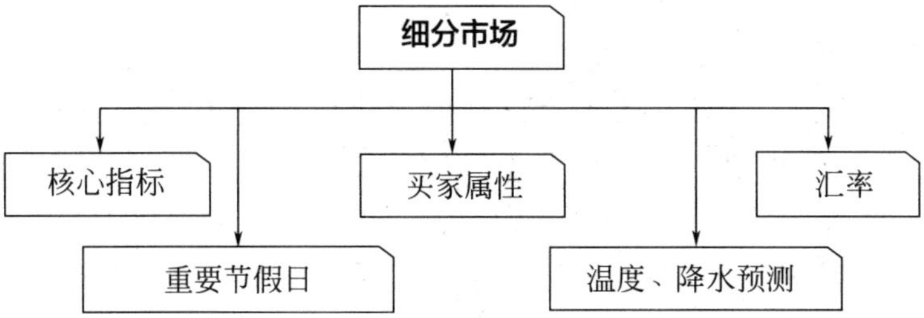

图3-54　细分市场功能包括的数据

① 核心指标：包括商品在某一国家的支付金额占比、访客数占比、支付买家数占比、上升指数4项数据。

② 买家属性：从所在城市、客单价、购买次数、年龄、性别五个维度展示该国家买家相应维度的占比。

③ 重要节假日：该国家某段时期内的主要节假日。

④ 汇率：该国家某段时期内对人民币的汇率。

⑤ 温度、降水预测：该国家某段时期内温度、降水预测。

（3）商品选择

确定有潜力且与自己匹配的市场后，通过商品选择功能可进行组合筛选，锁定目标消费人群，并对其消费习惯和消费心理进行分析。具体可以从国家、性别、年龄、子订单均价、买家行为特征等方面画出精准的用户画像，如图3-55所示。

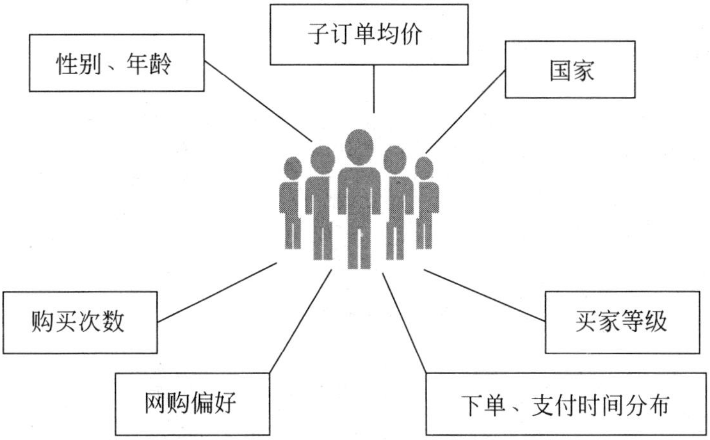

图3-55　目标消费人群分析包括的数据

妙招30 实时风暴：动态数据

速卖通平台上的店铺数据、商品数据、行业整体数据和单品数据等，基本都是围绕曝光量、浏览量、访客数、访客行为等这几项数据来看的，不过，这些数据都是静态的。除此以外，在速卖通平台上还有一个动态数据库：实时风暴。

实时风暴分为实时概况和实时营销两部分，具体如图3-56和图3-57所示。

图3-56 实时概况数据分析界面

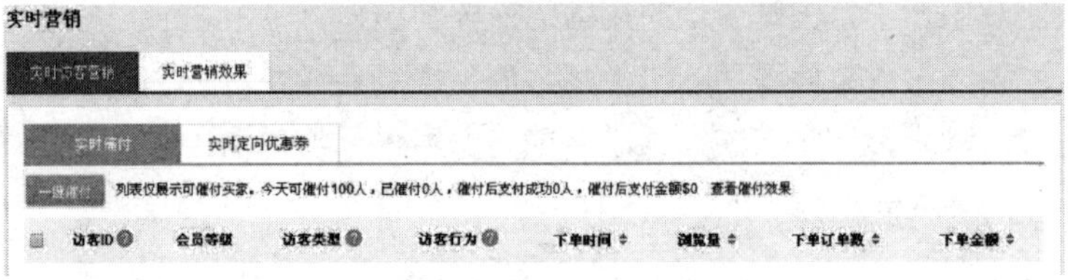

图3-57 实时营销数据分析界面

其中，实时营销活动包括实时催讨和实时定向优惠等，通过这两部分数据分析可以使卖家在24小时内及时了解店铺流量变化，判断商品信息优化、营销活动等调整带来的直接效果，如图3-58所示。

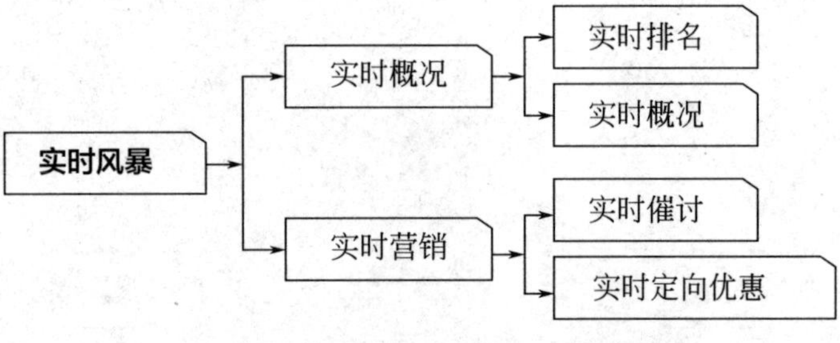

图3-58 速卖通平台上的实时风暴数据

店铺流量变化包括实时观察曝光量、浏览量、访客数等一系列数据；获取商品信息包括查看当天加购、收藏、下单、支付或浏览量大于等于3的商品数据。

第4章

商品发布：
商品这样上架才能提高曝光度

商品是店铺运营和管理的核心，也是店铺生存与发展的根本动力，而商品的发布又是其中最重要的一个环节。商品发布的质量直接影响着商品的曝光度、买家的关注度，因此，卖家必须认真上架每款商品，并注重每个商品的细节、技巧与方法。

妙招31　商品发布：正确上架每款商品

如果说账号注册、了解速卖通平台基本功能，以及其他准备工作都属于前期筹划的话，那商品发布则到了真正的运营阶段。商品发布是在速卖通上卖货的第一个环节，也是非常重要的一个环节，这直接决定了店铺所卖商品能否完整地呈现在消费者面前以及店铺在消费者心中的整体形象。因此，商品发布工作做得好、做得巧、有个性，可以更好地提升商品的成交率，加快消费者的下单决定。

速卖通商品发布流程非常简单，具体步骤如下。

① 登录速卖通的账号，进入到后台的管理页面。

② 在页面左边的“快速入口”下找到“发布商品”，点击。

③ 点击后转到商品类目选择页面，在这里要选择发布商品的所属类目，根据类目提示进行操作。

④ 选择好要放置的类目，然后点击下方的“我已阅读以上规则，现在发布商品”。

⑤ 此时界面又马上转到商品发布页面，在此可填写商品属性。带“!”的为必填项目，其他项目是选填项，可根据自己需要填写。填写越详细，商品越容易被搜到，如图4-1所示。

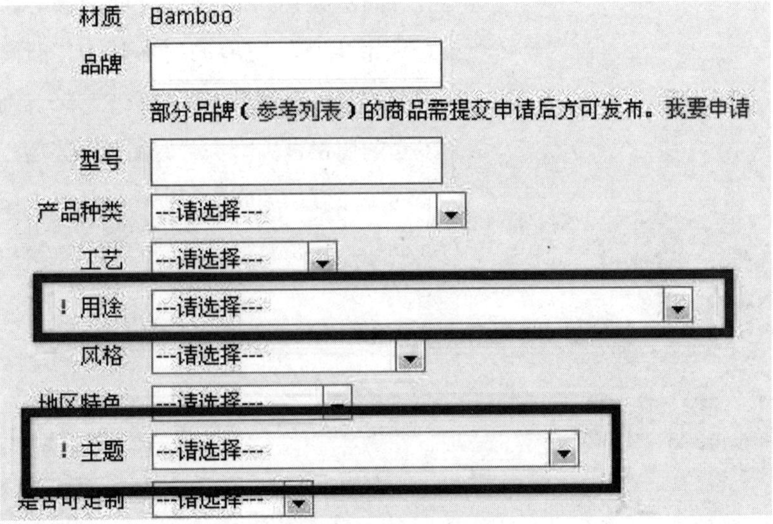

图4-1　商品发布页面

⑥ 填写商品标题、商品关键字，也可以根据要求进行填写。

⑦ 上传商品图片，可用已经准备好的图片，点击从我的电脑选取，然后找到保存图片的地址，可以一次性全部选中批量进行上传。

⑧ 填写报价、数量等参数。

⑨ 填写商品详细描述，根据商品的情况可以在这里用图片、文字对商品进行详细的说明。

⑩ 填写包装信息、物流信息，以及商店内的商品分组。

⑪ 完成之后，界面拉到最下方，可以看到“发布”“保存”与“预览”三个选项。如果不确定商品页面是否美观，可以点击“预览”进行查看；如果仍想继续操作，可以先点击“保存”，以防止突然情况的发生，确认一切都没问题后，即可点击“发布”。

掌握发布步骤对大多数卖家来讲通常没什么问题，在发布过程中还有一些技巧和注意事项，必须学会巧妙处理。如商品标题的确定、关键词的选择、商品描述的设置等，这些关键环节一旦处理不好，将会直接影响到发布效果。

所以，对于卖家来讲，商品发布最关键的是做好里面的几个关键环节。具体包括商品标题关键词、商品图片、商品描述、商品发布数量等。

（1）标题关键词的设置

商家在进行标题设置的时候，可能只知道该商品的某一种或者几种叫法，而忽视了很多虽然较冷门，却针对性强、购买率高的关键词。所以，在商品发布过程中，商家一定要多参考，用核心关键词去进行搜索，通过搜索结果发掘自己所不知道的相关关键词，再通过宽泛关键词与精准关键词的搭配来设置好标题。

标题关键词的设置在本章就不做赘述了，在后面会有专门的章节进行介绍。除关键词的设置之外，发布商品时卖家还应该注意书写。大小写字母的搭配应当是有规则的，有些卖家会通篇使用小写字母，让人读了找不到重点，也看不出句子、段落的分割；有的卖家会全部或随意使用大写字母，令买家读起来很吃力。所以，标题中应当每个单词的第一个字母大写，其他字母小写；商品描述中，除了要重点强调的字词外，每句话只有第一个字母大写。

（2）商品图片的优化

各个平台对图片都有不同要求，如尺寸、像素大小，是否可以带底色，是否可以带水印，是否可以添加文字等，这些信息都必须依据于平台本身要求进行调整。有一点需要提示的是，考虑到当前移动端购物的兴起，为了避免图片在移动端展示太慢的情况发生，图片的选择并不是越大越好，必须以平台要求为准。

（3）商品描述的拟写

商品描述一般为商品的详细资料，包括外观、尺寸、颜色、商品功能、优势和卖家信息等，同时也包括一些买家提示。这些信息非常重要，商品描述必须确保与实际情况相符和准确无误，否则有可能误导消费者，导致纠纷发生。

（4）发布数量的确定

商品发布数量因平台而异，对于速卖通平台的新手卖家来说，在刚起步阶段一定要发布尽可能多的商品。因为前期选品思路可能或多或少有些问题，只有在大批量的发布过程中和实际的销售中，才能靠销量对选品结果做出检验。小而美的思路，并不适合新手卖家，在刚开始做就守着仅有的几款商品说自己要做小而美店铺时，可能更多的是给自己的懒惰找借口。

妙招 32　上架要求 1：基本信息填写要完整

线上交易的买家是无法看到真实商品的，只能根据卖家所提供的文字、图片等描述进行判断。因此，卖家能否标准、准确地描述自己的商品，对吸引消费者、提升销量尤其重要。那么，衡量商品发布好与坏的标准是什么呢？最基本的要求是基本信息描述要完整，包括商品属性是否（分类）正确、标题是否醒目、图片是否清晰、包装是否符合标准、价格运费设置是否合理等。

如图4-2所示的商品，标题中衣服的型号与属性描述就存在明显的不符。

图4-2　商品描述不符的案例

再如图4-3所示的主图与详图不符。

主图　　　　详图

图4-3　主图与详图不符的案例

类似这样的案例还有很多，如图文信息不对应，打包方式、运费设置前后不一致，滥用描述词等。总之，只要出现标题、图片、属性、详细描述等信息明显不符的，或涉嫌信息欺诈的情况都是不允许的，也会受到相应的惩罚。

商家对所发布的商品进行描述应包括5个方面的内容，如图4-4所示。

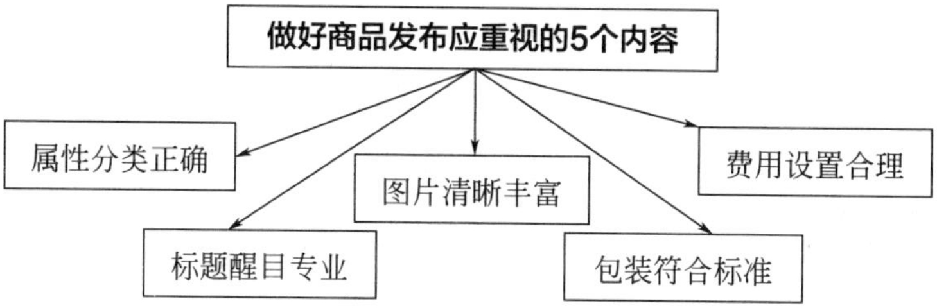

图4-4　商品描述的5个方面

商品的具体发布步骤为：登录速卖通后台页面，点击左侧的“发布产品”按钮，进入到商品发布页面，如图4-5所示。

图4-5　商品发布界面

在编辑完商品之后，点击提交，商品进入审核阶段，24小时后可以去检查一下审核的情况，审核通过后就可以成功发布，如图4-6所示。

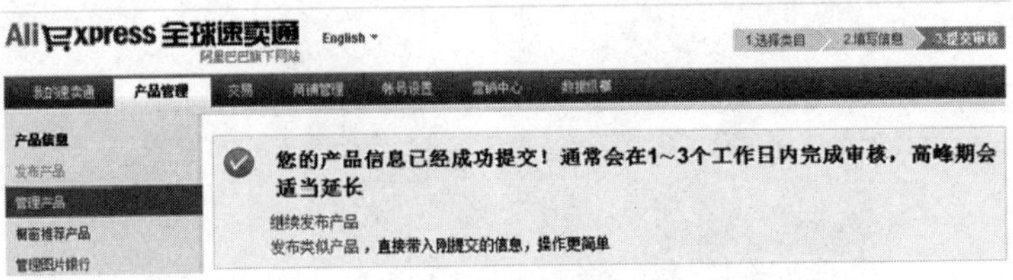

图4-6 商品发布提交界面

值得注意的是，有些卖家为了给消费者造成一种“畅销”的假象，会特意在商品信息展示上，弄虚作假，如属性描述不当、标题堆砌、价格作弊、销量与实际不符、盗用他人图片等，甚至在商品描述中采用带有攻击性、亵渎性语言等不正当的竞争手段等。

对于这些行为，速卖通官方制订了明确的处罚措施进行严厉打击。如2012年月8月份，速卖通曾公布了一批超过4500人的违规会员，违规情况包括发布禁限售商品、侵犯知识产权、虚假发货、严重货不对版、引导线下交易、成交不卖等。速卖通发布公告称，已针对上述违规行为的严重程度分别采取了警告、限制发布商品、冻结账号以及关闭账号等处罚。

根据作弊的性质，不当的商品发布情况大致可分为两大类，分别为搜索作弊和商品发布作弊，具体如表4-1、表4-2所列。

表4-1 搜索作弊类型与处罚方式

违规行为类型	处罚方式	扣分处罚
类目错放 属性错选 标题堆砌 黑五类商品错放 重复铺货 广告商品 描述不符 计量单位作弊 商品超低价 商品超高价 运费不符 更换商品 SKU作弊 标题类目不符	1.违规商品给予搜索排名靠后或下架删除的处罚； 2.同时根据卖家搜索作弊行为累计次数的严重程度对整体店铺给予搜索排名靠后或屏蔽的处罚；情节特别严重的，平台将保留直接扣48分或直接关闭的处罚； 注：对于更换商品的违规行为，平台将增加清除该违规商品所有销量记录的处罚	类目错放、属性错选、重复铺货、运费不符、标题类目不符、标题堆砌等6类违规行为采取每日扣分处罚。具体根据数量而定； 违规商品数在（1～50）之间，不扣分； 违规商品数在（50～500）之间，扣0.2分/天； 违规商品数在500及以上，扣0.5分/天

表4-2　商品发布违规类型与处罚方式

违规行为类型	处罚方式
留有联系信息	1.商品信息退回或删除； 2.初犯者平台将给予警告；违规商品信息过多或屡犯者，速卖通平台将视违规行为情节保留扣分及直接账号处罚的权利
违反特定行业商品发布规范	1.商品信息退回或删除； 2.初犯者平台将给予警告；违规商品信息过多或屡犯者，速卖通平台将视违规行为情节严重程度保留扣分及直接账号处罚的权利； 3.对于违反特定行业商品发布规范的违规订单，速卖通将关闭订单，如买家已付款，无论物流状况如何均全额退款给买家，卖家承担全部责任
其他不当发布行为	1.商品信息退回或删除； 2.初犯者平台将给予警告；违规商品信息过多或屡犯者，速卖通平台将视违规行为情节严重程度进行搜索排名靠后、保留扣分及直接账号处罚的权利； 3.对于不当使用第三方软件发布商品的行为，初犯者下架全部商品；情节严重的保留扣分及直接账号处罚的权利

妙招33　上架要求2：精准地划分商品的类目

商品类目其实就是对商品的分类，即某个商品属于哪个大类，属于哪个小类。这样做的目的是为了对商品进行分组，不仅便于买家查找，也便于卖家后期对商品的管理。

选择商品类目遵循的原则通常是从大到小。如一件儿童长款外套，首先确定是在服装这一大类目下，其次选择其下的儿童服装，再次是外套和大衣，最后是长款外套，具体如图4-7所示。

在对商品类目进行选择时，很多卖家最常犯的一个错误就是实际类目与所选择类目不一致，如手机壳本应属于“电话和通讯（Phones & Telecommunications）”类目下，却错放到化妆包（Luggage& Bag）中。这类错误会导致商品出现在错误的类目中，影响到买家搜索，如图4-8所示就是类目选择错误的实例。

图4-7　商品类目选择的原则

图4-8　类目选择错误的案例

手机壳正确的类目应该为：电话和通讯→手机配件和零件（Mobile Phone Accessories & Parts）→手机包/手机壳（Mobile Phone Bags & Cases）。

对于放错类目的行为，平台会对其进行相应的处理，并责令对错放的商品信息进行修改。因此，卖家在发布商品时一定要注意该商品所属的类目，要根据商品所属实际类目进行选择。

平台对类目错放的处罚

对类目错放的行为，平台将在搜索排名中靠后，并将该商品记录到搜索作弊违规商品总数里，当店铺搜索作弊违规商品累计达到一定量后，将给予整个店铺不同程度的搜索排名靠后处理；情节严重的，将对店铺进行屏蔽；情节特别严重的，将冻结账户或直接关闭账户。

那么，卖家该如何尽可能地避免犯这种错误呢？可以参考以下3个做法：

① 首先，要对平台的各个行业、各层类目有所了解，知道自己所售商品从物理属性上来讲应该放到哪个大类目下。

② 其次，可在线上通过商品关键词查看此类商品的展示类目作为参考。

③ 最后，根据自己所要发布的商品逐层查看推荐类目层级，也可以参考使用商品关键词搜索推荐类目，从而在类目推荐列表中选择最准确的类目，发布的同时要注意正确填写商品重要属性（发布表单中标星号或绿色感叹号）。

妙招34　上架要求3：准确填写商品属性

商品属性是指商品本身所固有的性质，是区别于其他商品差异性（不同于其他商品的性质）的集合。每个商品都有自己的属性，卖家需要准确描述才能向买家准确无误地传递相关信息，以避免引起误会。

其实，由于主观或客观的原因，在现实中有很多卖家会将商品属性写错。具体案例如图4-9所示。

图4-9　商品属性错写案例

从图片中可以明显看出，这是款“Short Sleeve”，但卖家在发布“袖长”这一属性时错误地选择了“full”属性，如图4-10所示。这就导致这款衣服在页面上显示的属性值与原产品信息不对称。也就是说，如果买家按照这个属性值去搜索该商品的话，是无法搜索到的，这也会间接影响到这件商品的销量。

图4-10　Short Sleeve的袖长属性错写案例

此类错误不仅会误导买家，也会影响到店铺信誉。同时，平台对这种行为将进行规范和处理，因此，卖家要经常检查错放商品的信息并进行修改，正确填写商品属性信息。

速卖通平台的商品属性可以分为两大类，一类是系统推荐属性，另一类是自定义属性。系统推荐属性通常是指该商品的基本属性，自定义属性则是卖家为促进商品销售，便于买家理解而自行设置的一些属性。如某T恤，系统推荐属性包括颜色、尺码、材质、袖长、领型、品牌等；而自定义属性则包括功能、美观性、舒适度等，如图4-11所示。

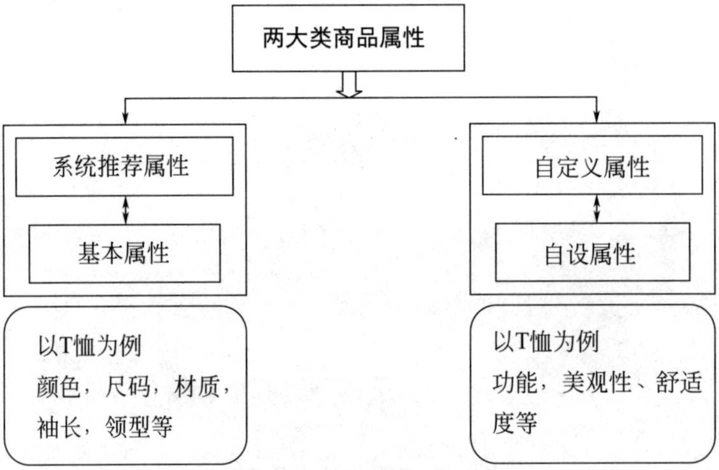

图4-11　商品的两类属性

为避免商品发布时出现属性错误的情况，卖家首先要对平台的各个行业下所设的属性有所了解，在属性填写前，知道自己所售商品的基本属性有哪些，自定义属性有哪些；其次是认真填写每一个属性，根据自己所要发布的商品选择好类目，逐一考虑发布时待选的属性，避免错选、漏选和多选。

（1）系统推荐属性填写技巧

系统推荐属性是商品属性中非常重要的内容，通常要求填写得越详细越好。通过平台大量的数据分析发现，凡是成交量大的卖家，其系统推荐属性填写率都在85%以上，有的甚至达到100%。而有些新手卖家常常会忽略系统推荐属性，认为只要能发布成功，少填几项也没有关系。事实上，这是错误的想法，有些属性的缺失会严重影响商品的曝光度。

案例1

假设卖家要发布一个手提包，系统会推荐选择Shoulder Bags（肩包）、Totes（手提袋）、Wristlets（手环袋）、Day Clutches（手拿包）及Evening Bags（晚宴包）等选项；假设所售商品为手拿包就必须选中“Day Clutches（手拿包）”，如果没有选择那么这个商品就不会被“Day Clutches（手拿包）”类目所收录。当买家搜索“Day Clutches（手拿包）”这个类目时就永远不可能看到你的手拿包，这无疑会大大削弱商品的曝光度。

在系统推荐属性的填写上有一项颇令不少卖家为难，那就是“品牌”。因为这会涉及知识产权，如果没有获得品牌方的授权就不得出现在品牌描述中，而这点常常被很多卖家所忽略，从而引发了不少纠纷。速卖通平台在知识产权保护方面有严格的规则，如果卖家未获得某品牌授权，却在商品描述中出现了与该品牌有关的字眼，将被判定为侵权，并会受到平台的违规处罚。所以，对卖家来讲，应避免填写未经授权的品牌。

另外，很多品牌是没有英文品牌的，这也令卖家无法填写这项。

在遇到上述两种情况时，是不是就需要将“品牌”一栏留空？其实也不完全是，留空会降低属性填写率。在这种情况下建议填写商品的相关关键词，比如发布蕾丝连衣裙，可在品牌栏填写“Lace Dress”（蕾丝连衣裙）。这样既可以提高属性填写率，又可以增加商品详情页关键词密度，提高商品信息描述质量。

（2）自定义属性填写技巧

自定义属性的填写可以补充系统属性所没有的信息，让买家对商品了解得更加全面。因此，除了尽可能地将系统推荐的属性填写完整，还需要主动添加一些自定义属性。不过，添加自定义属性是需要技巧的，不但要能吸引买家的关注，还要能够被买家搜索出来。

案例2

例如一个鼠标，除了将系统推荐的属性栏目：品牌、型号、类型、接口类型等填写完整外，可再添加Cable length（线缆长度）等可能被买家搜索的属性，当买家键入的关键词与自定义的商品属性相符时，系统就会将商品显示出来，有利于提高商品的曝光率。

对于属性错选的商品，平台将予以在搜索排名中靠后处理，并将该商品记录到搜索作弊违规商品总数里。当店铺搜索作弊违规商品累计达到一定量后，将给予整个店铺不同程度的搜索排名靠后处理；情节严重的，将对店铺进行屏蔽；情节特别严重的，将冻结账户或直接关闭账户。

妙招35 上架要求4：精准拟写商品标题

商品标题是显示在网站页面上最主要的信息之一，也是买家搜索该商品了解详情信息的重要前提。因此，商品标题设置的是否准确、完整，能否向买家传递应有的信息就显得非常重要，对于吸引消费者、提升销量起着决定性作用。

卖家一定要重视商品的标题，掌握必要的标题拟写技巧。一个好的商品标题的基本要求首先是要准确，能凸显出核心信息；其次是要完整，不能遗漏与商品有关的信息；再次是要简洁，表达上避免过于啰唆，具体要求如图4-12所示。

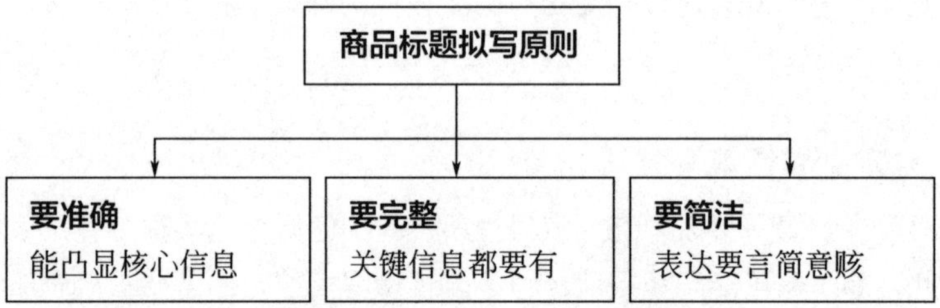

图4-12 商品标题拟写三原则

（1）准确

准确是拟写标题的第一要求，即不能出现与实际销售商品不符的信息，如图4-13所示就出现了描述不准确的情况，商品属性词实际应该是Wedding Dress，但标题中却出现了Flower Girl Dress。

图4-13　商品标题用词不准的案例

再如，有的标题就是多个意思相同或相近词汇的罗列、堆砌，这也是一种描述不准确的情况，如图4-14所示。

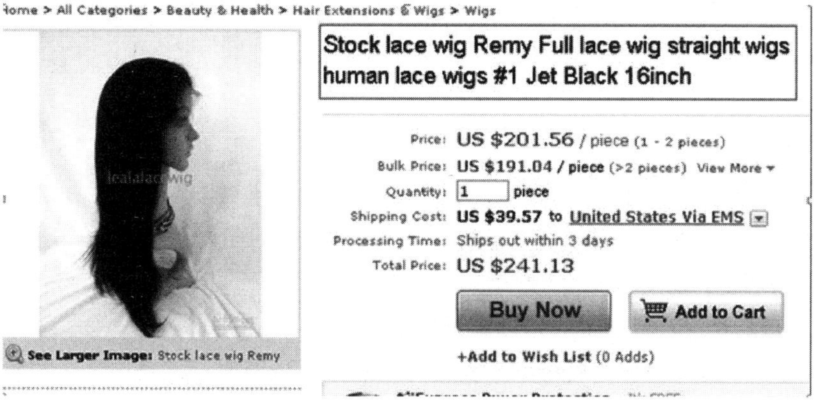

图4-14　商品标题是词汇的罗列、堆砌的案例

（2）完整

标题是文案内容的高度概括，要想使买家看到标题就能理解文案的具体内容是什么，标题就必须结合文案主题且要完整。标题中需要包含三个方面的内容，商品名称、重要属性和核心词，要能够突出商品的卖点。标题通常有相对固定的格式：品牌+商品材质/特点+商品名称+物流运费+服务+销售方式。

案例3

一条H&Q品牌的长裙标题为："H&Q New Fashion V Neck Slim Sexy Asymmetrical Backless Floor-Length Summer Club Party Women Dress 4 Color Size S-L Free Shipping 01-232"（H&Q新款时尚V领、纤细性感、不对称露背、女士夏季及地长裙，适合在俱乐部、社交聚会场合穿着，四种颜色，S-L码，免运费，商品编号为01-232）。

这个标题包含了商品的品牌、领型、轮廓外形、裙长、适合穿着场合、颜色、尺码、物流运费、型号等多项信息，并将dress作为核心词，凸显出买家可能搜索到的关键信息，有利于商品曝光，是一个优质标题范例。

案例4

一款销量排名靠前的凉鞋标题为："New 2015 Camel men sandals genuine leather cowhide sandals outdoor casual men summer leather shoes for men"（2015年Camel夏季新款户外休闲男士牛皮凉鞋）。

这个标题包含了鞋子的品牌（Camel）、材质、风格、适合人群，全面体现了买家搜索时可能关注的信息。其中men sandals（男士凉鞋）、genuine leather（真皮）、summer leather shoes（夏款皮鞋）为买家搜索的高频词，这三个核心词汇增强了产品与买家搜索的相关性，有利于提高商品的搜索排名和曝光率。

（3）简洁

有心理学家研究出一条记忆规律，文案标题以7～15个字为宜，虽不能作为硬性规定，但还是要坚持简洁的原则，最好能用完整、通顺的一句话来表达，避免出现语句啰唆、逻辑混乱等现象。

如一件婚纱的标题为：Ball Gown Sweetheart Chapel Train Satin Lace Wedding Dress,（舞会礼服甜心教堂列车缎蕾丝婚纱），标题里包含了婚纱的领型、轮廓外形、拖尾款式、材质，并且用wedding dress来表达商品的核心关键词，简洁明了。

对标题堆砌类商品的处罚，平台将给予在搜索排名中靠后的处理，并将该商品记录到搜索作弊违规商品总数里；当店铺搜索作弊违规商品累计达到一定量后，平台将给予整个店铺不同程度的搜索排名靠后处理；情节严重的，将对店铺进行屏蔽；情节特别严重的，将冻结账户或直接关闭账户。

其实，标题的拟写还有很多要求，如需具有独特性，能迎合特定消费群体的心理需求，能与当地的人文环境、消费文化相吻合等。当一个标题具有这些特性后，更容易引起买家的兴趣，激发买家的消费欲望。不过，这也对卖家提出了更高的要求，不但要对商品有独特的理解和具备超强的提炼、总结和创新能力，还要十分了解当地的消费习惯、文化和特性。

值得注意的是，一定不能做标题党，标题的内容应是具体实在的而不能是含糊其词且过于抽象的，更不能为了追求眼球而故弄玄虚，那样即使吸引了大量眼球也不是针对目标受众，是无效流量。无论在国内还是国外，标题党都是消费者最痛恨的行为。

妙招36 上架要求5：图片要清晰、有层次感

上架商品时，可以选择多图发布。多图发布能够全方位、多角度地展示商品，大大提高买家对商品的兴趣。建议卖家上传不同角度的商品图片，最多可以展示6张图片，如图4-15所示为某款蓝牙4.0智能Time Owner不同颜色、不同角度的图片展示。

图4-15 一个商品最多可上传6张图片

同一款商品，因为颜色、价格等不同，图片设置要求也不同，此时可根据实际情况分别设置。

不同属性商品图片设置法

① 不同属性商品要上传不同的缩小图。

② 不同属性商品价格的设置，要注意是按照系列品而定的，还是单个商品销售而定的。

③ 不同属性商品的库存设置，分而设之，如红色的剩多少，绿色的剩多少。

以服装为例，如图4-16所示。

图4-16　同款商品不同属性的图片设置

妙招 37　上架要求6：填写商品详情描述

上架某一款商品时需要对其进行详细描述，这样更有利于买家对商品进行了解，提高转化率。详细描述顺序一般如图4-17所示。

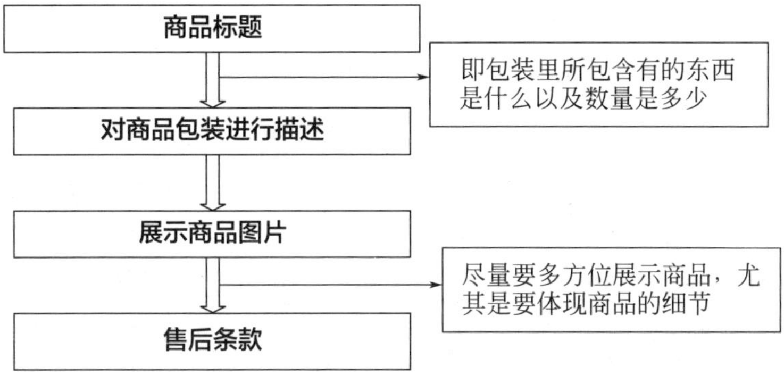

图4-17　商品详情描述的顺序

另外，为了页面更美观，往往需要设计排版，统一规划字体、颜色、大小、图片等。

商品的详情描述是促进买家全方面地了解商品并有意向下单的重要因素。完整的商品描述能增强买家的购买欲望，加快买家下单速度，一个好的详情描述主要包含以下3方面内容。

商品详情描述的内容

① 商品重要的指标参数和功能；② 5张及以上详细描述图片；③ 实图展示。

以服装为例，在商品详情描述中需要展示的信息有服装的尺码表、型号以及其他参数等，如图4-18所示。

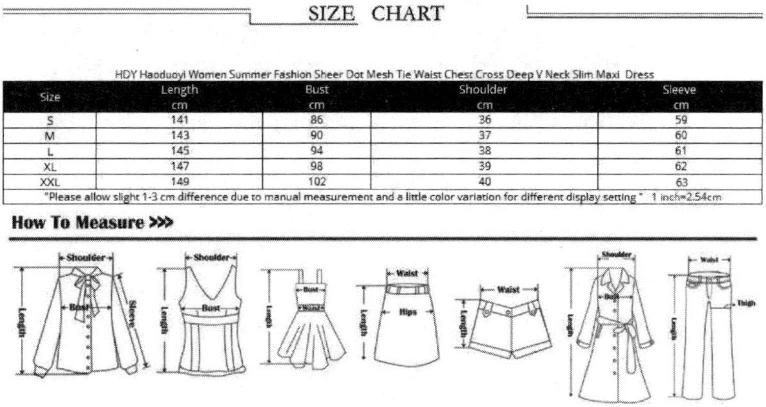
SIZE　CHART

HDY Haoduoyi Women Summer Fashion Sheer Dot Mesh Tie Waist Chest Cross Deep V Neck Slim Maxi Dress

Size	Length cm	Bust cm	Shoulder cm	Sleeve cm
S	141	86	36	59
M	143	90	37	60
L	145	94	38	61
XL	147	98	39	62
XXL	149	102	40	63
"Please allow slight 1-3 cm difference due to manual measurement and a little color variation for different display setting"　1 inch=2.54cm				

图4-18　商品详情描述中的参数信息

最好在详情描述中上传5张以上不同层面的详细图片，如服装既可以上传服装制作过程图，也可以上传试穿效果图，如图4-19和图4-20所示。

图4-19　商品详情描述中的图片信息1

图4-20　商品详情描述中的图片信息2

在编辑商品详情描述时，速卖通平台上有一个重要功能，即“插入商品信息模块”。商品信息模块是一种新的商品信息管理方式，商家可以将商品信息中的公共信息（如售后物流政策等）单独创建一个模块，在发布商品时直接加以引用，这样可以大大降低工作负担，提高工作效率。在需要修改某些信息的时候，只修改相应的模块即可。

模块除了可以放置公共信息外，还可以放置关联商品。所谓“关联商品”，是指与主推商品密切相关的商品，包括类似品和互补品等。关联商品销售的主要目的是引导消费者购买其他商品，提高转化率和客单价，并更加充分地满足客户的需求。商品信息模块有两种：一种是关联商品模块；一种是自定义模块。

（1）关联商品模块

制作商品信息模块需先进入后台，按照“商品管理→模板管理→商品信息模块”的步骤进行操作。单击“新建模板”，选择模块类型，先选择插入产品信息模块，如图4-21所示，再进入新建模块，如图4-22所示。

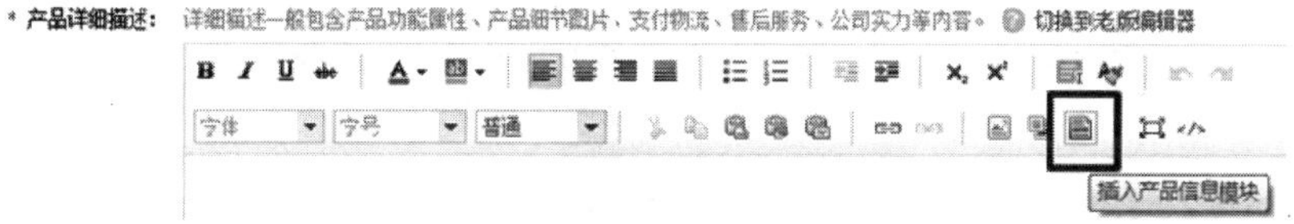

图4-21　插入产品信息模块

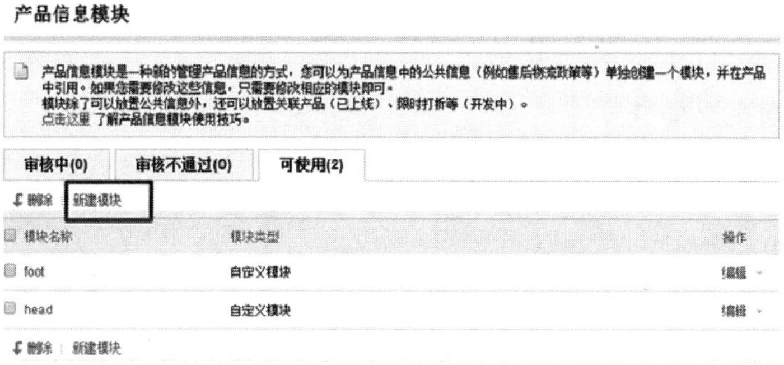

图4-22　新建商品详情模块

同时可选择“关联产品模块”，单击“继续”，如图4-23所示。

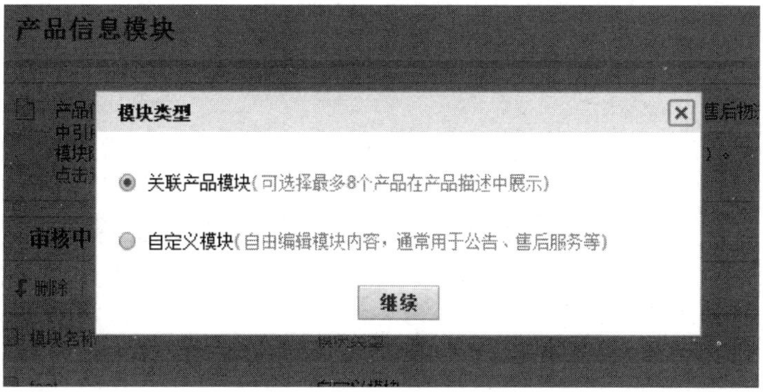

图4-23　商品详情-关联产品模块

输入模块名称（比如link），然后选择需要“关联”的商品，可以输入商品名称进行查找，也可以按照商品分组、商品负责人、到期时间等关键词进行搜索，勾选自己所希望关联的商品（最多8个），最后可以单击“预览”，如图4-24所示。

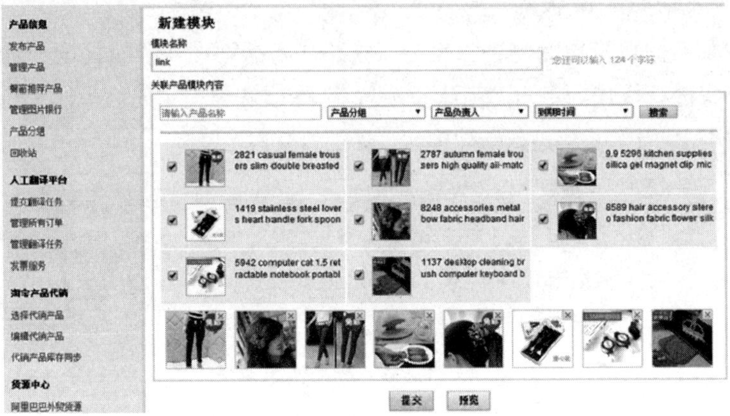

图4-24　商品详情-关联产品模块预览

（2）自定义模块

自定义模块经常被用来放置公告、售前说明、售后服务条款等内容，如图4-25所示。卖家可以先建一个foot模块，将付款条款、运输条款、退换货条款等放置其中，这样在发布商品时即可快速引用，保证所有的商品页面版式统一，整洁美观，如图4-26所示。

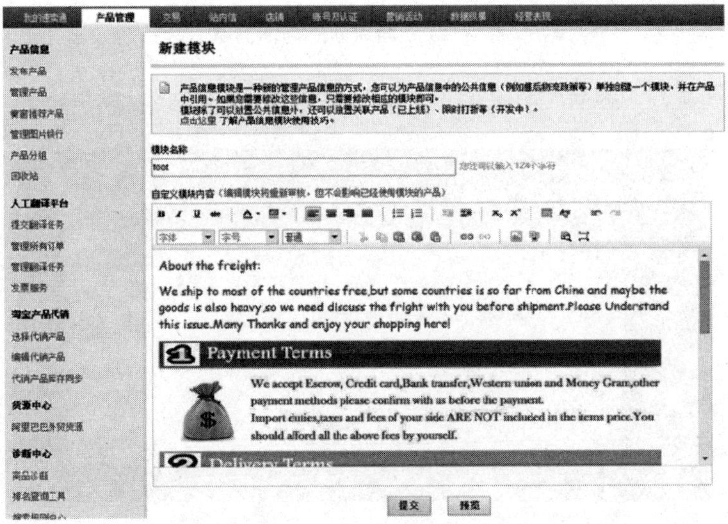

图4-25　商品详情-自定义产品模块

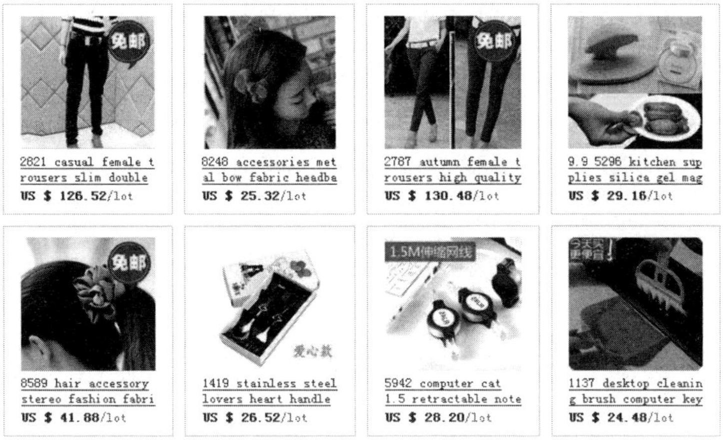

图4-26 商品详情-自定义产品模块统一模板

速卖通要求任何字段或图片中禁止出现联系方式，如邮箱、QQ、ICQ、MSN、SKYPE等；同时在任何描述中禁止出现非速卖通平台的网站链接。若违规将遭到以下处罚：

① 商品信息退回或删除。

② 初犯者平台将给予警告；违规商品信息过多或屡犯者，速卖通平台将视违规行为情节严重程度进行冻结账户或关闭账户的处罚。

妙招38 新增服务模块

服务模板是针对客户购买商品后遇到问题时寻求解决方案而设置的一个服务平台，比如，货不对版客户需要退货时运费由哪方来承担、商家是否接受无理由退货等。速卖通已经设置好了解决此类问题的一个专门服务模板，如图4-27所示，新卖家可以直接选择。

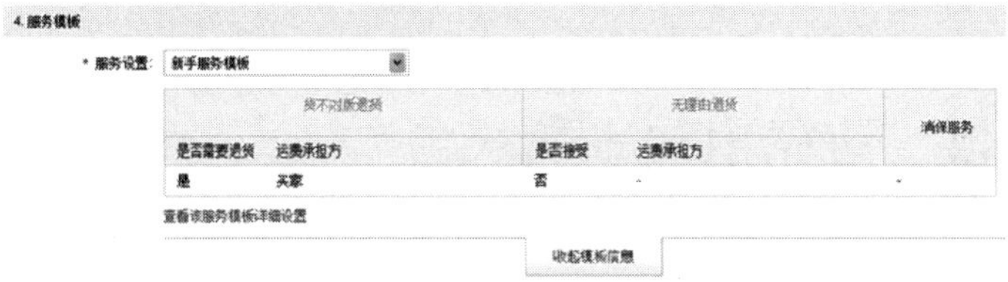

图4-27 速卖通平台上的新手服务模板

卖家也可以自己新增“服务模板”(管理后台中“商品管理”→“服务模板管理”→“服务模板”)，如图4-28所示。

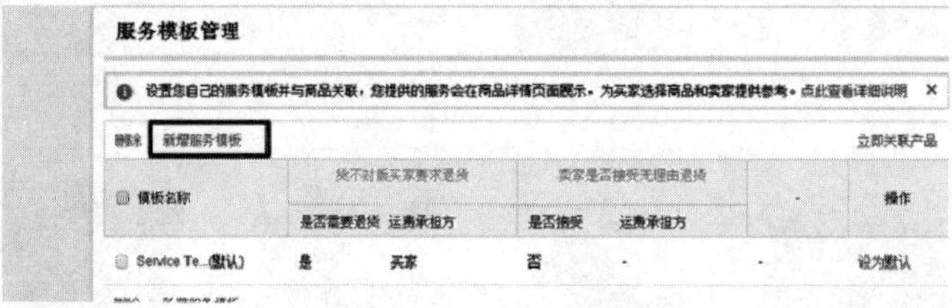

图4-28 新增服务模板功能

单击“新增服务模板”，如图4-29所示，输入模板名称，然后选择相应的退货服务，设置之后，单击“保存”按钮即可。服务模板列表中会显示所有的服务模板，其中“新手服务模板”是系统自身所带，不可编辑或删除。如果卖家经常使用其他模板，可以将其设置成为“默认”，在发布商品时则会自动默认使用该模板。

图4-29 新增服务模板操作步骤

如果想对已有模板进行修改，可以重新编辑服务模板。如果服务模板已经应用于商品，那么在修改服务模板后，所有使用该服务模板的商品的服务将自动更新。

妙招39 避免重复铺货

为了尽可能多地发布商品，赢取较大机会的曝光率，很多卖家可能会盲目追求大量上传商品，并且尽可能多地展示商品信息。这样有可能导致卖家在上传某个商品并对其进行描述时陷入一个怪圈——重复。比如商品的图片虽然不一样，但标题、属性、价格、详细描述等字段雷同；再如商品设置了不同的打包方式，按规定发布数量也不得超过3个，超出的部分则视为信息重复。

在这种情况下造成的重复也叫重复铺货。重复铺货不但会影响商品的发布质量，还会干扰买家的判断。因此，速卖通平台有严格的规定，在发布商品时不允许同一个商品发布多遍，同一卖家（包括拥有或实际控制的在速卖通网站上的账户）的每件商品只允许发布一条在线信息；同一个商品发布的标题、图片、属性和详细描述各个部分须有明显的差异。

为了避免重复铺货，卖家需要了解哪些情况属于重复铺货。重复铺货具体来讲有4种情况：

（1）情况一

同一卖家同一件商品，商品主图完全相同，标题、属性、价格等信息也相同或高度相近。

（2）情况二

同一卖家同一件商品，商品主图有差异（包括大小、形状、颜色、包装、拍摄角度的差异），但标题、属性、价格等信息相同或高度雷同。

如图4-30所示的为同款手机，尽管主图有所不同，但标题、属性、价格等信息完全相同。

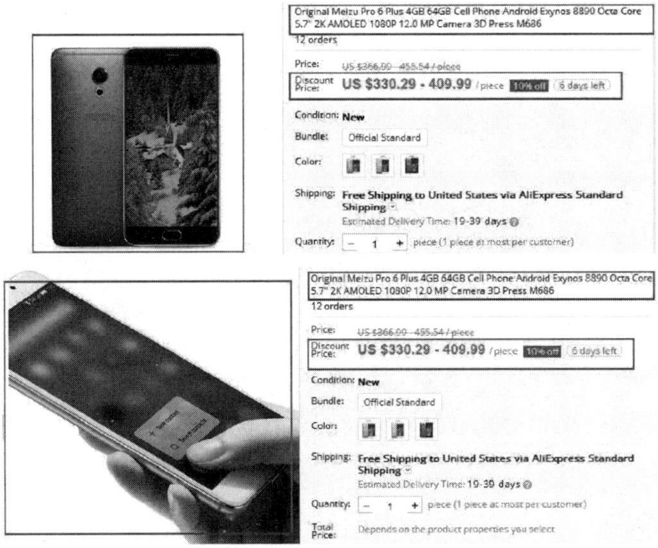

图4-30　同一商品主图重复的案例

注意

在发布此类商品时，可以将其中一张图片设为主图，其他图片放在副图或者详细描述中，或者在大小、形状、色彩等属性中进行勾选，以提高商品信息描述质量，提升买家体验。

（3）情况三

同一卖家不同商品，但标题、价格、属性等信息高度雷同，如图4-31所示。

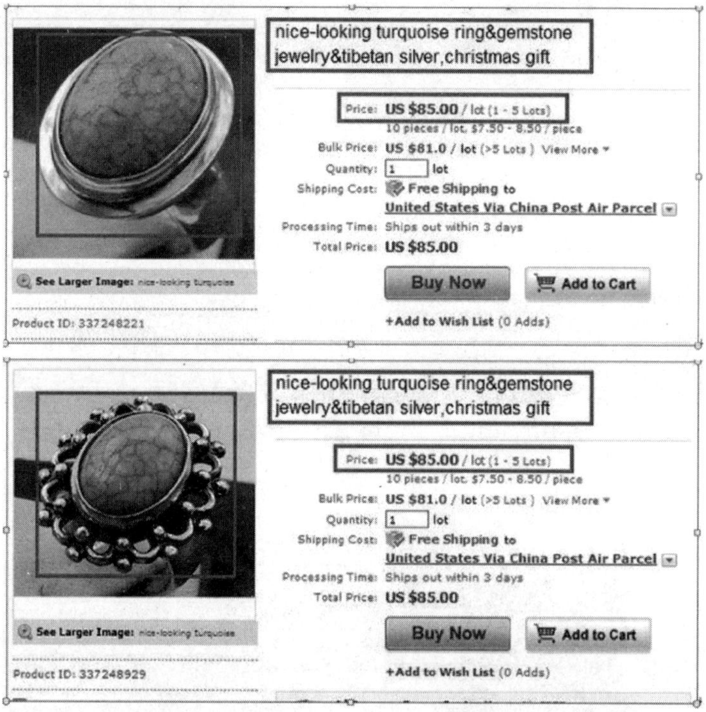

图4-31　不同商品简要描述相同的案例

注意

在发布不同商品时，在标题、属性、价格及详细描述中要有所区分，准确描述商品的核心信息，不要直接拷贝已发布商品的信息。

（4）情况四

同一卖家不同商品，商品主图、标题相同，属性描述相互不一致。如商品主图、标题相同，属性信息不同；商品主图、属性相同，标题不同等。

如图4-32所示的两款手表主图、属性相同，标题信息却不一致，前者为石英手表（标题为：2016数字手表防水创意帅红线马克先生时尚品牌石英手表男人的礼物），后者为电子手表（标题为：2016数字手表防水创意帅红线马克先生时尚品牌电子手表男人的礼物）。

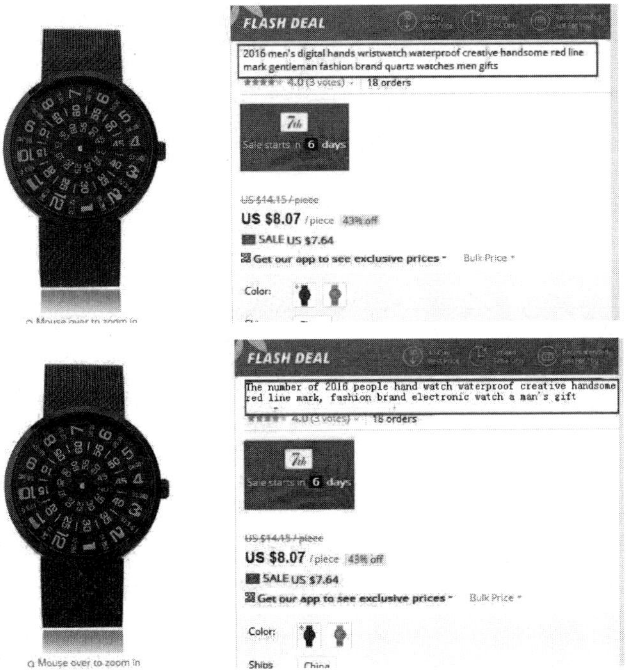

图4-32　同一商品描述不一致的案例

注意

在发布这类商品时建议只选择其中的一条，如果需要多次发布，不要直接引用已有商品的主图或者直接拷贝已有标题和属性。除了在主图上体现出差异外，同时要对标题、属性、详细描述等方面的关键信息进行完善，以做区分。因此，图片中已经展示清楚的信息，其他部分就尽量不要再说；标题中交代清楚的，商品详情介绍中也不要再赘述。

对于重复铺货的卖家，或者店铺内有大量重复铺货商品却一直不肯修改的卖家，速卖通平台会对其店铺所有商品（含违规商品和非违规商品）进行搜索排名靠后处理，并将该商品记录到作弊违规商品范围之内。

影响搜索排名的因素

纵观所有的电商平台，几乎都实行了对卖家的搜索排名奖罚机制，但排名靠前或靠后是按照什么原则确定的呢？其实很简单，接下来看一下影响排名的几个因素。

搜索词与商品相关性和商品的本身质量；搜索词与商品本身描述的相关性。

搜索词和商品类目的相关性；商品的本身质量；卖家服务水平。

对于重复铺货情节严重的，速卖通将对店铺进行屏蔽；情节特别严重的，将冻结账户或直接关闭账户。

妙招 40 商品发布时的SKU设置

SKU，全称Stock Keeping Unit（库存量单位），是一种库存进出计量的单位，为保存库存控制的最小可用单位，可以件、盒、托盘等为计量。SKU原本是大型连锁超市DC（配送中心）物流管理的一个方法，现在已经被引申为商品统一编号的简称，便于进行商品识别，有人也将此译为存货单元\库存单元\库存单位\单元化单位\单品\品种等。

发布商品时对SKU进行科学、合理的设置是非常重要的一项内容，对于买家而言，可降低在选择商品规格时发生错误的概率；对卖家而言，可避免因一些歧义规格描述而造成的错误发货。

那么，卖家该如何设置SKU呢？SKU作为商品的销售属性集合，每种属性都均有对应且唯一的SKU。从形式上看，主要有文字SKU和图片SKU。

（1）文字SKU的设置

文字SKU通常包括商品的数量、颜色、价格、款式等。例如一件女装按尺码分，S码是一个SKU，M码是一个SKU，L码也是一个SKU，所以一件女装尺码SKU就有S、M、L、XL、XXL、XXXL6个SKU。这类SKU属于相对固定的属性，另外还有自定义属性，卖家可根据不同的业态，不同的模式自定义设置。假设一箱糖果有10斤装、5斤装和3斤装的，分别定价为200元、120元和90元，那么无论按重量还是按价格都可设置成一个SKU，且可以根据特定需求来设置，如图4-33所示。

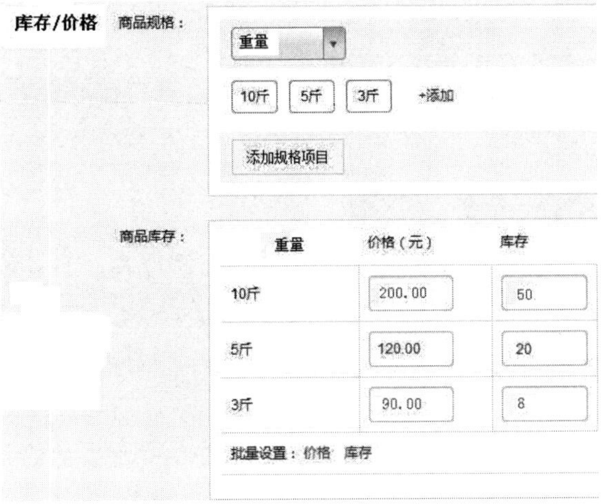

图4-33　文字SKU的设置

值得注意的是，在设置多个商品SKU时，如果在一款商品下添加了不同的多重规格属性，只能设置同一属性，否则就会混乱，影响到买家的下单。

同属性的SKU，当买家选了系列、重量下单后，卖家发货的时候按照对应的系列和重量规格即可。非同属性的SKU，客户只选择其中的一个或两个规格是不能下单的，必须同时点击三个规格属性才可下单，那么多出来的这个属性规格很有可能会导致买家无法下单。

因此，对于多属性商品可以设置多个规格，再次添加一个规格和相应的属性即可，如图4-34所示。

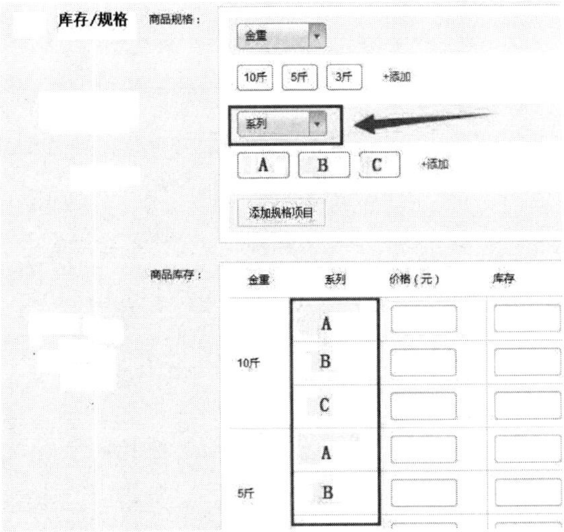

图4-34　多规格SKU的设置

以iphone6为例，iphone6是一个SPU（标准化商品单元），颜色规格是一个SKU，包含黑色、白色、土豪金；容量规格是一个SKU，包含16G、32G、64G、128G；制式规格又是一个SKU，移动版、联通版、电信版。把每个规格都排列组合一下，就是最终的SKU。

（2）图片SKU的设置

速卖通上允许卖家设置SKU图片，以容易以图片表示的颜色、款式等规格为主，目的是让买家在选择商品规格时有个更直观的参考。然而，由于系统对SKU的图片有较高的要求，因此并非所有图片都能作为SKU图片。

SKU图片要求必须是小图片，因此，需要卖家对图片进行局部截取。截取的步骤很简单，且速卖通有在线图片截取和自动上传的功能，能够大大加快卖家的上货速度。

案例5

以设置SKU颜色为例：

第一步：点击【Upload Image】按钮，如图4-35所示。

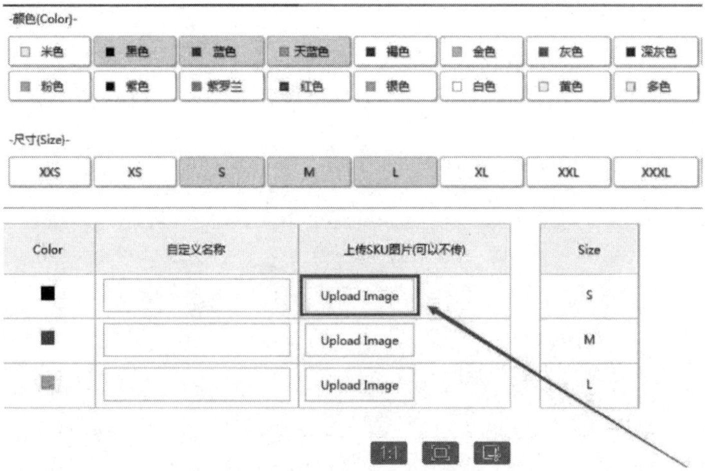

图4-35 图片SKU颜色的设置

第二步：选择包含该颜色的图片，如图4-36所示。

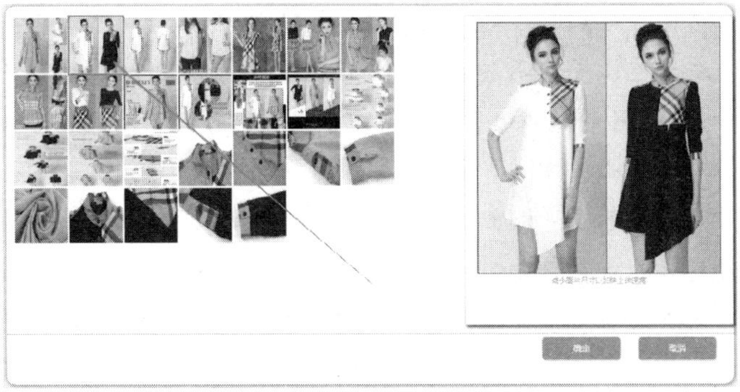

图4-36　选择图片

第三步：用鼠标拖选合适的图片区域，点击“确定”按钮，如图4-37所示。

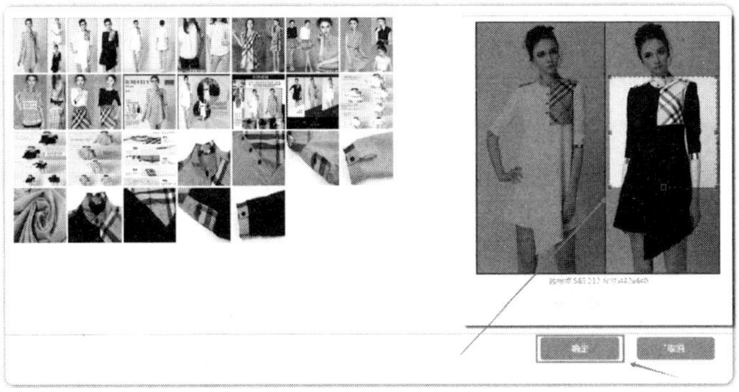

图4-37　将图片拖至合适的区域

第四步：完成该SKU图片的设置，如图4-38所示。

图4-38　完成设置

需要注意的是，卖家通过刻意规避商品SKU设置规则，滥用商品属性（如套餐，配件等）设置过低或者不真实的价格，使商品排序靠前（如价格排序）的行为，或者在同一个商品的属性选择区放置不同商品的行为，均属于作弊行为。

①将不同的商品放在一个链接里出售（如触摸笔和手机壳）。

②将正常商品和不支持出售（或非正常）的商品放在同一个链接里出售。

③将常规商品和商品配件（如：手表和表盒）放在一个链接里出售。

④将不同属性商品捆绑成不同套餐或捆绑其他配件放在一个链接里出售。

⑤在手机整机类目中，以排序靠前为目的的自定义买家极少购买的套餐，如裸机、不带任何附件（包含且不限于）等套餐。

对于SKU作弊的商品，平台将给予在搜索排名中靠后的处罚，并将该商品记录到搜索作弊违规商品总数里，当店铺搜索作弊违规商品累计达到一定量后，将给予整个店铺不同程度的搜索排名靠后处理；情节严重的，将对店铺进行屏蔽；情节特别严重的，将冻结账户或直接关闭账户。

妙招41 特殊类商品的上架技巧

特殊类商品是指那些不用于正常销售或无法上架的商品，如赠品、礼品、定制商品，或用于新品宣传和预告，以及用于补运费差价的商品。按照规定，这些商品应放置到指定的特殊发布类目中。

特殊类商品具体包括五种，分别为定制链接、运费补差价链接、赠品、定金、新品预告，具体如图4-39所示。

上述5类商品属于“特殊类商品”，无法像正常的商品一样发布，且通常因为标价过低，可能会在买家搜索时排名靠前，这样不仅会影响买家正常的购物体验，还会影响其余正确设置类目属性的商品的曝光率。

因此，平台规定，卖家在发布这五类商品时，应该将其放到“special category”特定类目中，以方便买家能快速购买到所需的商品，顺利达成交易。

对于错放类目的特殊类商品，平台将给予在搜索排名中进行屏蔽的处理，并将该商品记录到搜索作弊违规商品总数里，当店铺搜索作弊违规商品累计达到一定量后，将给予整个店铺不同程度的搜索排名靠后处理；情节严重的，将对店铺进行屏蔽；情节特别严重的，将冻结账户或直接关闭账户。

(a) 定制链接

(b) 运费补差价链接

(c) 赠品

(d) 定金

(e) 新品预告

图4-39　对上架有特殊要求的五类商品

特殊类商品发布规则如下。

① 特殊类商品不属于正常的商品发布，必须放置在“其他特殊类”的类目下。

② 特殊类商品将在前台搜索中被屏蔽，此外，通过特殊类商品产生的交易不计入卖家信用度、好评率计算（这类特殊商品的屏蔽不会影响店铺其他商品的正常销售）。

③ 未将特殊类商品放置在指定类目下属于平台违规行为，如果卖家屡次错放类目，速卖通有权下架或删除商品，并且保留对卖家做出处罚的权力。

④ 速卖通禁止虚拟商品的发布和交易，特殊类商品属于特例。卖家应确保所发布商品信息真实、准确、完整，如果卖家通过特殊类商品从事违反平台规则的活动，速卖通有权下架或删除商品，并且保留对卖家做出处罚的权力。

妙招42 淘代销：商品搬家的工具

淘代销是速卖通平台为卖家提供的一款商品发布工具，可以帮助卖家将淘宝和天猫上的商品信息自动翻译成英文，方便、快速地批量导入速卖通平台。巧妙使用淘代销，可以迅速增加商品数量，快速达到开店的要求并且增加店铺流量。

淘代销的操作非常简单，具体为粘贴淘宝链接查询→认领淘宝商品→编辑代销商品→发布完成。卖家只需要简单设置售价、物流等信息，即可将商品上架进行销售。

卖家可以在淘宝或是天猫确定要代销的商品，然后单击“商品管理”→“淘宝商品代销”→“选择代销商品”，如图4-40所示。

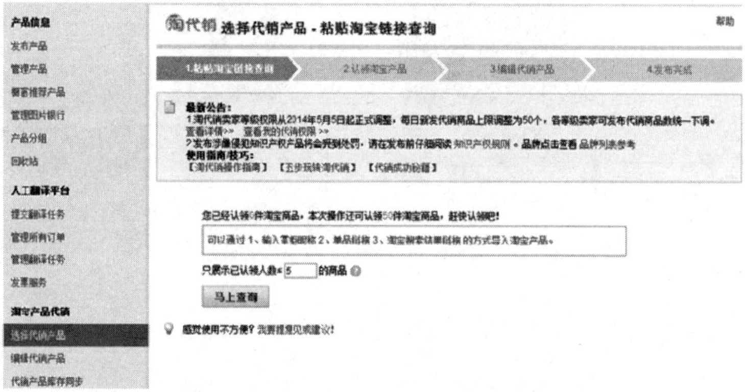

图4-40 淘代销设置

在淘代销页面中，可以输入淘宝店铺的“掌柜昵称（掌柜ID）”查询淘宝店铺整店商品；或者输入淘宝某件单品的链接查询单个淘宝商品；或输入淘宝的搜索结果链接，查询出该搜索结果对应的全部商品。查询结果如图4-41所示。

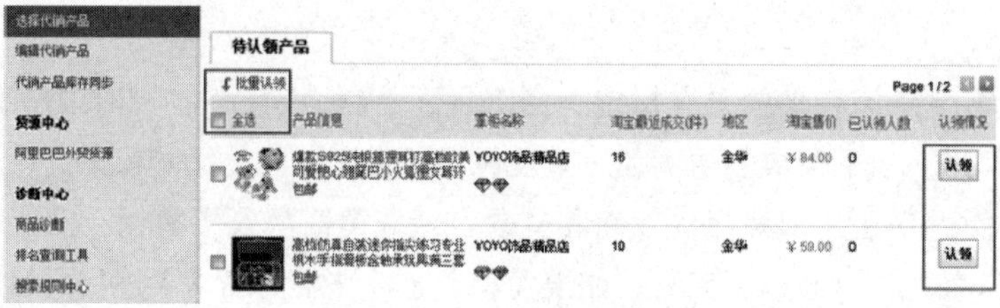

图4-41 确定代销的商品

在页面中可对查询出来的淘宝商品进行批量或者逐条认领。需要注意的是，有些商品是不可认领的，如不在代销类目开放的范围之内、有知识产权、“秒杀”或者“二手”类商品，已经认领过、当前剩余的可认领的商品数名额已满的商品等。

已认领的商品需在有效期内（7天内）进行编辑，补全信息，如商品价格、重量、体积和运费，通过审核才能发布上架。

编辑代销商品的信息，可按照以下步骤进行：“商品管理”→“淘宝商品代销”→“编辑代销商品”，如图4-42所示。

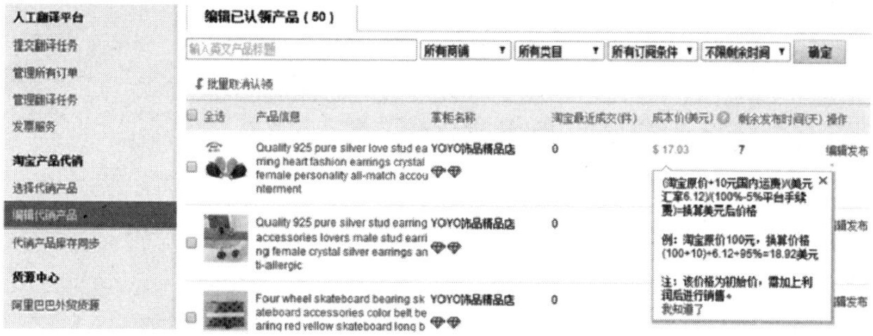

图4-42　编辑代销商品的信息

卖家可以通过标题关键词、淘宝店铺名称、代销商品类目（代销商品在速卖通的子类目）筛选出重量、体积类似的商品，然后进行批量或者逐条编辑。

在对代销商品进行编辑时，应重点注意对以下信息进行编辑或确认：

① 商品标题，系统是通过翻译引擎对淘宝标题进行导入和翻译。

② 关键词，系统会根据代销商品所在的类目，自动预设一个关键词。

③ 类目属性，系统将淘宝商品的类目属性进行自动翻译，并自动映射成速卖通的类目属性，无法完全对应的属性，需要补充到自定义属性中。

④ 商品主图，系统默认抓取淘宝商品的第一张主图。

⑤ 简要描述，系统不提供导入。

⑥ 详细描述图片，系统自动对淘宝商品的原始图片链接进行直接引用，不占用图片银行空间；但若卖家自主编辑且插入新的商品图片，则需要占用图片银行空间。

⑦ 详细描述文本，系统不提供详细描述文本导入和翻译。

⑧ 交货时间，系统默认预设为7天。

⑨ 商品有效期，系统默认预设为30天。

⑩ 重量、体积，系统不提供预设，需要补全发布。

⑪ 运费模板，系统不提供预设，需要补全发布。

第5章

商品推广：充分利用直通车推销工具

曝光度是电子商务的核心，一切流量、订单都是在高曝光度的基础上实现的。提高曝光度可以利用平台提供的工具来管理产品的销售，以高曝光的产品带动低曝光的产品或新品，使新品有机会让客户看到。

妙招43　工具1：直通车

直通车是帮助卖家店铺快速提升流量的引流工具，其原理是通过自主设置关键词，免费展示商品信息等手段，使商品大量曝光，以达到吸引潜在买家的目的。值得注意的是，速卖通直通车是一种收费推广模式，通常按照点击量收费。

速卖通直通车是速卖通平台上最重要的营销工具之一，具有其他工具无法比拟的优势，主要有以下3个方面，如图5-1所示。

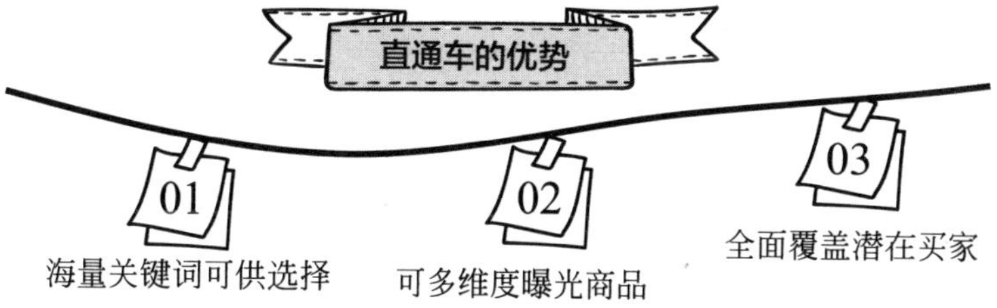
直通车的优势
01
海量关键词可供选择
02
可多维度曝光商品
03
全面覆盖潜在买家

图5-1　直通车的3个优势

那么，新手卖家该如何用好直通车呢？具体可通过以下3个步骤实现。

（1）第一步：选品

充分利用速卖通直通车的前提是选品，选对商品是好的开始。那么什么样的商品才适合直通车，选品又有什么标准呢？即一定要选择自己能掌握主动权、相对可控的、店铺未来很长一段时间都会重点打造的商品。因此，可结合以下4个因素考虑，如图5-2所示。

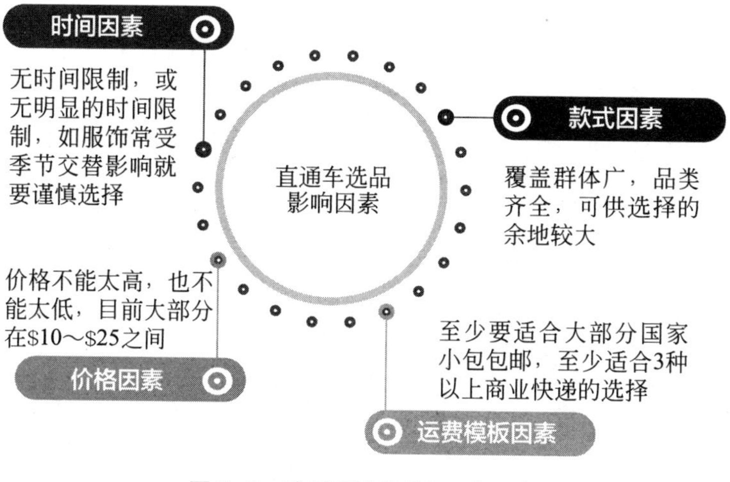
时间因素
无时间限制，或无明显的时间限制，如服饰常受季节交替影响就要谨慎选择
直通车选品影响因素
款式因素
覆盖群体广，品类齐全，可供选择的余地较大
价格不能太高，也不能太低，目前大部分在$10～$25之间
价格因素
至少要适合大部分国家小包包邮，至少适合3种以上商业快递的选择
运费模板因素

图5-2　选品需要考虑的4个因素

（2）第二步：选择关键词

关键词有利于帮助店铺提升曝光量，事实证明，单品关键词与曝光量、点击量基本成正比，关键词越多，曝光量越大，点击量越高。如表5-1所列数据来源于某服饰卖家，非常清晰地显示出商品数、关键词数与曝光量、点击量的关系。

表5-1 商品数、关键词数与曝光量、点击量之间的关系

推广类型	推广商品数	关键词数	一月曝光量	一月点击量
上衣	12	212	21524	900
T恤	20	784	120085	4145
裙装	34	1569	38890	3004
头饰	36	1039	31603	1820
长裤	42	1986	35081	3730
鞋	100	3221	226370	13980

寻找速卖通直通车关键词的渠道主要有以下几个。

① 直通车系统推荐词。

② 速卖通数据纵横搜索词分析。

③ 直通车论坛买家搜索词。

④ Google关键词工具等。

（3）第三步：关键词出价

直通车在某种层面上可以理解为是为了提升产品排名和保持排名的一种手段。关键词的出价会决定关键词的排名，而排名直接关系着曝光度和点击量，排名越靠前，越容易被搜索到，曝光度和点击量也越大。

对关键词出价，很多卖家不知道到底应该设置什么价位。关键词出价的设置是为了得到更多的流量，因此卖家可结合访客价值来考虑。

访客价值是指每个访客给你带来的利润价值，如果用公式表示，可写成如图5-3所示。

访客价值=利润/访问量

图5-3 访客价值的公式

当然这需要根据卖家的实际情况来计算。访客价值算出来以后，只要关键词出价小于这个值，流量越多，赚得就越多。举个例子：

某商品7天内总流量是1000，成交了50笔，每笔利润是10美元。这说明每20个流量才会成交一笔，每个流量带来的平均利润为0.5美元（10/20）。那么，设置这个商品的关键词出价只要小于0.5美元，流量越多，赚得就越多。

除此以外，还可先设定关键词出价的默认值，然后根据表现适当微调。在推广初期，可统一给所有关键词一个价位，然后根据商品类目市场均价、日限额和宝贝主辅推等要求来设置。

在此之后可首先修改那些质量得分相对较高的关键词价格，一般情况下先修改质量得分在6分以上的关键词价格，剩余关键词可批量修改，同时，也可根据流量修改单个出价。

在具体修改时候需要考虑到以下3个要点，具体如图5-4所示。

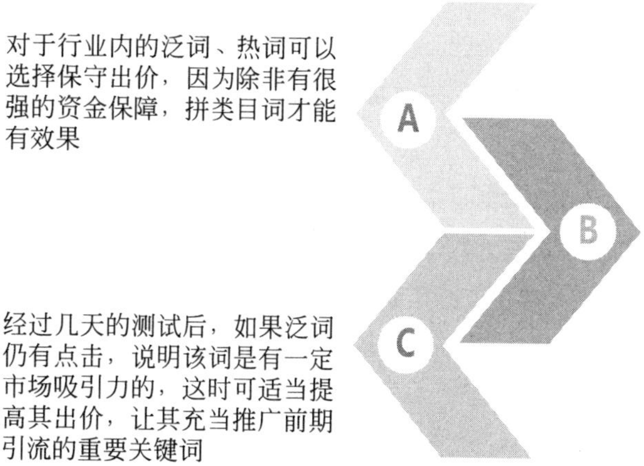

对于行业内的泛词、热词可以选择保守出价，因为除非有很强的资金保障，拼类目词才能有效果
A
B
对于精准词，可以加大力度，尽量控制在前三页，要是日限额充裕的话，完全可以尝试卡在首页。排在前三页，尤其是首页的关键词，对于曝光度有明显优势
C
经过几天的测试后，如果泛词仍有点击，说明该词是有一定市场吸引力的，这时可适当提高其出价，让其充当推广前期引流的重要关键词

图5-4 修改单个关键词出价要点

妙招44 工具2：无线端频道

移动互联网、智能设备的发展，使得无线端引流已经成为速卖通电商的一种重要引流方式。目前速卖通无线端频道有很多，不同的频道有不同的引流效果，其主要的5个频道如图5-5所示。

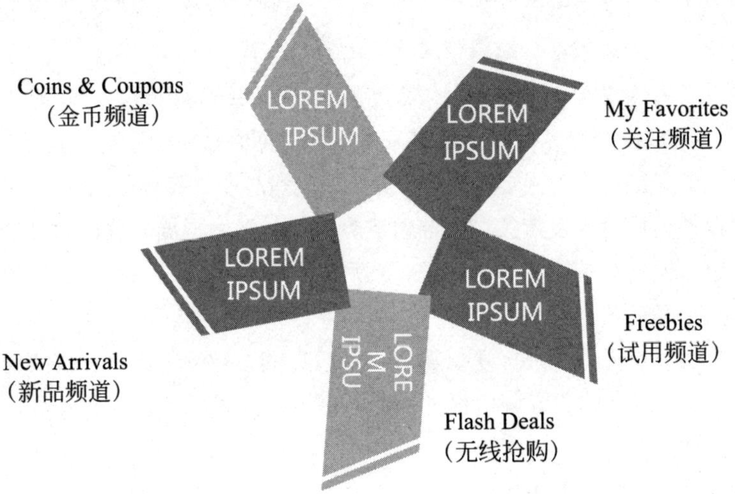

图5-5 速卖通无线端的5个主要频道

速卖通APP首页上有很多频道，这些频道各有特色，不同需求的人在速卖通APP首页上选择的频道可能不同，在同个频道也可能看到不同的内容。速卖通无线端频道的详细介绍如下：

（1）Coins & Coupons（金币频道）

金币频道是目前手机APP上流量最高、买家黏度最高的频道，其中包括了各类游戏和红包优惠，吸引着全球买家的定期回访和后续转化。

卖家可以通过设置店铺Coupon或者报名参加金币全额兑换商品活动，来吸引更多高黏度的买家到自己的店铺里。目前，卖家可通过以下2种方式获取金币频道的流量。

第一种：报名金币全额兑换商品的活动，目前仅针对金牌/银牌卖家开放报名。

第二种：通过卖家后台设置金额用于兑换店铺无门槛优惠券，频道将通过个性化的算法，推荐给到达金币频道的买家，这个是所有的卖家都可以设置。

（2）My Favorites（关注频道）

关注频道是目前位于速卖通无线端流量前三名的频道，它基于买家和卖家之间的关系，仅展现与买家"有关系"的店铺的信息频道，类似手淘内的"微淘"。

买家与卖家"有关系"是指买家收藏、加购、购买过店铺内的商品，或多次购买店铺内的商品且好评，或者多次浏览过同一个店铺。此种情况下，买家将会在关注频道内看到店铺的上新、促销、导购等动态信息。

（3）Freebies（试用频道）

试用频道是我国最大的跨境商品免费试用中心，是最专业的全球试客分享平台。频道聚集了上百万个中国优质商品的试用机会，同时还有全球两百多个国家的千万消费者对各类商品最全面、真实、客观的试用体验报告，为消费者提供购买决策。

（4）New Arrivals（新品频道）

新品频道的商品展示是针对买家进行个性化推荐的，推荐的商品是卖家最近新发布的商品（注意不是重新上架），商品图片必须满足无线端基础要求：纯色背景、无水印、无文字、无边框、不拼图。

（5）Flash Deals（无线抢购）

无线抢购是招商类的频道，每天8场，每场20个左右的商品。卖家可以尽量报名爆款的商品，并且给到比较大的折扣力度。爆款商品售罄之后的流量，会引导到店铺内其他的热销商品。

无线抢购普通场针对所有卖家招商，招商要求为店铺等级1勋以上，店铺描述得分≥4.5，店铺90天好评率95%以上，商品评分≥4.5。

妙招45　工具3：限时限量折扣

在实体店营销中限时限量折扣是一种非常常用的促销策略，如在商场经常看到这样的标语："5月1日～3日期间，所有商品8折""国庆节期间，买家电送大礼"，还有一些时不时会打出的"秒杀""抢购"等广告，目的就是促使消费者马上消费。这些都是"限量限时购买"的具体运用。

"限时限量折扣"优势在于紧紧抓住了消费者怕失去的心理。俗话说："物以稀为贵"，越来得容易、唾手可得的东西，其吸引力越小，越难引起人的关注。

通过"限时限量折扣"打折的商品，将有机会展示在搜索结果的首页，买家可在速卖通搜索页面利用"Sale Items（折扣商品）"搜索功能进行筛选。同时，如果买家已经收藏或者将商品放进购物车（待买），那么一旦商品打折，买家也立刻会在收藏夹、购物车中收到系统提示，从而大大提升购买率。

具体的操作方式如下。

① 登录用户后台，进入"营销中心"，点击"店铺活动"后可开始创建活动，如图5-6所示。

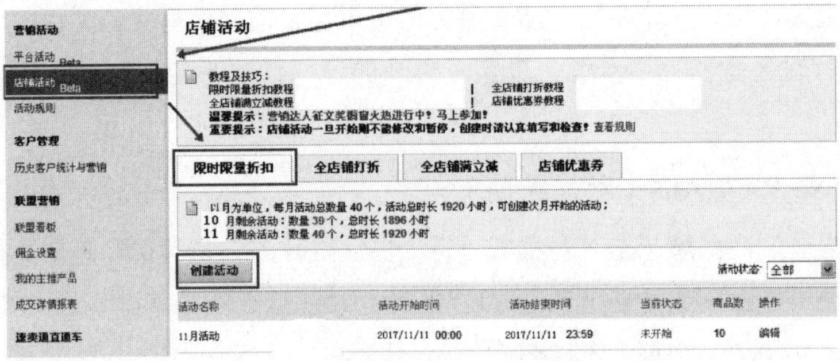

图5-6　速卖通平台上的营销活动页面

② 点击“创建活动”按钮进入到创建店铺活动页面，如图5-7所示。

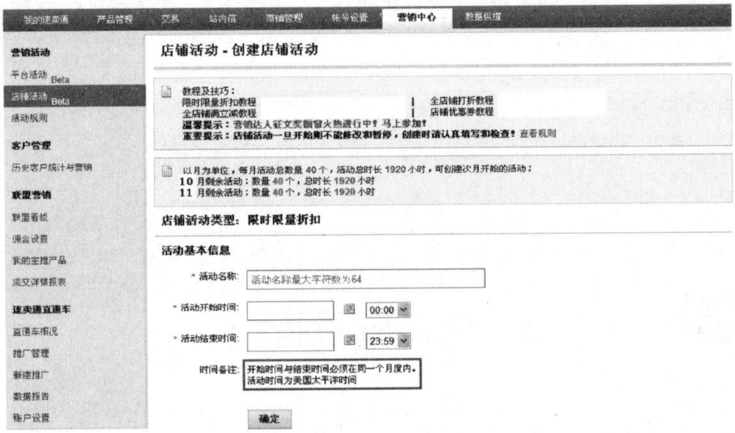

图5-7　创建店铺活动页面

③ 创建好店铺活动后，选择参与活动的商品，最多能选择40个商品，如图5-8所示。

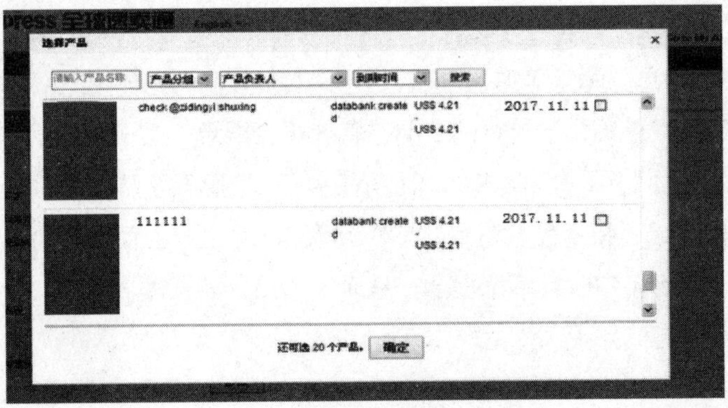

图5-8　选择参加活动的商品

④ 设置商品折扣率和促销数量。可批量设置，也可单独设置，如图5-9所示。

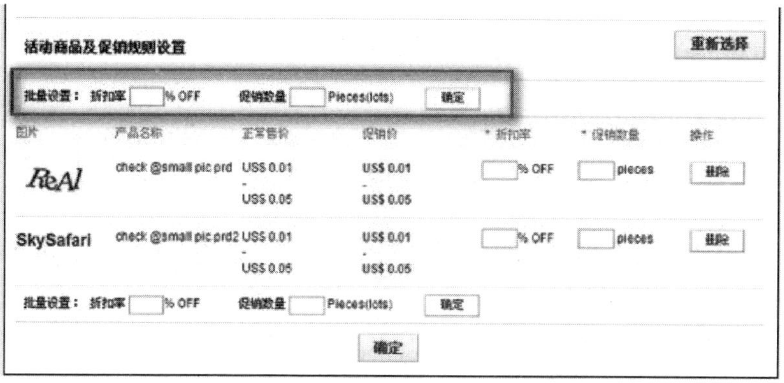

图5-9　设置商品折扣率、促销数量

⑤ 点击确定后即完成设置，活动此时处于“未开始”状态，对活动时间、商品增加或减少等信息进行修改之后，活动进入审核状态显示“等待展示”，开始后显示“展示中”。

注意

限时限量折扣活动创建后，初始状态呈现为“未开始”，此阶段仍可以对活动进行编辑、删除、添加商品等操作。6个小时后商品进入审核，这时会显示为“等待展示”，活动开始后显示为“展示中”，一旦状态进入“等待展示”或“展示中”，商品即被锁定，此时将无法编辑直至活动结束。

设置完打折后，由于系统审核及服务器同步问题，买家最晚会在12小时之后才会看到折后的物品。因此，若有重大活动卖家须提前至少12小时完成设置，否则将会影响到活动的正常进行。

妙招46　工具4：全店铺打折

打折是促销另一种常用的方式，其最大优势就是直接降低商品价格，让消费者少花钱就可以买到更多的商品，享受到更多的利益。这种促销方式直接击中了消费者的内心，迎合了绝大部分消费者的心理。

因此，速卖通将全店铺打折列为自主营销的四大工具之一，平台上的卖家可以根据不同类目商品的利润率，对全店铺所有商品按照营销分组设置不同的促销折扣。这样不但能够强化转化率，快速提高店铺销量，还可以提升店铺在买家心目中的影响力，扩大店铺曝光度。

打开“营销中心”→“店铺活动”→“全店铺满立减”页面，点击“创建活动”就可以对全店铺打折进行设置了，如图5-10所示。

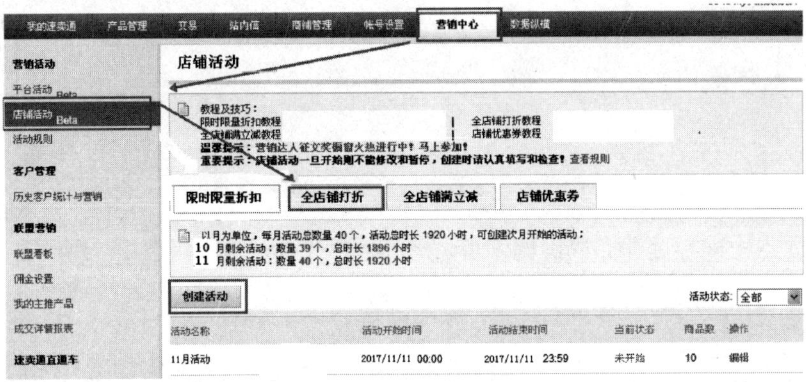

图5-10　速卖通平台上的营销活动页面

与限时限量折扣活动一样，全店铺打折活动创建后，商品将进入锁定状态。当状态显示“未开始”时可对商品进行增加、删除、编辑等操作；而进入“等待展示”和“展示中”两个状态时，则不能进行删除和修改。

（1）打折活动的创建规则

速卖通店铺活动折扣创建规则如图5-11所示。

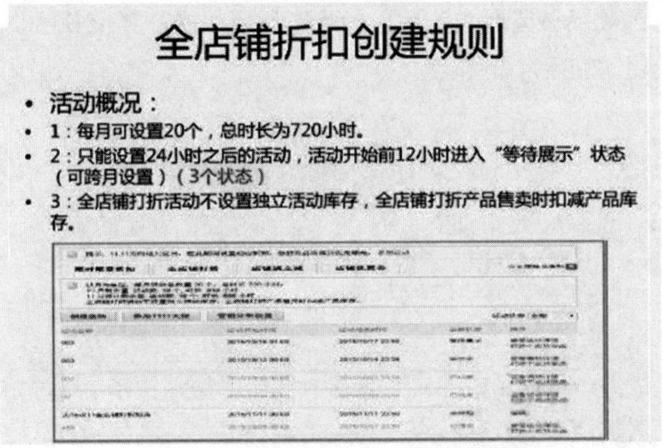

图5-11　店铺活动折扣创建规则

（2）打折折扣的设置技巧

① 处理好定价与物流成本的关系。

分别计算国际物流成本（重量 ×0.965+8）、实际成本［（商品+国内外物流）/汇率+平台佣金］、售价［成本 ×（1+利润率）］、标价［售价/（1−折扣率）］，再设置折扣率，具体如表5-2所列。

表5-2　商品定价与成本关系规划

某商品具体数据设置							
商品成本	国内物流	重量	国际物流	实际成本	售价	标价	折扣率
50	5	300	36.5	15.5	20.14	33.57	40%

② 处理好与活动时间的关系。

时间分配技巧：合理安排活动时间跨度，充分利用活动数和活动时长；每次活动的设置时间尽可能短（以便灵活调整修改及上新商品的添加）；活动结束时间设置在流量高峰期结束后几小时（以较短的剩余时间刺激买家下单）。

③ 分配营销利润空间。

合理预留利润和折扣空间，分配营销分组，为全店铺打折打好基础，提前合理、仔细地规划好全店铺打折活动时间及内容。在合理的折扣区间循序渐进地进行折扣活动，同时配合其他营销工具，大促期间折扣要考虑商品本身的成本因素适当空出活动时间以调整商品的90天均价和提升买家的购物感受（打折不适合一年都用）。

妙招47　工具5：全店铺满立减

全店铺满立减是速卖通平台推出的又一个店铺自主营销工具，凡速卖通卖家皆可免费使用。卖家可以根据自身经营状况，对店铺设置类似于“满*X*元减*Y*元”的促销活动，*X*、*Y*都可由卖家自己设置。

满立减是购物网站上卖家搞促销活动推出的新名词，速卖通的“全店铺满立减”就是对这种促销方式的二次运用，其含义就是凡是购买商品满足多少金额、数量后立刻减价多少。这有点类似于组合营销、捆绑销售，但在如何组合、如何捆绑上则自由了很多，可大大刺激买家额外消费，促使其购买一些原本可买可不买的商品。比如，买家原本只想买$90的商品，但是看到店铺里满$150减$20的活动后，占便宜的心理马上就会使其再挑几件商品以获得减价的优惠。

活动设置操作步骤与前两节的步骤相似，具体的操作方式如下：登录用户后台→“营销中心”→“店铺活动”→“创建活动”，如图5-12所示。

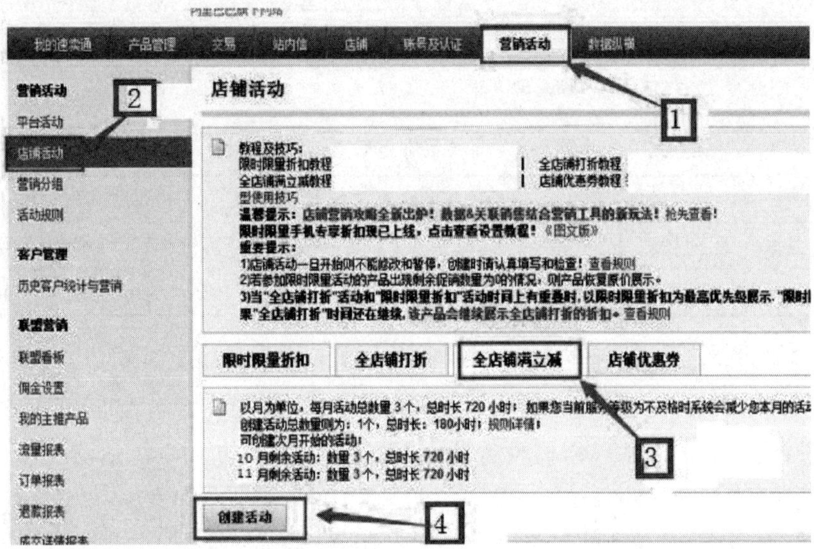

图5-12　速卖通平台上的营销活动页面

满*X*元减*Y*元的规则，不是随便设置的，也不是看别人怎么设置自己就跟着去设置的。满立减活动有两部分需要卖家填写，即“活动基本信息”和“活动商品及促销规则”，如图5-13所示。

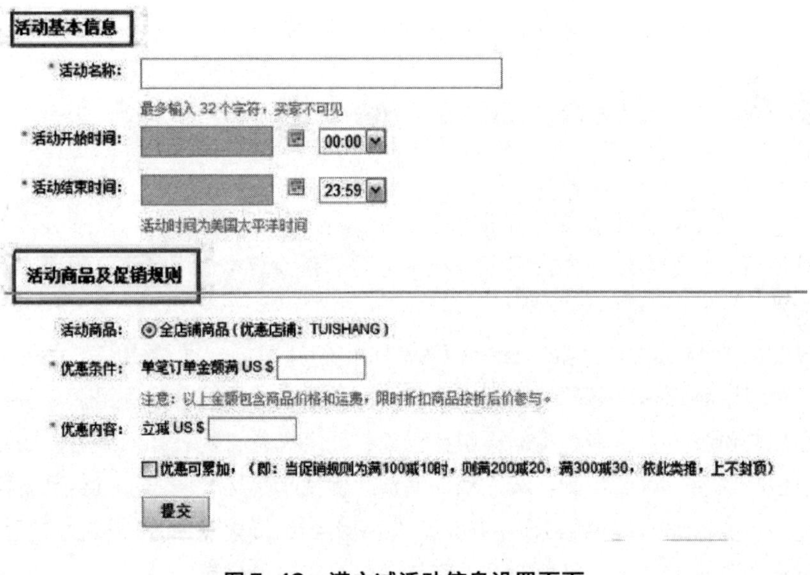

图5-13　满立减活动信息设置页面

一些关键信息要结合自己的商品特征、交易情况进行设置，如对客单价的设置客单价是一定时间内，每一个顾客平均购买商品的金额。例如，当日客单价=当日销售额/当日买家数，近30天客单价=近30天的总支付成功金额/近30天购买人次。

做满立减的最终目的是提高客单价，因为销售额=客户数×客单价，在客户数不变的条件下，提升客单价就是提升销售额。对于有交易的卖家，可以在自己的平均客单价基础上提升20%～50%，例如，客单价是$80，优惠条件就设置为满100减*Y*元，优惠的这个*Y*元达到优惠条件的10%～20%比较容易吸引买家，所以规则可以设置成满100减10；对于暂时没有交易的卖家，可以根据自身的商品定价，预估买家的可能购买的金额，计算方式可将平均订单金额类似看作客单价，平均订单金额=支付成功订单总金额/支付成功订单数。

妙招48　工具6：优惠券

优惠券也可以达到促销目的，如满500元送200元券，满1000元送300元券等，这可以诱导买家重复消费。在买家眼中，拿到手的优惠券就是一种财产，不用就会觉得亏了，在这样的心理作用下，买家下单的概率会比平时更高。

店铺优惠券通常由卖家自主设置优惠金额和使用条件，买家领取后只能在有效期内使用，且只能在该店铺使用，如图5-14所示。

图5-14　优惠券信息设置页面

优惠券不只是给买家一个折扣那么简单，而是要能起到更大的作用，不但要能对活动本身起到促进作用，还能实现巩固老客户黏性，为店铺引流的目的。优惠券的作用有三个，具体如表5-3所列。

表5-3　优惠券的3个作用

1	促进消费 提高销量	优惠券是一种效果非常好的促销方式，对消费者的消费欲望有直接的刺激作用。让买家先领券再下单，对于新买家来说就是一剂强心针，可以帮助其下决心购买
2	巩固老客户	老客户是店铺最忠实的资源，很多店铺就是依靠老客户或老客户的间接资源来生存和发展的。因此对老买家的维护非常重要，将店铺优惠券信息发给老买家，作为奖励和回馈，可大大提高二次消费的概率
3	为店铺引流	对于卖家来说，优惠券就像广告和宣传单，是具有一定推广作用的，而且运用合理的话，这一推广会更有效。因其具有一定使用价值，拥有者不会轻易扔掉，可以大大增加商品的曝光度，实现粉丝的引流

（1）优惠券的类型

1）类型1：无使用条件限制的优惠券，即只要订单金额大于优惠券面值，买家就可以使用该优惠券。例如优惠券面值为$5，则当订单金额大于或等于$5.01即可使用。

① 优势：使用门槛低，可以明显提高用户黏性和回头率。买家领券后的使用率较高，特别是能够吸引新买家下单，可以显著提升订单转化率。

② 注意事项：优惠券的面值根据店内商品价格和利润空间进行设置，例如，店内部分小商品价格为$5.5，如果发放$5的优惠券就不太合适了，因为买家极有可能只需花$0.5就购得商品，并不会多买。

2）类型2：买家订单金额达到一定要求才可使用的优惠券。例如，发放的优惠券面值$5，使用条件是订单金额满$30才可使用。

① 优势：避免低价商品让利过多，提升客单价并刺激买家多消费。

② 注意事项：使用条件需要根据客单价设置，在客单价基础上提升一定金额即可。例如客单价为$20，可设置使用条件为满$30或满$40才可使用。但这个条件不能设置太高，如果设置$100才能使用，那买家就很少买账，这样优惠券设置就没有意义了。

（2）优惠券创建技巧

平台数据显示，无使用条件和有使用条件的优惠券结合发放的效果更佳。

① 优惠券优惠额度的设置技巧。

无使用条件的优惠券，可根据自身承受能力进行设置，金额越大越容易刺激买家下单；有使用条件的优惠券，优惠金额至少要在5美元以上才对买家有吸引力。

② 优惠券有效期的设置技巧。

优惠券的有效期通常设为7 ~ 30天比较合适，不宜过长或者过短。过长很难刺激买家尽快使用，极有可能被买家遗忘；过短（1天）极有可能影响到促销效果（故意刺激买家当天消费除外），否则买家很有可能还没有看到优惠券信息就已过期，这样的优惠活动就失去了意义。

妙招49　工具7：联盟营销

速卖通联盟营销是一种“按效果付费”的营销模式，可为卖家带来站外流量。加入速卖通联盟之后，整店所有或部分商品就变成联盟商品，这些商品除了会在现有的渠道得到曝光外，还会在联盟专属频道得到额外曝光。

（1）联盟商品的设置

按照规定，参加联盟营销后，整店所有商品都会变为联盟商品。但如果只想重点推广一部分，可将要推广的商品设置为主推商品。主推商品不仅能在联盟的专属频道得到额外曝光，也可以参加联盟专属的推广活动，获得更多站外流量。联盟营销的两种设置类型如表5-4所列。

表5-4　联盟营销的两种设置类型

联盟商品	定义
所有加入联盟的商品	卖家一旦加入联盟，那么整店所有商品都变成联盟商品，都会有一个默认佣金比率
主推商品	可以将店铺里的部分商品设置为主推商品，在商家能接受的范围内，主推商品的佣金比率一定不能太低

不过，在设置主推商品时也需要修改佣金数额，这类商品佣金设置通常会相对高些。

参加联盟营销的具体步骤：登录“我的速卖通”→“营销中心”→“联盟营销”，点击确认服务协议，就可以成功加入速卖通联盟营销。

（2）佣金的收取标准

收取佣金是卖家参加联盟营销成功后必须缴纳的一部分资金。卖家加入联盟营销不需预先支付费用，但在成交后需要按照联盟网站为其带来的成交订单支付一定比例的佣金，通常在3% ~ 8%之间，特殊情况下最高可达50%。

按照规定，佣金比率可分为以下几个档次，如表5-5所列。

表5-5 速卖通平台一级类目佣金比率

一级类目		最低佣金比例	最高佣金比例
英文	中文		
Apparel&Accessories	服装及配件	5%	50%
Automobiles&Motorcycles	汽车和摩托车	5%	
Beauty&Health	美容保健	5%	
Computer&Office	计算机办公软件	3%	
Construction&Real Estate	建筑及房地产	5%	
Consumer Electronic	消费电子	5%	
Customized Products	定制商品	5%	
Electrical Equipment & Supplies	电气设备	5%	
Electronic Components & Supplies	电子元器件	5%	
Food	食品	3%	
Furniture	家具	5%	
Hair & Accessories	头饰	5%	
Hardware	五金	5%	
Home&Garden	园艺	3%	
Home Appliances	家用器具	5%	
Jewelry&Watch	珠宝首饰手表	5%	
Lights& Lighting	灯光照明	3%	
Luggage&Bags	箱包	5%	
Mother&Kids	母婴用品	3%	
Office&School Supplies	办公室和学校用品	5%	
Phone&Telecommunications	电话和电信	3%	
Security&Protection	安全防护	5%	
Shoes	鞋	8%	
Special Category	特殊类别	5%	
Sport &Entertainment	体育、娱乐	5%	
Tools	工具	5%	
Toys	玩具	5%	
Travel and Vacations	旅行、度假	3%	
Weddings&Event	婚礼活动或服务	5%	

妙招 50 工具8：关联营销

商品的展示方式很大程度上影响着消费者的购买决策，商品展示页面如果能突出某个价位、某个特征，如果将同品类、相似品类商品集中展示，比随机展示效果会好得多，可大大促进商品的销售。

突出展示某个商品可使消费者很容易明确自己要把钱花在什么地方，展示同类商品可促使消费者进行连带消费，展示相似的商品有利于消费者进行对比，更加坚定购买此类商品的决心，从心理上让消费者认为需要买这种商品。

关联营销是速卖通店铺中常用的一种营销方式，即在商品展示页中链接重点、相关或相似的商品，以便进行组合或配套营销的一种方法。

（1）添加关联营销的方法

在阿里巴巴的应用市场里有一个免费“促销模板大全”，在这里就可以找到关联营销。关联营销里有很多模板，点击某个模板进去，就可以选择想要做的关联营销，再选好要添加到哪个宝贝页面，点击保存后就可以安装到商品页面上了。

（2）关联营销的两个关键

做关联营销关注最多的有两点：一是加入什么商品好？二是关联营销放在哪个位置好？

做好关联营销，关键是选择什么样的商品来做。所谓关联营销，最重要的还是关联，因此，首先考虑以下两类商品，一类是关联互补商品，另一类是关联替代商品，具体如表5-6所列。

表5-6 关联营销的两大类商品

关联互补商品	与原商品相关的商品，例如，卖戒指可以关联项链，手镯，关联互补商品可以提高客单价
关联替代商品	可以替代原商品的商品，如买家不喜欢A商品，推荐了B商品可能会引起买家兴趣，那么B就是A的关联替代品

其次，也可以以商品定位、关联营销目的来选择关联商品，如这次营销的目的是宣传新商品，那么就可以关联一些新品；如目的是提高某款流行款的销量，增加曝光机会和助推销量，那么就可以关联热点商品、利润高的商品。

从这个角度来看，关联商品还包括以下3类，具体如表5-7所列。

表5-7　关联商品的3个类型

新款	一些主打的新品，作为新的爆款去关联，可以给予最多的曝光
爆款	性价比高、销量高、库存充足的商品，这是店铺的中坚力量，也是店铺持续发展的基石
形象款	为提升店铺形象而打造的利润款。主要目的不是为了出单而是为了提升店铺形象，这适合比较成熟的店铺

（3）做好关联营销的布局

布局其实就是确定在宝贝页面详情的什么位置添加关联营销。添加位置一般有3个，分别为详情的上方、中部和尾部。不过，这3个位置也不是随便添加的，不同类别商品需要放在不同的部位，否则就失去了关联的意义。

① 上方：是曝光最多的入口，适合爆款、引流款、新品测试。

② 中部：宜添加相关商品、互补商品或利润款。比如商品是一条休闲裤，那么可以在中部位置添加一件T恤或者一件休闲衬衫。

③ 尾部：宜添加同类或替代商品。比如商品是休闲裤，那么可放上其他休闲裤。

为了照顾移动端消费者，3个部位中，“中部”是相对来说最好的选择，这样既不会被忽视，也不会给APP端买家增加浏览流量负担。

妙招51　工具9：邮件营销

邮件营销是一种效果非常好的营销方式，但国内很多人都认为其效果一般。然而，由于观念的不同，西方欧美国家的人却非常重视邮件，尤其是上班族，几乎每个人都有自己的固定邮箱，每天打开电脑的第一件事就是查收邮件，40%的人也会通过手机来查看邮件。国外曾做过的一个调查显示，邮件营销仍然是提高曝光度最好的营销方式之一。

可见，邮件在国外和国内人心目中的地位很不一样，国外的人们热衷于邮件交流就像我们热衷于微信、QQ一样。所以邮件营销在外贸行业具有天然的优势，许多资深的外贸人认为邮件营销的重要性仅次于B2B平台推广。

这也是速卖通为卖家提供便捷的邮件营销功能的初衷，因此，作为卖家也要真正重视起来。进入速卖通卖家后台，在“营销活动”中的“历史客户统计与营销”

即可以看到。然后点击“添加推荐商品”按钮，将关联商品添加到邮件中，同时写上标题和内容点击“发送”即可。

要想做好邮件营销需要在邮件内容上下足功夫，要做好邮件内容、把握发送时间和频率、制订关联度高的邮件发送计划，这样才能使自己的邮件在客户的邮件列表中脱颖而出。

（1）邮件内容

卖家要十分重视邮件内容，一要简洁，千万不要啰唆，二要发送干货，让买家看一眼就有所收获。邮件内容可以包括新品上架情况，打折、促销等信息，或者对售后满意度等进行调查，以此来吸引老买家再次下单。三要图文并茂，尽量以大图+少量文字的形式去展现。

（2）邮件发送时间和频率

合适的发送时间往往能带来更高的打开率和回复率。发送时间最好是赶在当地工作的时间段内，一般上午10点和下午3点都很适合发送邮件，当然也需要根据自己的商品做出相应的调整，找出开启率最高的时间点进行邮件发送。由于卖家面向的是不同国家和地区的买家，因此一定要注意调整时差。

为了便于查询，在表5-8中列出了北京时间与常见国家和地区时差。具体计算方法就是时差与北京时间之和，如2017年12月25日10：00整，正好是俄罗斯时间2017年12月25日5:00（以下时间均以各个国家的首都时间为准，同一国家不同地区也存在时差，这个也要特别注意）。

表5-8　北京时间与世界各国和地区时差（部分）

国家和地区	与中国时差	国家和地区	与中国时差
美国	−13	英国	−8
俄罗斯	−5	塔吉克斯坦	−3
法国	−7	罗马尼亚	−6
加拿大	−13	阿根廷	−11
巴西	−11	秘鲁	−13
智利	−12	墨西哥	−14
瑞典	−7	德国	−7
希腊	−6	西班牙	−7
夏威夷	−18	日本	+1
斯里兰卡	−2.5	韩国	+1

续表

国家和地区	与中国时差	国家和地区	与中国时差
马来西亚	0	新加坡	0
南非共和国	−6	埃及	−6
科威特	−4.5	卢旺达	−6
沙特阿拉伯	−5	伊朗	−4.5
印度	−2.5	泰国	−1
关岛	+2	印尼	−1
新西兰	+4	澳大利亚	+3

关于发送频率，平台对邮件的月发送次数做了限制。这通常与卖家等级有关，等级越高，月发送次数越多，具体如表5−9所列。

表5-9　速卖通平台卖家等级与邮件月发送次数的关系

卖家等级	月发送次数
0−1级	0封
2级	5封
3级	10封
4级	20封
5级	30封
6级	50封

尽管级别增高之后，卖家可多次向客户发送邮件，但一般不要过于频繁，以免造成过度骚扰引发对方的反感，建议每月对同一客户发送的邮件控制在2 ~ 3封。

（3）邮箱的设置细节

在国内，许多人使用邮箱都会用到网易163邮箱或QQ邮箱，这两种是免费邮箱，并且在中国的信用度很高，在国内各场合使用都没什么问题。不过，在外贸中不建议使用以上两种邮箱，最好尽量使用带有公司域名的邮箱，因为这也是宣传企业的一种方法，能够便于国外客户记住我们。同时，这也可以增加信用度，因为国外很多消费者普遍认为使用免费邮箱（Gmail除外）的网站是个人网站或者是很不正规的商业网站。

妙招 52　工具10：站内信

登录“我的速卖通”->“消息中心”->“站内信”可了解商品的最新详情，充分利用速卖通站内信更便于卖家对客户进行管理和精准营销。因为，在进行客户推荐之前，我们首先必须知道客户身上有哪些具有重要价值的信息，通过挖掘这些有价值的信息来发现客户需求，而这些信息的搜集和分析可通过站内信来实现。

站内信主要包含如下两个方面的信息。

（1）客户评价

通过查看客户的全部评价，可以清楚地了解客户的需求。卖家要善于分析和总结客户的信息和需求，学会屏蔽干扰信息，从而获取有价值的信息。

（2）购买记录

购买记录的评判标准是在店铺购买的平均客单价。卖家可以在自己后台中的速卖通客户营销中，找到自己的客户进行综合分析。但是对于新手卖家而言可能还没有积累那么多的客户，这时就要注意下面的几类客户了，因为这些客户很可能就是潜在客户。

①在店铺买过三次以上的客户。

②在店铺采购超过50美金的客户。

③符合这些条件的欧美、东南亚客户格外留心（因为可以给他们发快递）。

④善于沟通和回复比较及时的客户（在48小时内回复所发邮件的客户，通常是经常会关注店铺所发优惠券或者折扣的客户）。

第6章

店铺定位：打造个性化店铺

任何一家能在众多店铺中脱颖而出的店铺，都有一个很重要的前提，那就是店铺的定位准确。准确的定位可以使店铺在买家心中占据最有利的位置，使其成为某个类别或某种特性的代表，当买家有相关需求时马上可以想到。换句话说就是，店铺有自己的风格，包括名称、装修、经营范围、经营品类、目标受众等。

妙招53　店铺的风格管理

店铺管理在速卖通后台的“店铺”功能中，该功能主要是对店铺进行装修和优化，以打造一个个性化的店铺。店铺管理的内容包括店铺风格设置、店铺招牌和横幅设置。

（1）店铺风格管理

系统提供有固定的店铺风格模板，卖家可以根据自己的需要选择相应的风格。设置后点击查看我的店铺，可对选择的店铺风格进行效果预览。如果对所选择模板不满意可单击“恢复默认”按钮，恢复默认风格。店铺风格管理页面如图6-1所示。

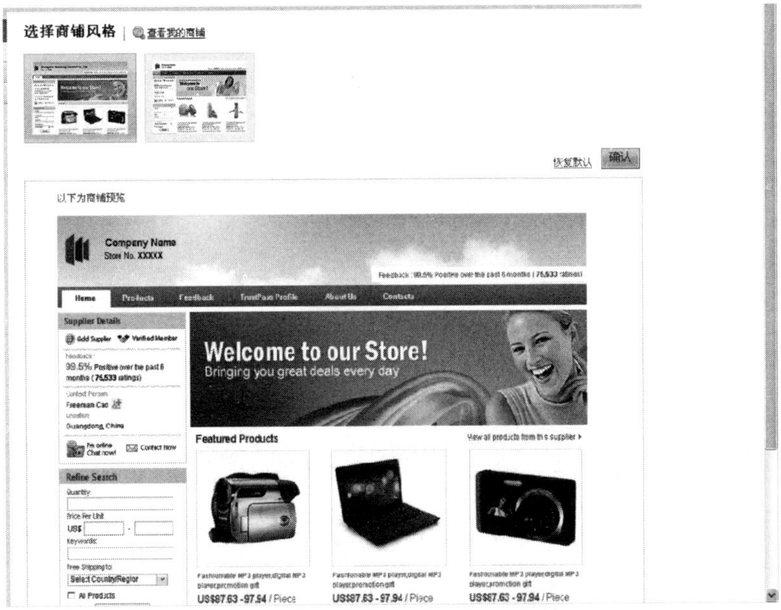

图6-1　店铺风格设置与恢复页面

（2）店铺招牌和横幅管理

众所周知，实体店通常都有自己的招牌，网络虚拟店也同样需要。店铺招牌就像店铺的门面，是买家看到的第一印象。店铺招牌最好可以明确地告诉买家，店铺经营的是什么，从而让买家有进一步了解的兴趣。

店铺横幅是卖家店铺首页的广告，每个卖家都可以在店铺首页设置一个横幅，将自己的推荐商品、促销信息、企业活动、最新营销信息通过横幅传递给买家。

卖家可以点击“店铺招牌”“店铺横幅”，即分别进入“选择店铺招牌”和“选择店铺横幅”页面，可以选择系统提供的招牌、横幅作为自己的招牌、横幅。速卖通店铺招牌管理页面如图6-2所示。

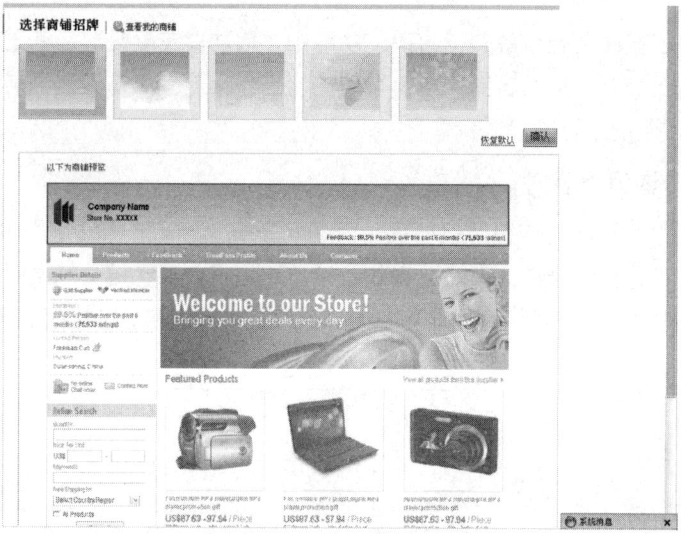

图6-2　店铺招牌管理页面

速卖通店铺横幅管理如图6-3所示。

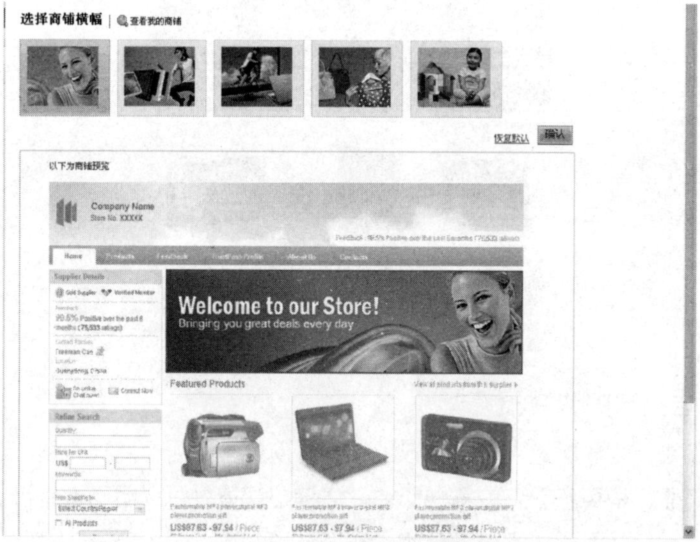

图6-3　店铺横幅管理页面

卖家也可以自定义设置横幅。自定义功能主要有以下几步。

1）第一步：准备一张合适的图片

店铺横幅长宽要求为710像素×200像素（A+卖家为710像素×300像素），不合尺寸的图片会影响对买家的吸引效果。横幅图片只支持JPEG或者JPG格式的图，样式设计要有促销性，能够吸引买家点击或者采购。

2）第二步：上传、设置店铺横幅

进入速卖通后台，点击“店铺”中的“选择店铺横幅”，再点击“自定义横幅”，就可以上传横幅图片了，如图6-4和图6-5所示。

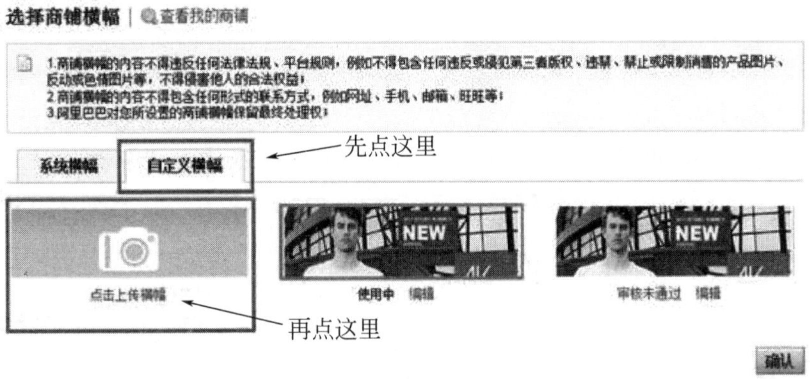
选择商铺横幅
查看我的商铺
1.商铺横幅的内容不得违反任何法律法规、平台规则，例如不得包含任何违反或侵犯第三者版权、违禁、禁止或限制销售的产品图片、反动或色情图片等，不得侵害他人的合法权益；
2.商铺横幅的内容不得包含任何形式的联系方式，例如网址、手机、邮箱、旺旺等；
3.阿里巴巴对您所设置的商铺横幅保留最终处理权；
系统横幅
自定义横幅
先点这里
点击上传横幅
再点这里
使用中　编辑
审核未通过　编辑
确认

图6-4　自定义横幅设置页面

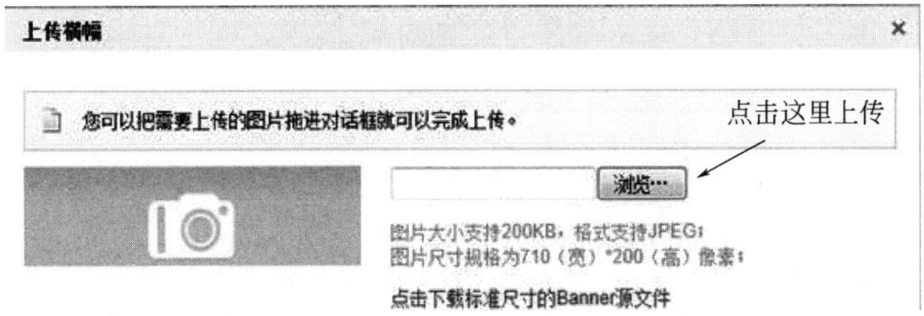
上传横幅
您可以把需要上传的图片拖进对话框就可以完成上传。
点击这里上传
浏览…
图片大小支持200KB，格式支持JPEG；
图片尺寸规格为710（宽）*200（高）像素；
点击下载标准尺寸的Banner源文件

图6-5　上传自定义横幅照片

上传图片后，还可以设置该图片点击后的链接页面，复制自己想要的店铺页面URL地址，粘贴后点击确认即完成设置。注意：横幅的链接只能添加卖家自己店铺所属的页面。

3）第三步：等待图片审核

图片上传后通常需要24小时左右的审核时间。通过审核后，在后台选中自己想展示的图片，点击“确认”即可。

妙招 54 店铺的命名

常言说得好“商名叫响，黄金万两”，好的店铺名宛如一曲动人的歌谣，能够瞬间滋润人的心田；又如一首感人肺腑的诗篇，给人以美的享受。但对速卖通买家而言，在命名店铺名称时又有很多特殊情况需要注意。

众所周知，速卖通是一个国际性的平台，主要面向的是外国客户，而英语作为世界上使用范围最广泛的语言之一，是不同国家、不同民族交流的主要语言。因此，卖家在速卖通开店的时候，必须考虑店铺的英文名称，这样可以更加方便各国消费者了解店铺。

店铺的英文名称不能随便取，最笨的方法就是先按照中文名称命名的思路拟好中文名称，然后再翻译成英文。

（1）中文名称命名原则和方法

店铺的命名原则有两个，一个是以商品为中心，围绕商品本身去命名，体现商品特色；另一个是以消费者为中心，迎合消费者习惯，注重消费者体验和感受。最高境界是将两者充分融合在一起，既能体现商品特色又能迎合消费者需求，如图6-6所示。

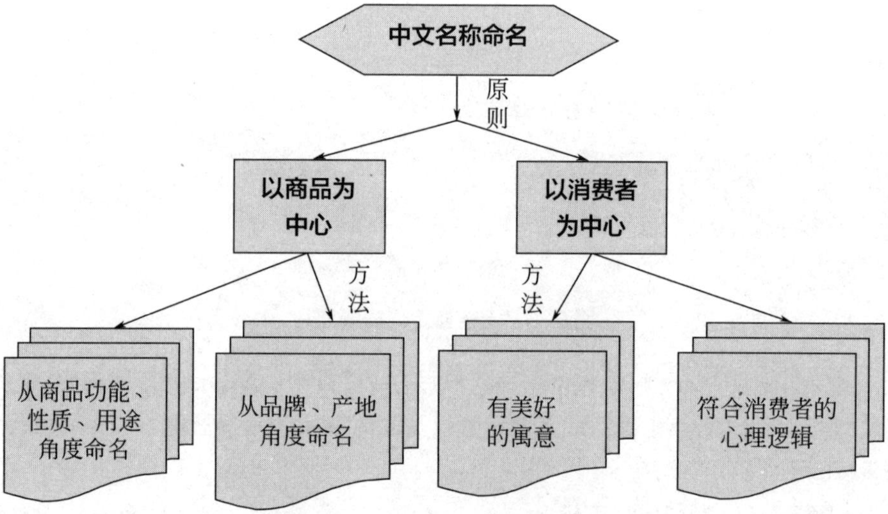

图6-6 店铺中文名称命名原则

1）从商品功能、性质、用途角度命名。

从商品角度命名，原则是突出商品的性质和特性，如女性类商品命名要甜美优雅，男性类商品要雄健粗犷，儿童类要活泼可爱，而老年类商品则应吉祥健康。针对低端消费者的商品要突出物美价廉，针对高端消费者的商品要注重品质、内涵。

2）从品牌、产地角度命名。

这种命名思路通常适用于那些经营名牌商品或具有特色的店铺，用以表明店铺提供的是原汁原味的“正宗”商品。例如，“韩国料理”“日本料理”“杭州丝绸”“内蒙烧烤屋”“新疆烤串”等都是按照这一思路来起名的。

以商品品牌、产地命名时，应注意所售卖的商品应该是有较大市场影响力、有良好口碑且广为人知的，假如是名不见经传的品牌恐怕难以起到应有的作用。

3）有美好的寓意。

店铺名要有美好的寓意，毕竟人人向往美好，这是人的共性，古今中外皆是如此，美好的寓意可给人带来良好的心理感受。店铺起一个有良好寓意的名字，无疑可以增加竞争优势。如乐百氏（Robust）纯净水，就其汉语含义而言，是让大众（百氏）使用之后会高兴，而其英语含义则是“精力充沛的、充满活力的”意思。其实，这种命名思路在国外一直深受欢迎，如耐克（NIKE）则代表着希腊神话中的胜利女神。

使用这种起名方式，最重要的是要把握消费者的心理和习惯，然后针对其特点进行深度挖掘。需要提醒的是，要保证所命名的名称在外语里不会有负面意思。

4）符合消费者的心理逻辑。

给店铺起名字，要以符合消费者心理感受为最高标准，最大限度地激发他们的购买欲望。

外国人，尤其是欧美国家的人们更喜欢直抒胸臆式的表达，是什么就是什么，直接说出来就好。这点正好与国内的人相反，国内的人大都喜欢含蓄的表达，因此，在店铺名称的命名上就比较委婉。如一个眼镜店不直接说卖眼镜，而是以“明亮”“大明”等来形容，如果在欧美国家“××眼镜店”就是最好的店名。

因此，为迎合外国客户的心理，店铺命名上最好简洁明了，直截了当，避免涵盖多层寓意。如主营婚纱的店铺，可直接命名为Just for love（只是为了爱、因为爱情）、Marry me（嫁给我吧、娶我吧），既与结婚主题相关，又简洁明了、易于记忆，可以直接表达出真挚、热烈的感情。

（2）英文名称命名方法和技巧

上面这些速卖通店铺取名的技巧，都适合翻译成英文，但这个翻译也不是随便翻译，其中有以下4个事项需要注意：

1）店铺名称用英文字符，可含空格、标点符号，但不得超过64个字符数。

2）店铺名称在阿里巴巴速卖通平台具有唯一性，同一个店铺名称只能存在一个，不得重复，若发现店铺名称与已有的店铺名称相同或近似，会被视为无效；阿里巴巴全权决定卖家选择的店铺名称是否与平台已存在的店铺名称相同或近似。

3）店铺名称不得违反任何法律法规、平台规则，例如，不得包含任何侵犯第三者版权、违禁、禁止或限制销售的商品名词，不得侵害他人的合法权益；阿里巴巴全权决定卖家选择的店铺名称是否会违反任何法律法规、平台规则、是否可能侵害他人的合法权益。

4）名称的翻译避免直译。现在网上有各种翻译软件，可以方便快捷地帮大家将汉语翻译成英文，但多数都是直译，不仅可能不够精准，甚至会有误解。因此，最好还是找精通英语的机构或个人帮忙，在不改变原意的前提下，争取翻译成符合目标国家文化和目标消费群体心理的名称。

（3）店铺命名的具体操作

按照平台规定，当卖家上架的商品超过10个后，“开通商铺”按钮会变成橙色，单击后即会出现如图6-7所示界面。

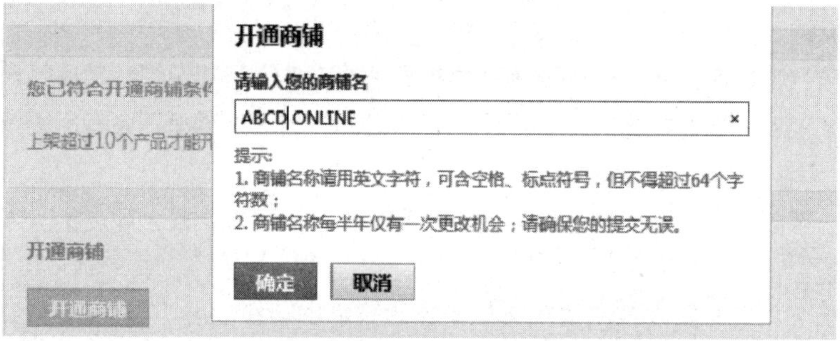
开通商铺
请输入您的商铺名
ABCD ONLINE
提示：
1. 商铺名称请用英文字符，可含空格、标点符号，但不得超过64个字符数；
2. 商铺名称每半年仅有一次更改机会；请确保您的提交无误。
确定
取消
开通商铺
开通商铺

图6-7　店铺名称设置页面

此时，可以输入商铺名称，需要注意的是商铺名称要用英文字符，可以包含空格、标点符号，但不得超过64个字符数；商铺名称在速卖通平台具有唯一性，同一个商铺名称只能存在一个，不能重复，即店铺名称不能和别人的相同。

另外，商铺名称不得违反任何法律法规、平台规则，例如，不得包含任何侵犯第三者版权、违禁、禁止或限制销售的商品名词，不得包含任何引导线下交易的词汇（如第三方网站，Paypal等），不得侵害他人的合法权益。

当店铺开通成功后，在“我的速卖通—快速入口”下就会出现“我的商铺”链接（店铺没开通时，这个链接是不存在的）。点击链接可以直接进入店铺，查看装修效果，如图6-8所示。

图6-8 “我的商铺”链接

妙招55 店铺经营范围和目标群体

一个店铺前景如何必然受限于它所处的行业，以衣、帽、鞋、袜和各类宝宝类理财品为例，前者是传统行业——服装业中的常见商品，后者是新兴行业——互联网+金融延伸出来的创新品，谁的市场前景更好，立见高下。

这就要求卖家在选择卖品时先对行业背景进行全面调查，在充分了解的基础上，根据行业情况来衡量卖品未来的前景。随着社会分工越来越细，一个人很难跨境做两个及两个行业以上的商品，最好选择前景较好、自己熟悉的行业专心去做。

评价一个行业是否适合自己时，除了结合自身的特长与优势之外，还要遵循各行业本身的特点和成长性等，行业的选择可以从以下几点去考虑。

① 朝阳产业，成长性高，适合长期发展。

② 所选行业要有个性，即只与一部分固定的人群做生意即可。

③ 所选行业容易复制，并可迅速做大。

④ 利润周期较短，利润相对固定。

⑤ 投资与收入比不能太大，要能够滚动发展。

⑥ 适合现款交易，尽量少地赊欠。

⑦ 尽量少和政府部门打交道。

⑧ 在某区域内形成一定的垄断性，避免低层次的竞争。

基于电子商务发展起来的跨境电子商务，受众面本来就很小，而且由于平台的开放性，用户被大大分散，且需求不明确。所以，在选择卖品时一定要先对已掌握的消费人群特征进行分析、定位。如女士较多，可以选择女士喜欢的商品，如化妆品、包包之类，如果针对男士，就以男士商品为主，如图6-9所示为目标消费者特征分析框架。

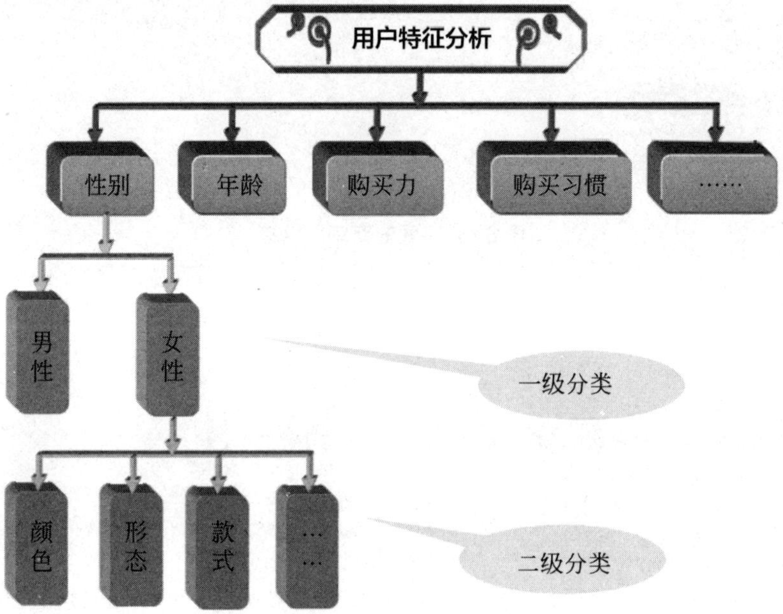

图6-9 目标消费者特征分析框架

对用户特征的分析越精细越好，可根据用户性别、年龄、购买力、职业进行划分，并在此基础上依据用户不同的特征进行二次细分。例如，一款针对年轻群体的礼盒，可根据礼盒颜色、档次等再分出个一、二、三级来。总之，一定要对消费群体进行分析，这样会帮助店铺做得更好。

妙招 56 从批发市场寻找货源

其实无论店铺是什么经营模式，也不管市场怎么发展，对于卖家而言最重要的永远是货源，优质的货源是卖家获得更多订单、赚取更多利润的基础。

对于卖家来说，最可靠的进货渠道是去批发市场，这也是比较传统的进货渠道。在批发市场进货需要有强大的议价能力，不仅要尽量将批发价压到最低，还要与批发商建立好关系，尤其是在关于调换货的问题上要与批发商说清楚，以免日后起纠纷。

全国有名的批发市场基本上都是呈块状或片状聚集在一起，其商品品种齐全、种类繁多，有利于卖家挑选更合适自己的商品，也更容易了解到当下最新、最符合市场流行趋势的商品。

下面是全国范围内规模比较集中的几个货物批发市场，如图6-10所示。

兰州东部批发市场、兰州光辉批发市场

成都荷花池批发市场

哈尔滨地下商业域、哈尔滨透笼街市场、南小食品批发市场

常德桥南工业品市场

三营小商品批发市场

常熟招商场、江阴食品城、江阴纺织市场、太仓轻纺市场、吴江中国东方丝绸市场

武汉市汉正街小商品批发市场

普宁流沙布料市场、兴宁东岳宫市场、广州白马服装批发市场

湖州丝绸城、杭州四季青服装市场、嘉善商城、湖州丝绸城、杭州丝绸市场、嘉兴洪合羊毛衫市场、嘉兴桐乡濮院羊毛市场、温州永嘉桥头纽扣市场、义乌中国小商品城、绍兴中国轻纺城

长春光复路市场

沈阳中国鞋城、沈阳五爱小商品批发市场、西柳服装批发市场

临沂市临沂批发城、即墨市服装批发市场、淄博周村纺织大世界

石家庄南三条小商品批发市场、石家庄新华贸易中心市场、白沟小商品批发市场

图6-10　全国重要的货物批发市场

从批发市场寻找货源的劣势是时间问题和运费问题，因为全国最大的批发市场主要集中在少数几个城市，卖家如果千里迢迢跑到某个城市的批发市场，花费时间往往会较长，而且货物两地运输也会遇到很多问题。因此，一开始要做足准备，进行充分了解之后小批量进货。

妙招57 从电子商务网站寻找货源

与具有时间长、运费贵等劣势的线下批发进货渠道相比，网上进货有很大的优势，尤其适合速卖通卖家。随着互联网的发展和电子商务的普及，通过网络批发成为很多速卖通卖家的首选。但是网上进货存在很多不安全因素，为了减少风险，卖家最好选择到一些供应商质量比较优质的大型平台去采购商品。

目前，最大的网络批发商城是阿里巴巴，如图6-11所示。

图6-11 阿里巴巴官网截图

阿里巴巴作为一个网络批发平台，有着很强的优越性，它强大的搜索功能使卖家在进货时可以货比三家，最大限度地选择到适合的商品。

阿里巴巴不仅可以批发进货，还为卖家提供多种多样的售后服务，如针对会员推出“诚信通”优惠服务，诚信通指数达到近百或是上百的都可享受进货优惠；使用“贸易通”可避免产生贸易纠纷，即使有了纠纷也可作为处理的依据；针对小卖家提供小额的拍卖进货，有的起拍量很小，很适合小规模的进货。

值得注意的是，网络进货基本上处在一个虚拟的世界中，信用问题是大问题，所以卖家选择供应商时也要谨慎，最好选择支持支付宝或是诚信通会员的商品。

妙招 58　从厂家寻找货源

从厂家进货也是很多速卖通卖家进货的重要选择。这里的厂家是指商品的第一生产企业，如外贸服饰加工厂。卖家也可以选择销售余货，余货就是指这些公司的尾货、订单退货或是临时取消订单的库存。一些比较大的名牌商品批发商会由于各种原因造成库存积压，尽管这些商品不是最新的，但它们的名牌效应还在，对卖家来说，也是非常不错的货源。

正规的厂家货源充足，态度较好，如果长期合作的话，一般都能争取到滞销换款等优惠的合作条件。去厂家进货，可以拿到更低的进货价，但是一次进货金额通常会要求比较高，也会增加经营风险。如果资金储备足够，并且不会有压货的危险或不怕压货，那可以选择找厂家直接进货。

值得注意的是，在寻找这类货源时最好选择中高档商品，一是可以适当地提高价格，二是可利用品牌影响力来增强店铺人气，获得买家的好评。

妙招 59　从淘宝网进货

速卖通与淘宝最大的区别在于，速卖通做的是小额外贸，淘宝做的是内销，因此，速卖通又被称为国际版淘宝。而且两者同属阿里巴巴旗下平台，可以说是一脉相承，因此速卖通完全可以直接从淘宝上进货。

从淘宝进货的优势在于，淘宝在内销市场已经非常成熟，积累了很多皇冠卖家。这些卖家在商品库存、分类、发货管理等方面已经非常完善，直接从淘宝进货可以免除很多不必要的麻烦，便于卖家专心做好营销和服务。

另一方面，很多皇冠卖家的商品都有充足的库存，可以降低没货导致成交不卖的风险。速卖通是小额的外贸，随着消费观的成熟，很多客户都要求定制商品，一般的工厂都有自己的最小订单量限制，如果拿货量少很难通过工厂来达到心愿。而大多皇冠卖家在这方面则有优势，他们与工厂长期合作积累了很好的关系，可以少量定制，所以拿下一个皇冠卖家的货，有时候价值远远大于直接从工厂拿货。

当然，从淘宝进货，利润会稍微降低一些。但是积少成多，当店铺做到一定客户量和信誉的时候，利润还是非常可观的。

第7章

店铺设计与装饰：给买家眼前一亮的感觉

店铺设计与装饰是为了做好视觉营销，视觉是最容易给人留下深刻印象的，好的店铺装饰可以让买家光顾后眼前一亮，难以忘怀。店铺装饰的内容包括店铺首页设计和商品详情页设计，核心是处理好图、文、颜色搭配的关系。

妙招 60　店铺首页的两大核心部分

店铺首页是店铺装饰的重中之重，店铺首页设计得好不仅可以清晰明了地传达店铺信息，也可以给买家留下深刻的第一印象，延长买家在页面的停留时间，激发买家的浏览兴趣。

一般来讲，店铺首页由两大部分组成，分别为店铺招牌和商品展示，店铺招牌又由店铺公告和焦点大图组成，商品展示由商品分类和商品展示组成，如图7-1所示。

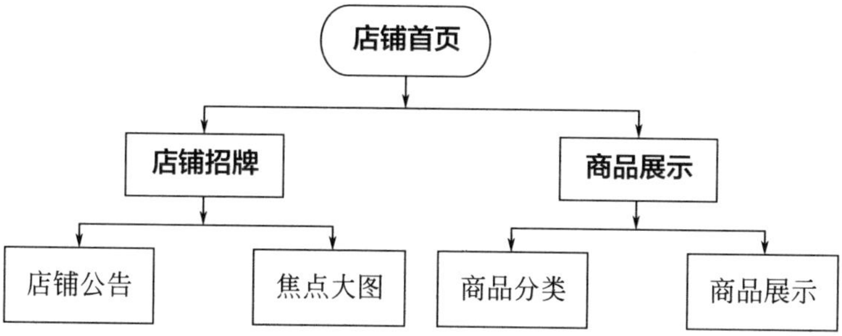

图7-1　店铺首页组成部分

（1）店铺招牌

店铺招牌，又叫店招，是店铺首页一个非常关键的部分。店招通常出现在店铺首页最上方，位置比较显眼，是店铺信息的浓缩，所以店招设计往往是最重要的，某店铺的店招如图7-2所示。

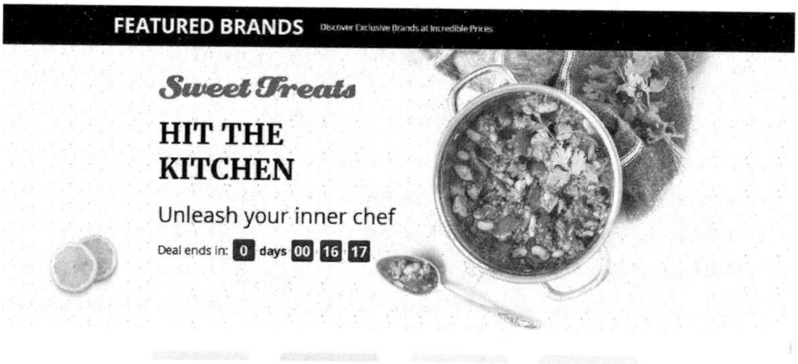

图7-2　某店铺的店招

店招的设计需要符合以下要求：一是要考虑到店铺招牌要给买家传达什么样的信息；二是需要对店铺风格进行定位，并与之保持一致；三是页面要简洁明了，字数不要过多；四是店铺招牌要突出主体，千万不可喧宾夺主。

店铺招牌主要由店铺公告和焦点大图组成，店招的核心是广告，是向卖家传递店铺信息，从表现形式上有店铺公告，即文字广告，还有焦点大图，即图片广告。

1）店铺公告。

店铺公告常以文字来说明店铺优势、商品卖点、促销信息或服务内容等。只要是能增加买家对店铺的信任度，且便于买家浏览的相关信息，都可以展示在店铺公告中。不过，文字必须要简洁、清晰，要让买家一看就懂，而且不会消磨买家的耐心。

2）大图广告。

无图不成焦点，店铺招牌必须要有图片，图片也是首页广告的一种形式。具体来说，大图广告就是由一张或多张图片将商品在首页上轮番展示，图片可以是静态和动态的，也可以是单张和多张组合的，其中动态组合图片的视觉吸引力比较强，容易引起买家的注意。

（2）商品分类和展示

商品展示是店铺首页的核心和关键，全部商品分类，包括爆款商品、重点商品、优惠品或促销品要重点展示。某店铺的商品分类和展示如图7-3所示。

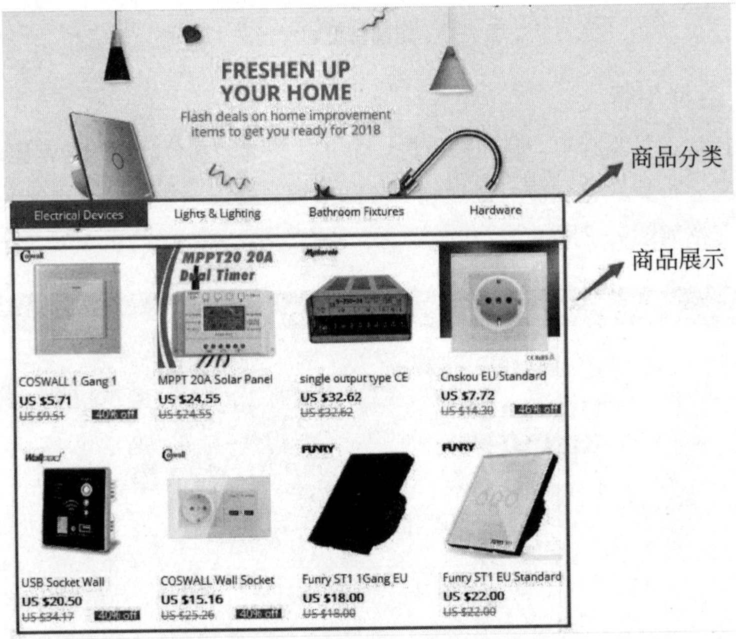

图7-3　某店铺的商品分类和展示

1）商品分类。

在店铺首页中通常可以看到店铺的商品分类，店主往往会根据商品所属行业、特点将其划分为几大类，并根据类别对商品进行排列。买家进入店铺后，可以点开首页的“商品分类”板块，然后根据商品类型选择符合自己需要的区域，从中寻找所需商品。某店铺以图为主的商品分类如图7-4所示。

图7-4　以图为主的商品分类

商品分类的布局最重要，店主一定要按照买家的浏览和购买习惯对商品进行分类，以便买家快速找到所需商品，提升买家的购物体验。

2）商品展示。

商品展示一般分为“限时折扣”“店长推荐”和“全部商品”三个组成部分。

① 限时折扣：在这个区域内展示给买家的商品，全部都是店铺内的促销商品。对于买家来说，当店铺有促销活动时，点击进入此模块后，第一时间就能找到商品促销区，浏览和购买商品比较方便。某店铺图文并茂的商品展示如图7-5所示。

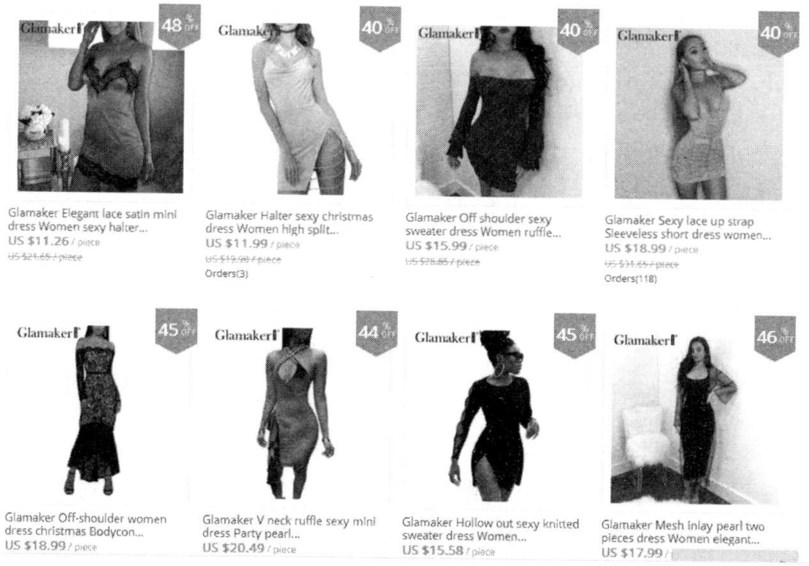

图7-5　图文并茂的商品展示

② 店长推荐：在这个区域内展示的大多是店铺新上的商品、店铺爆款，或是某段时期内买家最需要的商品。对于店主来说，有了这个区域，会使买家特别关注其中的商品，在帮助店铺推广新品的同时，也方便买家购买所需商品。

③ 全部商品：在这个区域内展示的商品是店铺内所有的商品。一般来说，买家大多不会直接到这个区域内浏览商品，因为这里的商品太多，买家没有太多的时间去寻找。但是，如果页面中的大多商品符合买家需求，那么很多买家也会在此区域内逐一浏览，以便发现更多符合自己的商品。

妙招61　店铺首页设计的3个基本要求

店铺首页设计对于店铺来说非常重要，在开始装修店铺首页之前，首先要站在用户的角度去分析用户使用习惯和购物环境，并认真思考如何通过页面装修引导消费。

（1）清晰的导购思路

在对店铺首页设计时需要对店铺框架有个大致的构想，整理出一个清晰的设计思路，然后根据商品属性和目标人群的定位确定首页的设计风格。因此，拥有一个清晰的导购思路是非常重要的。

店铺首页设计的核心是模块化，官方对页面模块的数量也是有限制的，因此要利用有限的板块创造更多的内容。

（2）同一版面颜色最好不超过3种

设计学上有一条“七秒定律”，意思是说人对一个事物关注的时间仅有7秒，在这7秒的时间内70%的影响要素是色彩。而色彩最佳的组合颜色不要超过3种，且这3种颜色主色应只有一个，其他两个为辅助色、点缀色。

如图7-6所示的店铺首页，粉色是主色，白色是辅助色，玫红色是点缀色。这样的配色立刻使页面十分和谐统一，让浏览者赏心悦目。

另外，在色彩的运用上可多使用万能搭配色，如黑、白、灰等颜色。这些颜色是百搭色，与任何颜色搭配起来都会比较和谐，容易表现出高端的感觉。

背景色应尽量以浅色调为主，因为在移动端上浏览时，浅色的背景色能够更加突出商品本身，使买家注意力集中在商品上。

图7-6　店铺首页的颜色搭配

（3）注重细节设计

1）选取半身图或局部特写图。首页大多是以“豆腐块”的形式展现的，范围有限，因此在选择图片上要尽量使用半身图或局部特写图，以避免视觉上的不清晰。

2）图片与图片之间的过渡搭配。如果全部都用半身或特写图的话，页面就会显得单调和乏味，所以可以适当穿插一些全景图，有意识地调整页面的节奏，使整个页面更加和谐、活泼。

3）图文搭配的排列技巧。排版是为了和谐处理文字和图片的应置。在页面面积较小的情况下，图文搭配的巧妙排列能让画面看起来变得更大，还能避免因为“乱”和“杂”而产生的廉价感。

妙招62　店铺首页设计中颜色的秘密

鲜艳的色彩往往能吸引眼球，如何搭配色彩是店铺首页设计中十分重要的一环。做好色彩的搭配，关键是色调选择和色彩调和配色。

（1）色调选择

颜色的色调分为暖色调、冷色调和中性色调，不同色调给人的心理印象不同，暖色调给人以亲密、温暖之感，冷色调给人以冰冷、沉静、距离之感，如图7-7所示。

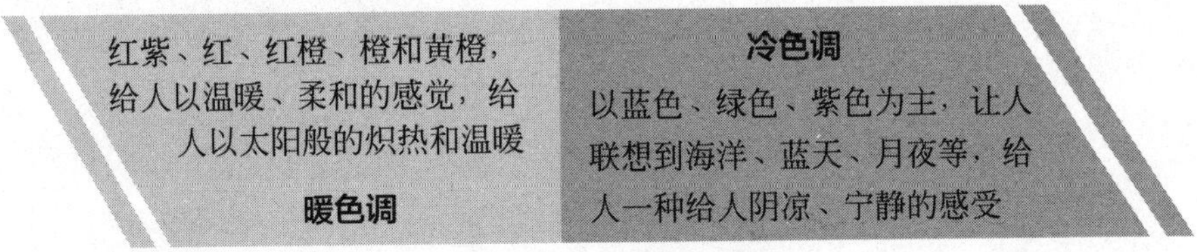

红紫、红、红橙、橙和黄橙，给人以温暖、柔和的感觉，给人以太阳般的炽热和温暖
暖色调
冷色调
以蓝色、绿色、紫色为主，让人联想到海洋、蓝天、月夜等，给人一种给人阴凉、宁静的感受

图7-7　色调的分类

应该使用暖色调颜色还是冷色调颜色不能一概而论，而应由商品品类或想要表达的意境来决定。

首页的色彩必须与商品品类保持高度一致，比如，经营婚礼鲜花的店铺，一定是鲜艳、亮丽的暖色调为主，而经营茶叶的店铺使用冷色调绿色就再恰当不过了。

同时，首页的色彩也要与意境保持一致。如一家卖首饰的卖家正值元旦新年上新，卖家想要表达的是它的清新脱俗，时尚、喜庆，同时又华丽而不失深沉，简洁而不失深邃，有梦幻般的感觉，那么主色调可使用天空蓝（冷色），再配以洁白的雪花，如图7-8所示。

图7-8　店铺首页颜色与意境的一致

（2）色彩调和配色

色彩调和配色一般有两种概念，一种是动态过程，一种是静态的色彩关系。动

态是指有对比的色彩为了构成和谐而统一的整体所进行的调整与组合的过程；静态是指有明显差别的色彩或不同的对比色组合在一起，能给人以不带尖锐刺激的和谐与美感的色彩关系。

无论动态概念还是静态概念，提到色彩调和配色，核心都是“对比”。根据颜色对比的强弱可将色彩做如下划分：将全部颜色看作是一个360° 的圆圈，每30° 一个区间，便分布着12种颜色，这被称为12色相环，如图7-9所示。在这个环中距离角为0° 的颜色被称作同一色；相距15° -30° 的称作邻近色；相距在60° 以内的称作类似色；90° 以内的为中差色；120° 以内的为对比色；180° 以内的为互补色。

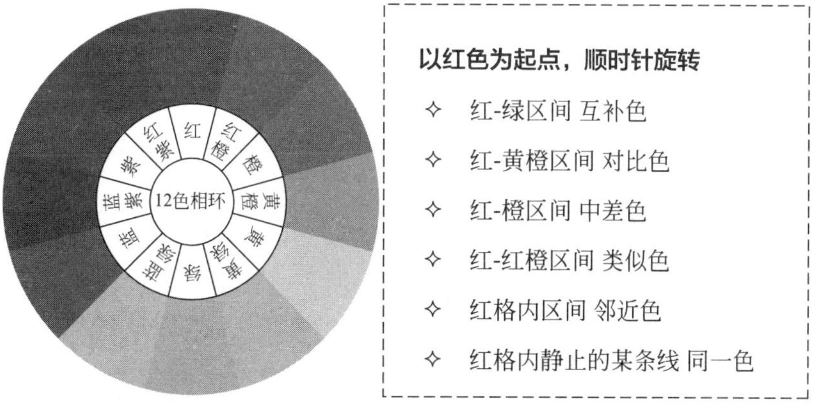

图7-9　12色相环

在店铺首页的设计上，既可以使用邻近色、类似色这种对比度较小的组合，也可以使用互补色和对比色这种对比度明显的组合。不过，一般来讲，建议使用后者，对比度明显可具有强烈的分离性，能够加强整体配色的对比度，可表现出特殊的视觉感，从而给买家留下线条分明、页面活泼、充满立体感的感觉，如图7-10所示。

图7-10　颜色对比度较大的店铺首页

一组色彩如果没有对比，就失去了刺激神经的作用，但如果只有对比又会造成视觉疲劳和精神紧张。因此，色彩搭配既需要对比来产生刺激，又需要适度的调和色，以达到和谐美的目的。总体来说，色彩的对比是绝对的，调和是实现色彩美的手段。

那么，如何来调和呢？这就需要综合运用颜色的各个属性。颜色有色相、明度、纯度三个属性，色相就是指颜色，也就是上面讲到的12色环中的各种颜色。明度、纯度是用来调和颜色的，在保证色相大致不变的前提下，可以通过改变色彩的明度和纯度来达到配色的效果。这类配色方式保持了色相上的一致，因此，在整体效果上看上去更协调。

明度越接近，纯度越高，效果就会越明显，对比感、层次感也会有增加。如图7-11所示画面中的文字、背景等都使用粉色陪衬，通过明度的变换使其产生强烈的差异，也使得画面配色丰富起来。

图7-11　明度、纯度高的店铺首页

1）明度。

明度是人类分辨物体颜色最敏锐的色彩反应。明度的变化可以表现出事物的立体感和远近感，是决定配色的光感、明快感和心理作用的关键。根据明度的色标，可将明度分为低明度、中明度和高明度。其中高明度的色彩搭配对比较弱，需要在同一色和邻近色中使用，以求形成一定的节奏感，如上图所示；中明度的色彩搭配给人含蓄稳重的感觉，同时在稳重中彰显一种活泼的感觉；低明度的调和配色对比很弱，很容易取得调和的效果。

2）纯度。

纯度代表着色彩的鲜艳程度，在一组色彩中，纯度相对一致的色彩搭配会显得十分协调。很多店铺的首页均采用了高纯度颜色进行搭配，效果如图7-12所示。

图7-12 高纯度颜色搭配的店铺首页

色彩纯度的不同，搭配效果也不同。高纯度色彩调和在色相、明度上进行变化，给人以鲜艳夺目、华丽而强烈的感觉；中纯度色彩之间的搭配，没有高纯度色彩那样耀眼，给人带来的是一种稳重、含蓄、明快的感觉，多用于高雅、亲切、优美的场景；低纯度色彩的色感比较脆弱，这种色彩的搭配给人以古朴、陈旧之感。

（3）无色彩配色

有时为了达到某种特殊效果，或者为了突显出某个特殊商品，也可以通过无色彩配色来对店铺首页进行设计，如图7-13所示。

图7-13 无色彩配色的店铺首页

无色彩页面以黑、白、灰色为主，个性不是很明显，但最大优点是可与任何颜色搭配，可作为主要色彩来调和色彩间的关系，从而营造一种质朴、素净、自然的色彩效果。

妙招63　商品详情页及其作用、内容

商品详情页是所有网店中必不可少的一部分，速卖通店铺也是如此。好的详情页会增加买家对商品的了解和对店铺产生信任，甚至使买家直接产生购买行为，是提高转化率的重要入口。商品详情页的作用如图7–14所示。

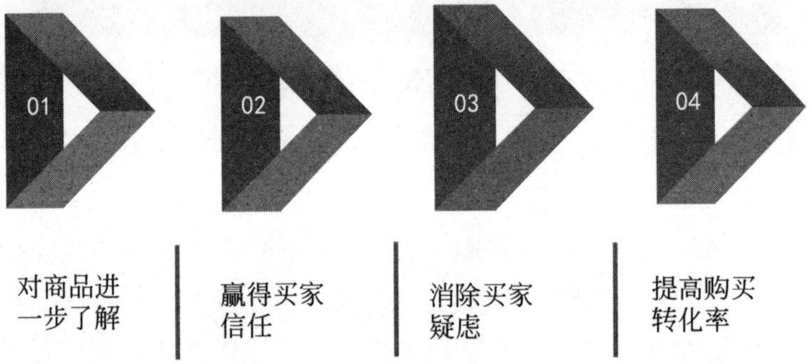

图7–14　商品详情页的作用

因此，详情页不只是一个页面，还涉及店铺的运营层面。所以，做商品详情页不仅要美观，更要实用，要将想要表达的信息尽可能地用直观的视角展现出来。

商品详情页是对店铺商品的概括和介绍，包括商品的使用方法、规格、价格、材质、尺寸以及其他细节等。有的卖家为了拉动店铺内其他商品的销售或提升店铺的品牌形象，还会在详情页面中添加搭配套餐、关联销售和公司简介等信息。

完整的商品详情页通常包含以下3个部分，如图7–15所示。

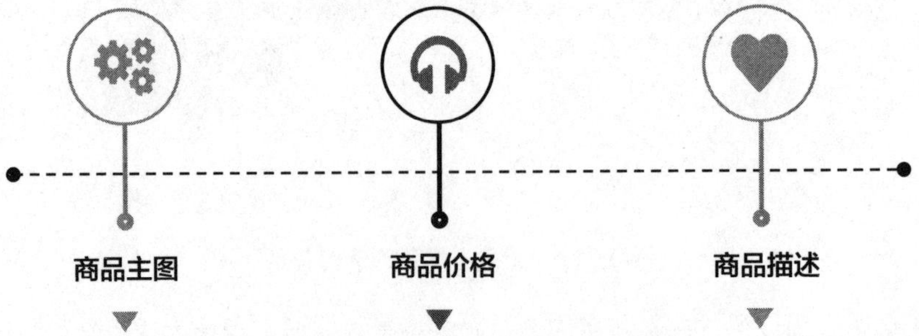

图7–15　完整商品详情页包含的3个部分

（1）商品主图

买家在浏览一个店铺商品时，最先看到的是往往是商品主图。在商品详情页中，商品主图设计尤为重要。图片要清晰，背景要主次分明，图片中的文字要简洁明了、突出核心信息。这样的商品主图才更有质量、更吸引人，如图7-16所示的ICONIC IT BAGS介绍，即是比较优秀的主图。

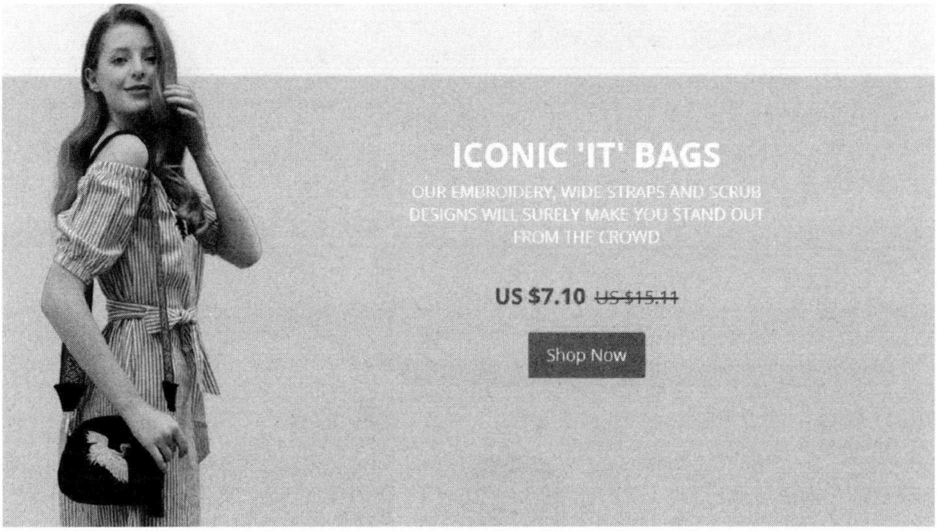
ICONIC 'IT' BAGS
OUR EMBROIDERY, WIDE STRAPS AND SCRUB DESIGNS WILL SURELY MAKE YOU STAND OUT FROM THE CROWD
US $7.10 US $15.11
Shop Now

图7-16　商品主图中的图文搭配

（2）商品价格

在商品详情页中，价格设计也是非常重要的一环，因为买家购买商品最关注的就是价格，它能够直接决定买家是否购买该商品，如上图显示的包包，就明确地标明了价格：US ＄7.1。

设计商品价格时，店主一定要在保证商品质量的基础上，根据目标买家的定位来分析买家的收入情况，了解目标买家比较容易接受的价格区间，从而设置一个较为合适的价格。

（3）商品描述

在商品详情页中，商品描述能起到吸引买家、提高商品成交率的作用。商品描述应与主图、标题相契合，必须真实地介绍宝贝的相关属性，否则，买家就会对店铺失去信任。仍以ICONIC IT BAGS为例，其商品描述如图7-17所示。

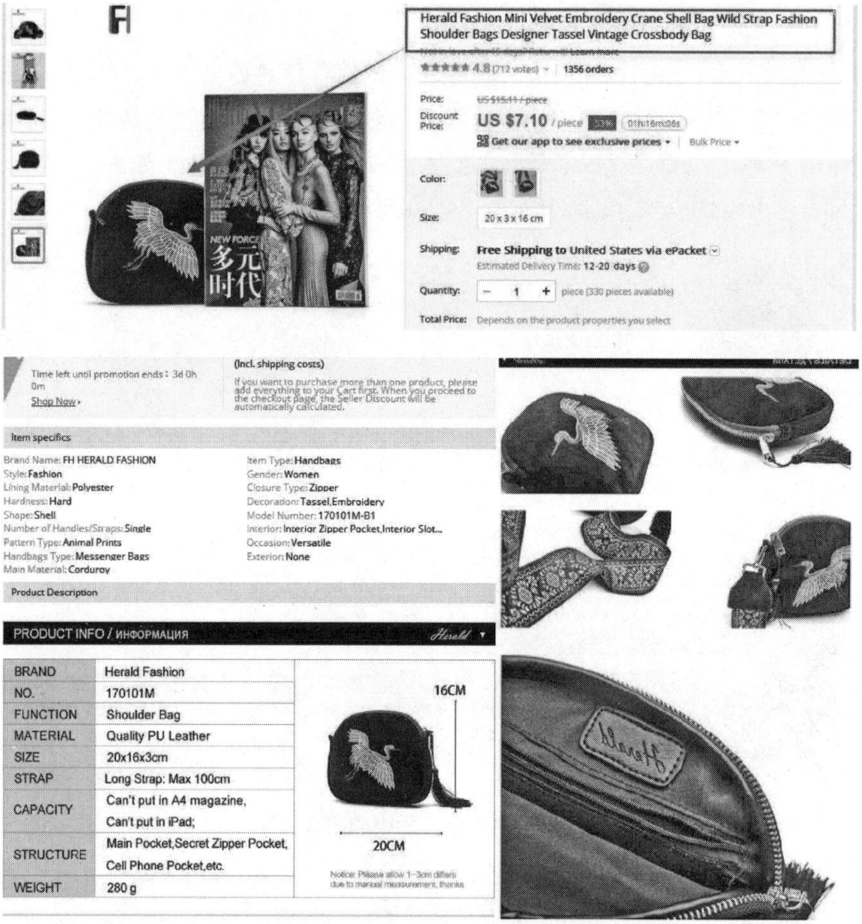

图7-17　商铺详情页中的商品描述

商品描述是通过文字、图片这种静态的信息来表达，这就要求在设计整个页面时布局要合理，所有内容都要围绕最核心的关键点，根据一定的框架结构进行。如图7-18所示为商品描述的页面框架结构。

在商品描述中，要多图少文。图片要清晰、美观，符合商品实际，文字内容要尽量简短，描述要与图片契合，能够突出商品的优点、特点和卖点。字体颜色应以黑色为主，尽量不要使用太亮的颜色，以免使人产生一种视觉上的不舒适感。

总之，要想吸引买家购买商品，卖家必须重视商品详情页，并按照以上几点要求来设计，合理搭配图片和文字。只有这样，商品详情页才能真正对整个店铺的商品销售起到促进和推动作用。

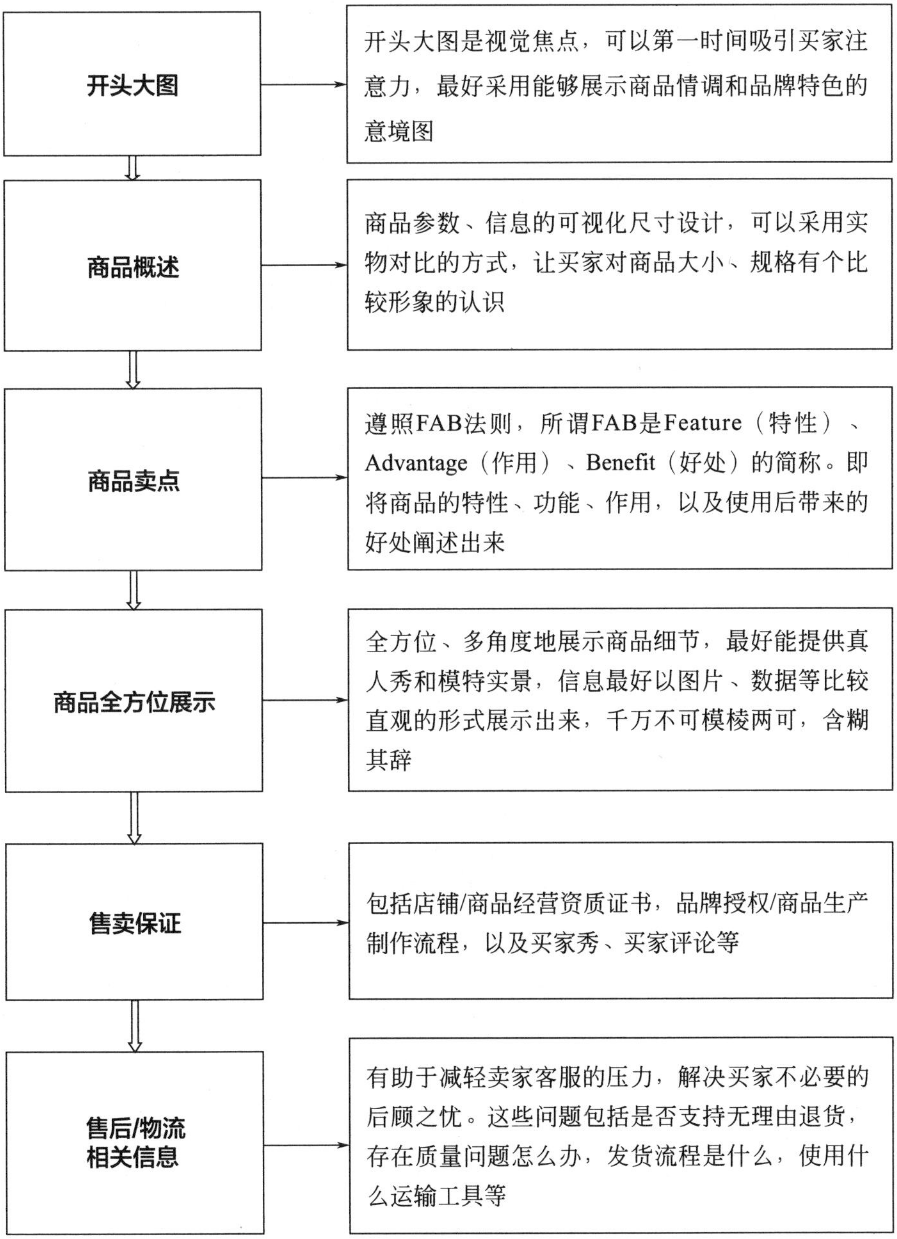
开头大图
开头大图是视觉焦点，可以第一时间吸引买家注意力，最好采用能够展示商品情调和品牌特色的意境图
商品概述
商品参数、信息的可视化尺寸设计，可以采用实物对比的方式，让买家对商品大小、规格有个比较形象的认识
商品卖点
遵照FAB法则，所谓FAB是Feature（特性）、Advantage（作用）、Benefit（好处）的简称。即将商品的特性、功能、作用，以及使用后带来的好处阐述出来
商品全方位展示
全方位、多角度地展示商品细节，最好能提供真人秀和模特实景，信息最好以图片、数据等比较直观的形式展示出来，千万不可模棱两可，含糊其辞
售卖保证
包括店铺/商品经营资质证书，品牌授权/商品生产制作流程，以及买家秀、买家评论等
售后/物流相关信息
有助于减轻卖家客服的压力，解决买家不必要的后顾之忧。这些问题包括是否支持无理由退货，存在质量问题怎么办，发货流程是什么，使用什么运输工具等

图7-18　商品描述的页面框架结构

妙招 64 让商品详情页更有“风格”

风格是一种感觉，是一种看不到、摸不着却能影响整个店铺效果的抽象性因素。对于店铺来说，每个店铺都有自己的风格，每种商品也可能有自己的风格。在设计商品详情页时，卖家必须把握好页面风格，以求最大化地展示商品特点。

商品详情页设计得好与坏会直接影响买家的购买决定，所以卖家一定要设计出自己的风格，以便吸引买家。同时，还要善于结合所经营的商品特点，做到有针对性和有个性。因为不同类型的商品，买家需求是不一样的，因此，买家对商品详情页图片内容的需求也是不一样的。

为让商品详情页更有“个性”，卖家在设计商品详情页时具体可从以下3个方面入手，如图7-19所示。

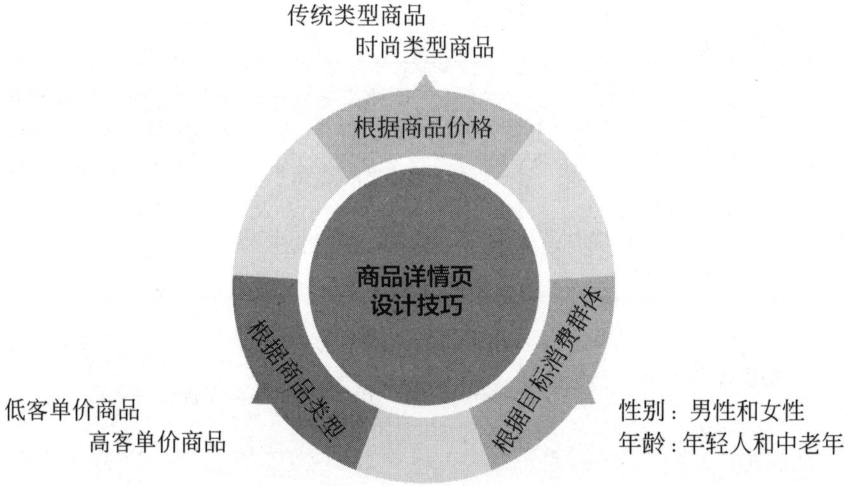

图7-19 设计个性商品详情页的3个技巧

（1）根据商品类型决定设计风格

1）传统类型商品。

如果所经营的商品是传统或具有传统属性的商品，在设计商品详情页时就要选择保守一点的设计风格。在商品描述上，文字要平实，表达也要符合商品特色，尤其是背景、色彩搭配，一定要与商品风格一致，这样才能相得益彰，更能衬托商品的传统特色。

2）时尚类型商品。

一般来说，时尚的商品视觉上就要给消费者一种靓、亮的感觉。在设计时尚商品风格的详情页时，要多加入一些流行元素，突出商品的时尚感。另外，商品描述要具体、详细，含有时尚、新潮的字眼。

（2）根据商品价格决定设计风格

商品详情页的风格除了受商品类型的影响之外，往往还与价格有关。价格不同，买家对商品的关注点也不同，因此详情页的设计布局、内容侧重点也有所不同。一般来说，根据商品的价格可以将商品分为低客单价商品和高客单价商品。

1）低客单价商品。

低客单价商品对应的买家往往是贪图便宜性，这类买家在购物过程中往往比较关注商品的价格，只要认为价格比较合理，性价比较高，通常会毫不犹豫地买下来。

因此，在设计低客单价这类商品的详情页时必须抓住重点，将商品价格、优惠力度、买家评价等重点突出来，可用比较显眼的文字、图示凸显，以增加商品对买家的吸引力。如图7-20所示，Sale、UP TO 70%，以及下面的价格都是核心信息。

图7-20　低客单价商品商品详情页的设计要点

2）高客单价商品。

对于高客单价的商品，买家往往会更加注重商品的价值和体验，因此，在设计这类商品详情页时，务必要体现出商品的价值和附加价值，并用最直观的方法展示出来。如文字描述要紧扣商品利益点，并用特别的字体、大图等进行展示，如图7-21所示即是某店铺的送赠品活动（Free gifts），以一个独立的板块出现，这样做将大大有利于商品的售卖。

System Remark:
Default System is Windows 10, if need Windows 7, please leave message to us.
Warranty: We have 1 year warranty, but we are not responsible for any artificial damage and system reinstalled problem.
Free Gifts
1. Wireless Mouse
2. Mouse Pad
3. USB Hub
4. Keyboard film
5. Keyboard Sticker for option
Remark: Gifts are subject to the real ones you received.
Only has 14 countries keyboard sticker for option.

图7-21　高客单价商品商品详情页的设计要点

为便于买家对商品有深入的了解，还可以用品牌背书来获得对方的信任，让商品产生高溢价，使买家认为买得值，如图7-22所示。

（3）根据目标消费群体决定设计风格

由于商品目标消费群体不同，商品详情页的设计风格也要有所不同。如男性与女性，不同的性别和心理使得他们对商品详情页的欣赏角度和关注焦点也不同。这时卖家就要根据目标买家的性别特点来设计，以满足买家不同的审美喜好，从而提高其购物体验。

1）女性。

女性大多比较感性，常常会被精美的图片吸引，因此目标消费群体为女性时，商品详情页应柔美一些，色彩应鲜亮一些。同时，还要做好商品的细节部分，从多角度展示商品，放大商品的细节，以便迎合女性“精挑细选”的购买习惯，这样可大大增加商品对女性买家的吸引力。如图7-23所示的商品详情页中就很好地展示了钱包的多处细节。

图7-22　商品详情页中的品牌背书

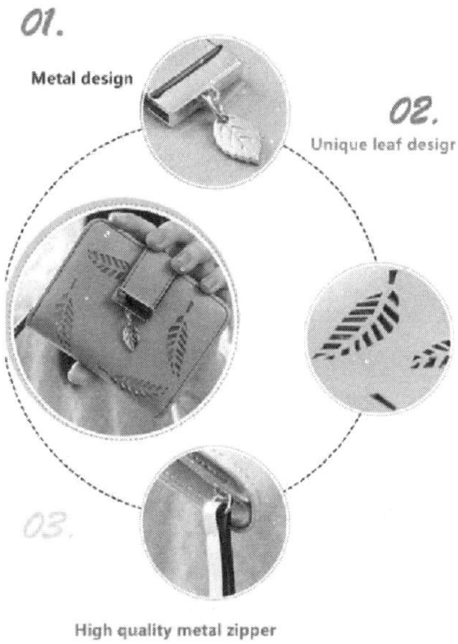

图7-23　商品详情页中的细节展示

另外，女性买家也比较关注文字描述，如果商品描述中含有特定关键词，她们通常会多看几眼，所以在进行商品描述时可以多一些文字。如果文字间透着一种情感表达，则更能打动女性买家的心。

2）男性。

在购买商品的过程中，男性顾客往往比较理智，会更加关注商品的质量和功能。浏览商品详情页时，他们不喜欢看繁琐的图片和大片的文字说明，而是喜欢简单、易懂的介绍。因此，设计男性商品详情页时，要多展示实效图，商品描述要言简意赅，展示逻辑要清晰。

如图7-24所示的商品详情页中就很好地展示了帽子的实际效果。

图7-24　商品详情页中商品的多层面展示

总之，男性商品的页面设计要简单直接，只有做到这一点，才能赢得男性买家的喜欢，提高订单的成交率。

3）年龄。

15 ~ 40岁的人群是网购的最大群体，无论国内外都是这样，他们的消费特点是购买力有限，无法承受较高的单价商品。但他们有独特的消费观念，喜欢时尚、时髦的商品，只要是自己喜欢的，往往就会毫不犹豫地购买下来。

那么，针对这一人群，在设计商品详情页时就要迎合他们追赶时髦的心理需求。同时商品价格设置要偏低一些，尽量用大图将商品款式全面展示出来，并尽量采用富有个性的图片风格和活泼的图文排版。如果商品款式太多，也可直接将所有商品款式都摆出来。

中老年人往往比较在意商品的实用性，同时因为年纪大，视力大多不太好，所以在针对这类目标顾客设计商品详情页时，卖家应尽可能地放大商品的细节部分，同时商品的描述要简洁、通俗易懂，字体大，以便中老年买家看得清、看得懂。一定要避免文字堆砌太多、字体太小或字体颜色太淡，以免中老年买家阅读起来比较吃力，严重影响他们的浏览体验。

此外，卖家还可以从不同角度向中老年买家展示商品的全貌。如服饰类商品，对于中老年买家来说，他们关注最高的是舒适度，所以，有关于面料、材质的描述便非常重要，也许这些就是打动他们购买的关键信息。

总之，不同年龄段的买家对商品的需求是不一样的，所以在设计商品详情页时一定要根据目标消费群体的年龄特点来设计，这样才能受到他们的认可与喜爱。

鉴于以上几点，在设计商品详情页之前要充分进行市场调查、行业调查。同时，也要做好买家需求调查，分析买家人群的消费能力、喜好，以及买家购买所在意的问题等。

妙招 65　商品详情页文案的策划原则

文案是广告创意的一种表现手法，好的文案可以让广告的宣传效果更佳。同样，一则好的广告离不开好的文案。文案是商品详情页很重要的一部分，如何写出具有感染力的文案是卖家必须具备的素养。

商品详情页文案的写作需要良好的文笔，这是硬功夫，当然并不是人人都有这身硬功夫。那是不是就无法写出好文案呢？答案是否定的，除了文笔外还有很多原则，只要遵守这些原则就可弥补文笔上的不足。这些原则具体如下。

（1）紧贴店铺定位

文案写作一定要与店铺定位相贴合，要紧贴店铺定位不断强调、优化自己的优势，这样才能打动顾客。比如裂帛、素罗等店铺定位为民族风服饰，他们就抓住客户对民族风的喜爱与向往，通过一些文艺的词汇和民族风情的语言叙述来进行文案创作，体现自由与心灵的放飞，与大多数都市白领的愿景相契合，成为了民族风服装品牌里的佼佼者。

如裂帛的商品详情页文案中就这样写道：

心存美好强悍抗争。

强烈的生活是裂帛一贯的妆容，是富于营养的、经常摄取的食粮。

不被自己的欲望困住，像孩子一样，保持惊奇。

“向内行走”的一群人走到一起，在多元文化中，体验最美好的享受，化作最珍贵的精神肖像。

（2）体现商品价值

商品价值分为使用价值和非使用价值两种，写作文案时，一定要既体现商品的使用价值又体现其非使用价值。

1）商品使用价值。

使用价值（value in use）是商品的自然属性，是一切商品都具有的共同属性。任何物品要想成为商品都必须具有可供人类使用的价值；反之，是不能成为商品的。如粮食的使用价值是充饥，羽绒服的使用价值是御寒，雨伞的使用价值是遮风挡雨。

2）商品非使用价值。

非使用价值通常也叫存在价值（有时也称为保存价值或被动使用价值），它是指人们在知道某种资源的存在（即使他们永远不会使用那种资源）后，对其存在赋予的价值。

有很多店铺的商品详情页文案只体现了商品的使用价值，而忽略了商品的非使用价值，从商品营销的角度来说这是不正确的。通过挖掘商品的非使用价值，设计符合客户需求的非使用诉求，可以提升商品的附加价值，赋予商品更加丰富的内涵。

商品非使用价值可以从以下5个角度来进行挖掘，如图7-25所示。

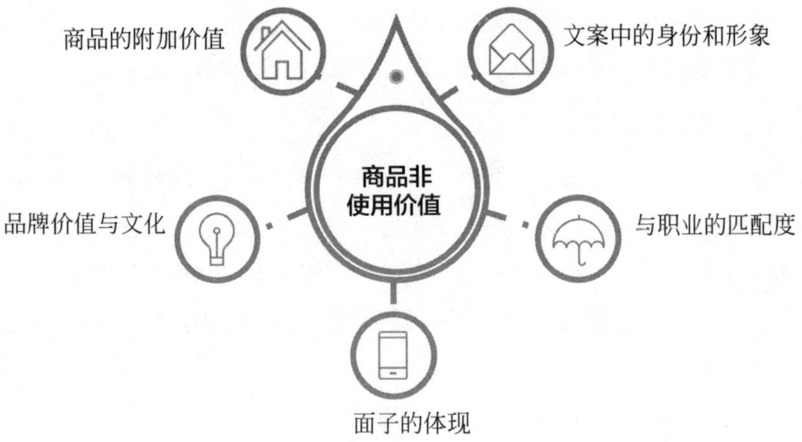

图7-25　商品非使用价值的体现

如一款眼镜，它的使用价值是为顾客解决近视问题。如果从职业相匹配的角度来挖掘它的非使用价值，可以从戴上眼镜后体现的职业气质来进行描述，如职业经理人戴上它可以变得更加干练；老板戴上它可以变得更加有气场、有领导力；年轻人带上它可以显得沉稳等。这样就为眼镜赋予了很多非使用价值，使眼镜并非只有解决近视这一个卖点，从而提升眼镜的价值，也可以卖出更高的价钱。

（3）抓紧目标消费人群的痛点

痛点并不是指买了这个商品有多好，而是不买这个商品会有什么样的后果。卖家可以设身处地地以消费者需求为出发点，思考消费者必须要买这款商品的理由，以消费者的痛点带动店铺商品的卖点，加深消费者的认同感，也提升他们的购买欲望。如母婴用品的痛点就是安全、天然和环保等；女性内衣的痛点则是身材走形和健康问题等。

其次，还要深度挖掘消费者购买这个商品时最关心的问题是什么，如肥胖的顾客在购买衣服时最关心的是衣服是否合身、舒适；年轻女士购买皮鞋时则追求款式和紧贴潮流；户外运动爱好者购买运动鞋时则要求舒适、防水耐磨。

（4）逻辑引导客户

优秀的商品详情页文案都有一定的逻辑，它主要围绕商品的某些主题来展开描述，对卖点进行细分，从不同角度切入。通过众多卖家的实践，商品详情页文案逻辑主要可按照以下顺序进行书写。

1）品牌介绍（也可换到最后）。

2）焦点图（引起浏览者的阅读兴趣）。

3）目标客户群设计，即卖给谁用。

4）场景图，用以激发顾客的潜在需求。

5）商品详细介绍，以赢得顾客的信任。

6）为什么购买本商品，即购买本商品的好处有哪些？

7）客户评价或第三方评价，加强买家信任度。

8）商品的非使用价值体现，最好通过图文搭配的形式来进行设计。

9）拥有本商品后的效果塑造，给顾客一个100%购买的理由。

10）给买家寻找购买的理由，如自己使用、送父母、送恋人或送朋友等。

11）发出购买号召力，为买家做决定，即告诉对方为什么要购买。

（5）以情感打动买家

以情感打动买家就是通过“故事”来为商品添加附加价值，让买家更加容易接受。无论是写作什么类型的商品文案，只要能够讲好这个故事，就能调动阅读者的情绪，让他们在阅读的过程中被潜移默化，认同商品的价值，最后促成购买。

妙招66　商品详情页文案写作方法

要想写出能够吸引顾客的商品详情页文案，就一定要注重文案细节的提高和改善。一般来说，商品详情页文案的写作方法有发散性思考法、要点延伸法和三段式写法3种，下面分别进行介绍，希望读者可以通过学习熟练运用。

（1）发散性思考法

发散性思考法是一种利用扩散性思维围绕商品进行思考的策略，是以商品为中心，根据商品所呈现出的重点特征让思维向四周方向发散，引发各种想法或联想，从而确定商品文案的框架和要点，如图7-26所示。

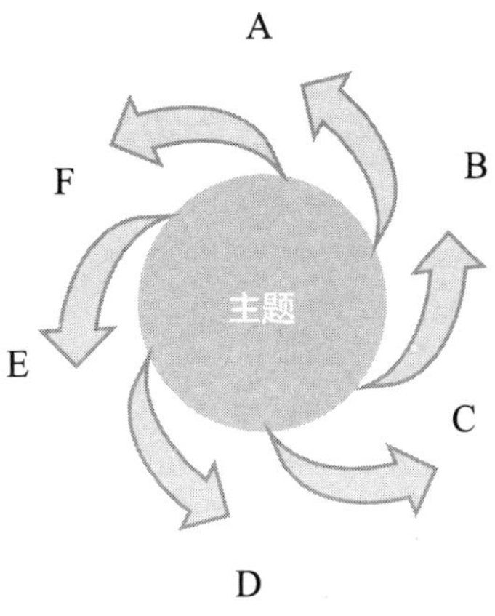

图7-26　发散性思维思考模式

形象一点讲，这种思考法就是将商品写在中间，然后把其引发的扩散性东西分门别类列举周围，依次加以发挥，来扩大思考范围。在具体运用时，可以先准备一张白纸，然后用笔将整张纸分割成一个九宫格，在最中间的格子中写上商品名称，然后在剩余的格子中写上商品的优点。然后，再对每个优点进行分解，进一步细化，确定最核心的优势，这些优势将是文案中必须体现的。

如图7-27所示是一则以发散性思维来进行商品分析的案例，商品为一款儿童保暖羽绒服。

熊耳朵	熊拉链	熊熊刺绣	记忆棉料		抗污	防绒布料	压线工艺	不掉色
帽子图案	卡通	可爱	手感舒适	防水		多层里布	不钻绒	有内衬
口袋图案	袖口图案	天真	顺滑	耐脏		走线防绒	针线精准	无针孔
透气好	易压缩	含绒量高	卡通	防水	不钻绒	配毛衣	春夏必穿	款式新
手工填充	轻柔	告别臃肿	轻柔	卡通图案 儿童羽绒服	时尚	百搭	时尚	
	易穿戴	修身裁剪	保暖	易穿戴	易清洗	保暖	颜色多样	
鸭绒毛		蓬松性好	帽可拆卸	防夹拉链	下收摇摆	可机洗	防水	防油污
90%含绒	保暖	随温调节	松紧袖口	易穿戴	有弹力		易清洗	可毛刷
	隔绝性好	挡风暗扣			有内衬		不变形	可晾晒

图7-27　发散性思考法

不过，需要注意的是，在使用发散性思考法时需要坚持一定的原则，要根据买家的客观需求，对所分析出来的优点进行取舍和优化。具体的原则如下。

1）围绕主题

只要是围绕核心主题产生的联想都可以填写到主题以外的格子中。

2）用词简明

为了能尽量表达清楚且易懂，应该使用简明的文字或关键字进行描述。

3）使用颜色

使用不同颜色来分类，不同类型或不同效果的点子颜色不同，可以让思路更加清晰。

4）多次细分

每个格子都可以让使用者在某个核心概念下进行细分与过滤，在保持原来分层的基础上再次细分，以获得更符合实际需求的答案。

5）实际行动

这样做的最终目标是提供一个有效率的行动指引工具，因此要求能够体现实际的核心主题，并具有采取实际行动的效果。

（2）要点延伸法

要点延伸法是将商品目录上的商品特点照抄下来，然后对每个要点进行延伸说明。比如现在有一款包包，它的要点有5点，如下为其要点延伸。

① 简单百搭。包型简单大方，用于职场上班、逛街购物或旅行度假，随走随背。

② 性价比高。全网最低3折价，199元买到真皮包包，超高性价比体验。

③ 品种齐全。十余种颜色随意挑选，大小版本一应俱全，满足您不同的需求。

④ 防偷盗。全球顶尖拉链设计，独家定制高端防盗拉链，保证您的资金财产安全。

⑤ 容量可观。能容纳您出门的必备物件，如雨伞、iPad、A4杂志等。

为了更清楚地展示出这款包包的特点，在进行文字表述的过程中，要注意搭配商品图片进行详细说明。

（3）三段式写法

三段式写法是模仿新闻学中的“倒三角写作法”，它对文案人员的文字功底有一定的要求，这三段的写法分别如下。

第一段：因为大多数人都没有看完全文的耐心，因此，第一段主要使用精练、浓缩的语句来概括全文。

第二段：主要是通过目录要点延伸法来逐一说明商品的特点和优势。

第三段：通过强化商品的独特卖点、价格优势等手段来吸引买家，达到让买家立即购买的目的。

妙招 67　店铺主图的拍摄与设备选择

速卖通店铺与实体店铺最大的不同就是没有实物，一切都靠商品图片展示来呈现。买家对商品的第一印象往往来自卖家上传的图片，因此，高质量的图片对速卖通店铺来说十分重要。

要想拍出高清、真实且漂亮的图片，需要多种器材来配合。拍摄器材的选择对图片的质量影响很大，其中最不可缺少的设备是相机灯光设备。

（1）相机

现在市面上相机类型基本上有两种，一种是家庭常用的数码相机，另一种是专业性较高些的单反相机。家用数码相机操作简单，可以自动调节曝光程度，适合没有什么拍摄基础的普通用户，因此这种相机也被称为“傻瓜相机”。现在的数码相机像素大都在1000万之上，正常情况下完全可以满足拍摄需要，而且成本较低，是大多数卖家最适合的选择。

但如果有些商品需要展示过多的细节，普通数码相机就有些捉襟见肘，这时就需要相对比较专业的相机：单反相机。单反相机在拍摄高清和近距离的照片时具有普通数码相机无法比拟的优势，更适合拍摄小物件的商品和需要展示精美细节的商品。不过，单反相机的使用需要一定的操作技巧，且价格比普通数码相机要高出很多。

（2）灯光设备

摄影艺术就是光的艺术，“三分靠技术，七分靠用光”，光线的运用情况对图片质量的影响至关重要，适当的光线会让图片看起来更清晰、更舒适。尽管大多数相机都有内置闪光灯，但对高质量的图片，内置闪光灯并不能满足技巧拍摄的需要，还需要使用外置闪光灯来调节出适当的光线效果。同时，还可以借助一些设备，利用光的反射和折射来调节光线的强弱。常用的灯光设备如表7–1所列。

表7-1　摄影常用的灯光设备

设备	作用	特色
柔光箱	柔光箱是室内拍摄常用的反光设备之一，能将闪光灯变成一个大光源，提供美丽的柔光。为便于外出携带和移动使用，也可用柔光伞代替	柔光箱有不同的尺寸，尺寸一般都是以米计算，尺寸越大柔光效果越好
雷达罩	这也是一种柔光工具，能产生一种反差较大却又不会对比过度的光线，并且商品高光部分的细节也能够得到很好的还原	目前有两种，分别为银色和白色。银色反射出的光线硬一些，并且反差也比白色来得明显，白色所投射出的光线则更为柔和
反光碗	这是最基本的一种布光器材。这种布光器材的好处就是它的直径比较小，通过在内部使用白色的内衬来进一步柔化光线，能够制造一些阴影效果	有点类似但又不同于雷达罩，不同之处在于这种反光碗所发出的光线是一种直接的、偏硬的光，有些类似于太阳光
蜂巢	因外形像蜂窝而得名。其实就是一片装在闪灯或灯具前的一片黑色格纹屏蔽，当灯光源通过蜂巢的格纹后，会因为格纹的限制而使光变成具有方向性的光，让光线照射的范围被局限在一个区域内	罩的网格越小越密则失光效果会更明显，光线照射的范围也更局部
反光伞	主要作用就是利用伞内的有色涂层将光反射到被摄物上。这种形式的打光法会使光质变成散射光的性质，从而得到较柔和的光质	其材质有银色或白色的，但以白色较为常用，光质较柔和

白天可以利用自然光拍摄，但室外的光线一般不容易控制，常常会造成一定程度的曝光，因此大多数拍摄最好在室内进行，即利用灯光达到预期的效果。

妙招68　不同品类主图的拍摄技巧

不同的商品在拍摄方法、拍摄技巧上各不相同，下面针对常见的几类商品的拍摄方法与技巧进行详细介绍，以供拍摄商品图片时参考。

（1）服装类商品拍摄方法

服装是所有商品中最容易拍摄的，也是最容易表现特点的。服装一般有两种拍摄方法：一种是真人试穿拍摄，一种是平铺、悬挂式静态拍摄。

静态拍摄一般在室内，真人试穿拍摄多在户外，因为户外光线比较好，拍摄出来的色彩还原度也比较高，使图片看上去更加真实可信，如图7-28所示。

图7-28　静态拍摄与真人试穿拍摄效果

需要注意的是，采用室外拍摄时一定要选择合适的背景，不同的背景拍摄效果大为不同。如图7-29所示，左图服饰与背景显得十分和谐，右图就有些不协调。拍摄背景最好选择墙壁或木质地板，这样既不会显得呆板，还可以让衣服显得更加时尚。

图7-29　背景选择对拍摄效果影响的对比图

为了有更好的效果，有时候也可以尝试借助包包、项链等饰品给服装进行搭配，这样可以起到点缀的作用。

注意，拍摄前要先用熨斗将衣服熨平整，防止有褶皱影响图片效果。在拍摄过程中，手绝对不能颤抖，否则会削弱服装质感的表现力。在用光方面，细腻质料的服装比较适合用柔和一些的光，粗糙质料的服装比较适合直接打光。

（2）首饰类商品拍摄方法

首饰类商品具有发射光芒的特点，尤其是在周围光线、颜色与其自身反差较大的情况下，很容易与四周光线混淆，使商品变得模糊。因此，在拍摄过程中，最好把物品放置在与其本身反差较小的地方，尽量避免光的过多反射，如图7-30所示。

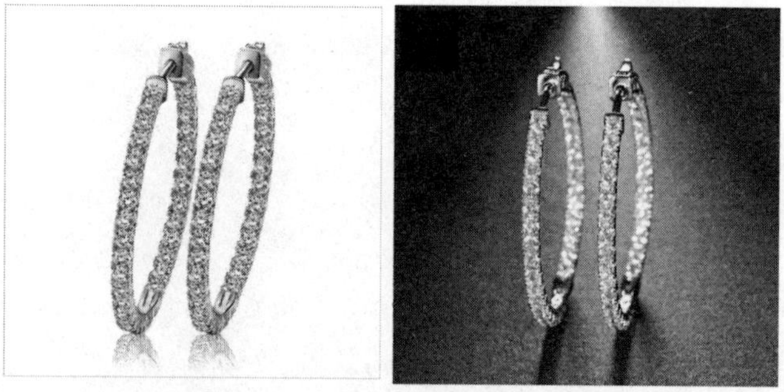

图7-30　光线对拍摄效果的影响对比图

拍摄首饰类商品时，也可以事先找地方固定好相机，利用相机的自拍功能进行拍摄，从而避免四周的物体、自己的影子、服饰颜色等反射到首饰上。尤其是透明度比较高的首饰，如珠宝、水晶等，在拍摄过程中要力求体现它们的透明性，背景要干净，万万不可有反射在上面。对于肉眼看起来明显暗的部位，可用反光板打光或者在旁边用白纸映衬一下，使画面光达到均匀的效果，增加商品的立体感，同时在拍摄过程中最好戴上白色的手套，以免拍出来的物品上留有指纹。

（3）化妆品类商品拍摄方法

化妆品类商品一般采用盒装或瓶装，为了彰显质感，一般采用纯色底作为拍摄背景，如白色，黑色等，效果如图7-31所示。

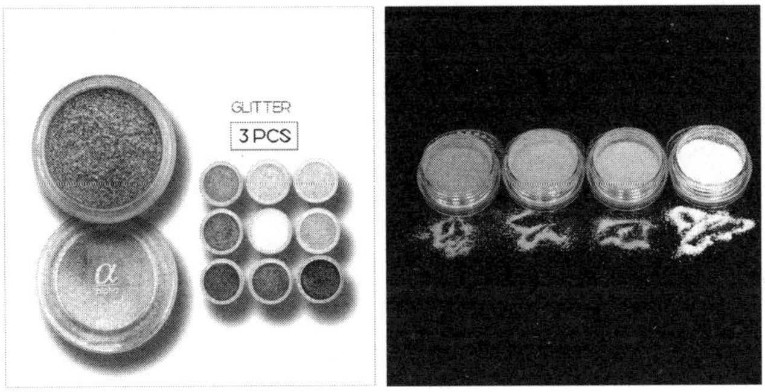

图7-31　以纯色为拍摄背景的效果

化妆品类商品本身体积较小，在拍摄背景选择上非常方便，一张桌子、一把椅子即可。在拍摄采光上，可以因地制宜地选择光源，如室内拍摄可以采用台灯、日光灯等。

（4）其他

速卖通上的商品品类非常多，这里就不再一一介绍，其实，只要抓住了商品的特点，再加上综合运用拍摄技巧，任何品类的好图片都可以拍摄出来。其他最常见的品类拍摄特点简介如下：

食品、水果类商品，要将它们安全、绿色、健康等原生态的特点体现在图片上，如拍摄一些仍长在田园里的蔬菜、结在树上的果子等，还可以拍一些采摘的过程、包装处理的流程图等。

机械工具、电子类商品，重点要体现它们的耐用性、可操作性，体现在图片上就是操作流程的分解演示。

儿童玩具类商品，重点体现它们的益智、高颜值和趣味性。

妙招69　主图图片处理与优化技巧

拍摄出来的商品图片，往往需要利用图片制作工具做一番后期处理。做过后期处理的照片效果会更好，但要遵循真实的原则，避免进行过多的修饰，否则会导致图片与实际商品的差别过大，引起买家的反感。

（1）还原图片的原有色彩

保证色彩不变，是图片真实性的最大体现，而在后期处理中，很多卖家最容易在这点上出现问题，任何一个小操作都可能改变颜色的色相、亮度或纯度，因此要格外注意。

（2）保证图片长宽比例

如果为了将图片套入页面格式而大幅度强行改变图片的长宽比，会使图片失真，从而影响商品的真实度。

（3）简化背景、突出重点

对于过于华丽、颜色跟主体不协调的背景，可以在后期处理过程中进行虚化或者替换掉。因为背景再漂亮，它的作用也只是为了衬托商品。

（4）谨慎锐化

对于使用像素较低的手机或者卡片机拍摄出来的商品图片进行后期处理时，如果过分地锐化会导致像素块过多而降低图片画质。

妙招 70　修饰图素材的搜集途径

修饰图素材主要来源于两个途径：自己拍摄或通过网络下载。自己拍摄的图片大多用于主图，是店铺首页或商品详情页上主要的图片部分，如服饰店所需的服装图片，电子商品店需要的商品类型图片；通过网络下载的多是修饰图，用于对画面进行点缀和修饰，使画面更饱满、精致，如效果图、文字图、背景图、图标图等，这些图大都是矢量素材。

修饰图，又叫矢量图，具有高度浓缩并快捷传达信息、便于记忆的作用。无论设计店铺首页还是商品详情图，恰到好处的修饰图能够为图片增色不少，一方面能够最大限度地取代文字信息，满足视觉化设计需求；另一方面，可使长图的逻辑线更加清晰。

大部分修饰图（矢量图）都可以通过专门的网站进行免费或收费下载，如素材中国、千库网、easyicon、iconfinder、FLATICON、iconfont、iconmonstr等。

（1）素材中国

网站：http://www.sccnn.com，这是一家大型综合设计类素材网站，提供高清图片素材、PSD素材、PPT模板、矢量图库、3D图库、图标等，如图7-32所示。

图7-32　素材中国官网截图

网站内所有素材图片均由网友上传而来，因此，网站不拥有此类素材图片的版权，并在图片素材上标明了仅用于学习交流之用，勿作它用；若需商业使用，需获得版权拥有者授权，并遵循国家相关法律、法规之规定，如因非法使用引起纠纷，一切后果由使用者承担。

（2）千库网

网址：http://588ku.com，网站提供大量免抠图素材，素材多来自网友上传和分享，类别包含漂浮素材、效果元素、装饰图案、卡通手绘、促销标签、节日元素、艺术字、图标元素、不规则图形、边框纹理、PPT元素、商品实物等，每张素材图片均标注了图片质量和用途范围。

难能可贵的是，该网站内还有很多可直接用于店铺装修的广告设计、海报、商品详情页、主图/直通车模板，如图7-33所示。

图7-33　千库网官网截图

下载方式：在网站内找到想要下载的图片，单击图片元素右侧“下载PNG”或“下载AI”即可。

（3）iconpng

网址：http://www.iconpng.com，中文界面，支持中文、英文搜索。网站包含单色和多彩风格，图标的类型更是繁多，包括邮件、电脑、人物、购物车、人民币等等，每组图标中均标注了图标使用说明，如图7-34所示。

图7-34　iconpng官网截图

下载方式：在网站内找到想要下载的图片，根据需要选择图标的像素尺寸，单击图标下方“PNG”下载透明底图标。

（4）iconfinder

网址：https://www.iconfinder.com，这是一个图标搜索引擎，支持英文关键词搜索，默认搜索结果包含付费图标和免费图标，在搜索结果左方“Price”处勾选“Free”，即可筛选免费图标。也可以将首页往下翻，在“Featured free icon sets”精品免费图标区下载免费图标，如图7-35所示。

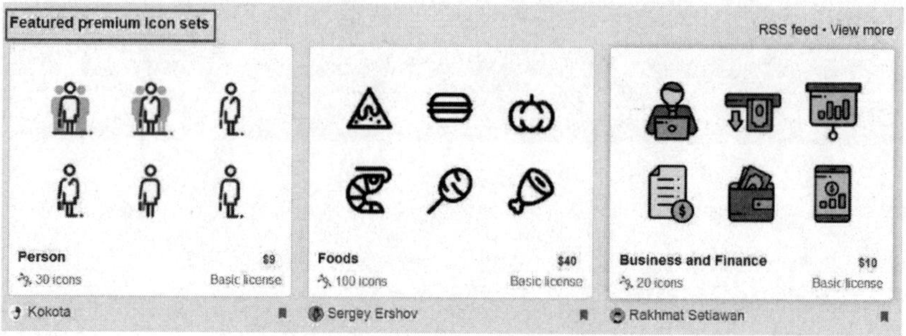

图7-35　iconfinder部分图示

下载方式：在网站内找到想要下载的图标，单击图标左上角“PNG”，下载PNG格式的图标，或单击“More”选择更多尺寸下载。

（5）FLATICON

英文界面，也是一个图标搜索引擎，支持英文关键词搜索，默认搜索结果包含付费图标和免费图标。单击搜索结果左上方“Selection”可以筛选免费图标，包括数字媒体、印刷等，但网站对免费下载次数和下载数量进行了限制，即每月最多下载21500个图标，总共可下载240000个图标。

网站的付费图标可以筛选本月新增图标集、本月高级优质图标。

下载方式：注册并登录该网站，在网站内找到想要下载的图标，单击单个图标进行预览，单击预览界面下方“PNG”—自定义颜色“Customize your icon”—选择像素尺寸“Select a size”—“Free Download”启动下载。

（6）iconfont

网站：http://www.iconfont.cn，中文界面，支持中文搜索。该平台是阿里妈妈Mux打造的矢量图标管理、交流平台，包括Alibaba国际站图标库，1688DPL中台图标库以及品牌图标库。转载内容版权归作者及来源网站所有，站方原创内容转载需注明来源，商业媒体及纸媒需联系站方，如图7-36所示。

图7-36　iconfont部分图示

下载方式：登录后在网站内找到想要下载的图标，单击图标下载按钮进行下载，或单击购物车按钮“添加入库”，最后单击页面右上角购物车可打包下载。单色图标下载时可自定义图标颜色，彩色图标单独下载时可单击色块进行颜色自定义后单击“PNG”下载。

（7）iconmonstr

网站：https://iconmonstr.com，英文界面，以黑白图标为主，免费可商用，支持英文搜索。

下载方式：在网站内找到想要下载的图标，单击图标下的“I Week age”——

选择“PNG”——勾选许可“I agree to the License Agreement”——“Download”，在下载的同时，也可对像素尺寸、边框、颜色进行调整，如图7-37所示。

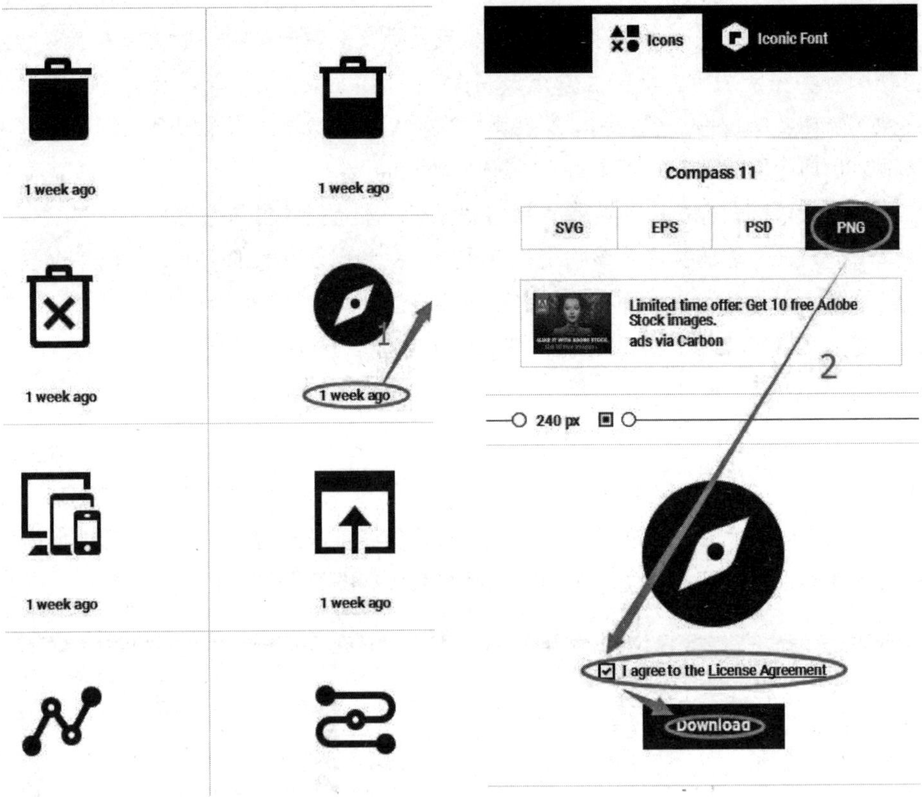

图7-37 iconmonstr部分图示

妙招71 速卖通无线端详情页设置要点

商品详情页是最重要的流量承接页面，目前无线端有独立的详情页描述编辑功能，可以帮助卖家更好地从无线端买家的角度来展现商品。然而，独立的无线端详情页内容和排版都与PC端不一样，无线端的手机店铺属于窄视觉展示，因此，更应该注意店铺的所有设计，要依据品牌调性，使所有的设计保持风格一致。

那么，该如何优化速卖通无线端详情页呢？要注意以下4个要点。

（1）重要内容前置

商品描述一般来说包括几部分的内容：商品特点的描述（如尺码、材质之类）、商品图片、关联推荐、物流以及其他的Q&A等等。各位卖家可能有很多的信息要告知买家，但是从买家的角度来考虑，买家的精力和时间是有限的，因此，在当前的商品下，买家最关注什么内容，怎样让买家更方便地获取有效信息，是各位卖家需要思考的点。

速卖通无线端屏幕尺寸小，且受网络环境的影响，打开速度不一定稳定，买家能否快速、有效地了解该商品的重要信息，是速卖通无线端商品描述优质与否的标准。

（2）图文分离，以图片为主

速卖通PC端的用户可能会花一点时间来浏览店铺，但在速卖通无线端买家会更集中于先看图片，图片吸引了买家，买家才会去看页面其他的一些文字介绍。

图文分离是指图片和文字分开录入，而不是把文字写在图片上，这样做有2个好处。

1）文字加载速度比图片快，在速卖通无线端不会因为等比例压缩的关系看不清楚。

2）可以利用翻译插件看多语言的翻译，使得非英语买家也能大致了解商品详情。

速卖通中图片的好处也很明显，比如表格，如果不用图片的方式，在无线端很难完美适配。各位卖家需要注意的是，如果要把文字写到图片上（适用于表格这种情况），一定要在无线设置上看一下实际的效果，以便调整图片上面的字号，确保速卖通无线端图片尺寸等比例缩小之后，文字还能看清楚。

（3）装修颜色避免过于沉闷

店铺装修的颜色要有亲切感，不要过于鲜亮。考虑到不少安卓机的屏幕显示问题，也不要过于沉闷，因为手机屏幕小的话，大面积的深颜色容易给人压抑感。

速卖通店铺装修最好以浅色为主，这样可以起到烘托店铺氛围及风格的作用，还可以突出商品，减少对用户的干扰。当然，也可以根据自己店铺的风格，对速卖通店招、banner等进行设计。

速卖通无线端装修案例1，如图7-38所示。

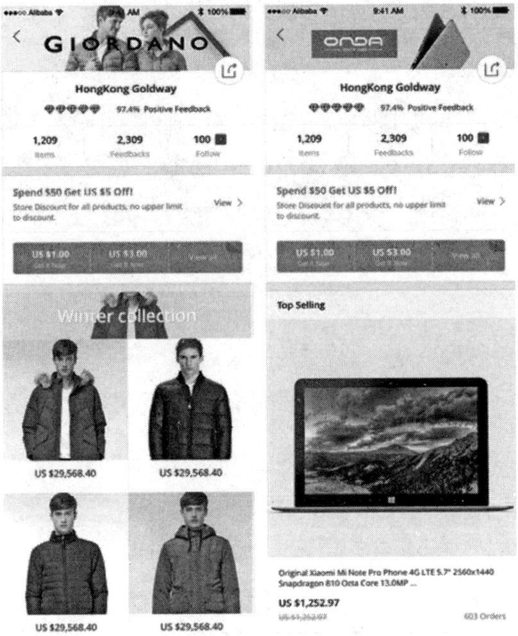

图7-38 速卖通无线端装修案例1

速卖通无线端装修案例2，如图7-39所示。

图7-39 速卖通无线端装修案例2

（4）速卖通无线端详情页关联推荐内容

关联推荐内容不是在当前商品下买家最关注的内容，如果一定要放，应控制在一屏以内，最好放在商品描述的最后。

妙招 72 微海报的设计与制作

随着智能手机的普及，h5页面成为一种非常流行的广告形式，这种“多快好省”的方式，可以迅速吸引移动端客户。微海报其实也是一种h5页面，这类海报最大的特点是易传播，可发布在微信、微博、QQ端，所到之处，自成焦点，可实现社交平台上的神奇引流。

那么，如何制作微海报呢？

第一步，登录卖家账号，点击右上角卖家中心。

第二步，进入卖家中心，点击左侧菜单“店铺装修”，进入店铺装修后台。

第三步，点击“微海报”菜单，选择自己喜欢的模板，点击“免费使用”即可开始创作海报。当然也可以选择空白模板自主创建，如果是新手最好套用现成的模板，实现快速应用。

第四步，选择中意的模板，点击使用，如图7-40所示。

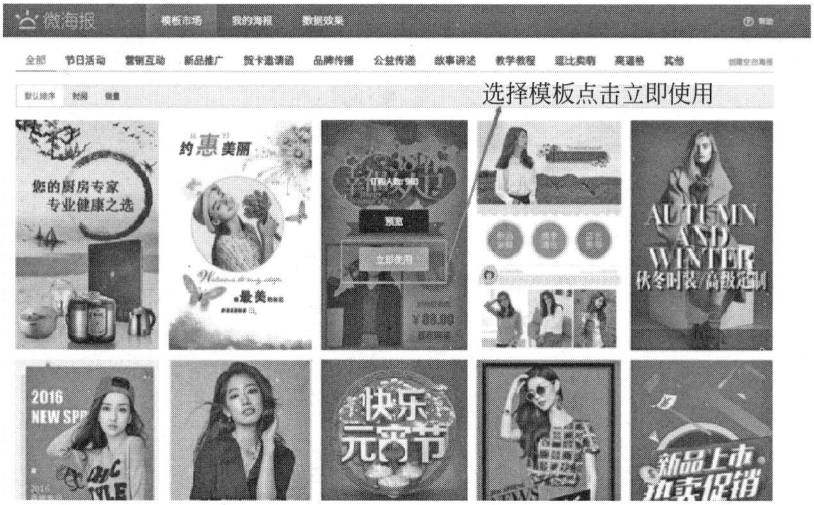

图7-40 微海报模板库

第五步，进入快捷创建页面，进行编辑，如图7-41和图7-42所示。

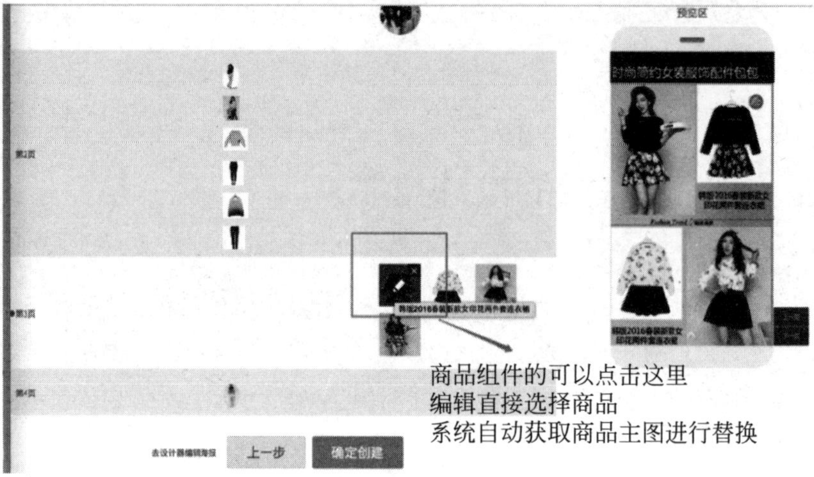

图7-41　创建微海报编辑页面

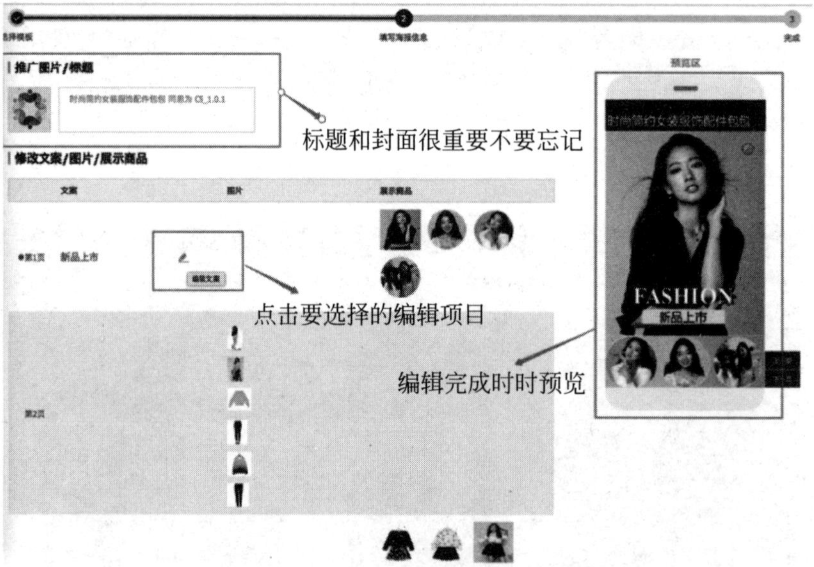

图7-42　对重要信息进行编辑

第六步，创建完成，扫码分享引流即可。注意制作完成后一定要预览效果，以检查有没有错误，如图7-43所示。

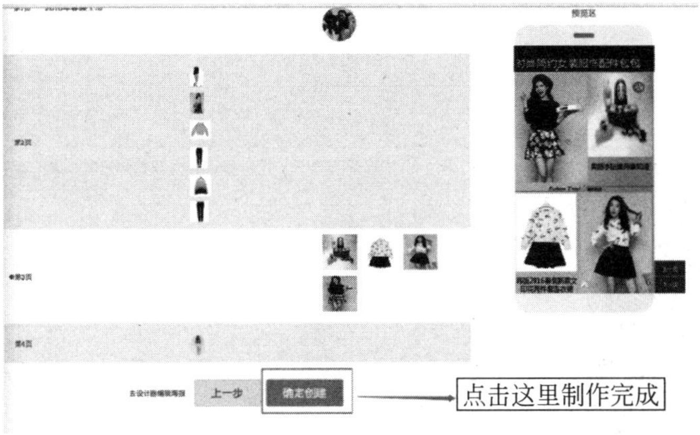

图7-43　创建完成

妙招73　无线端活动页面的设计与制作

要玩转无线端速卖通平台，第一步就是创建速卖通无线活动页面，那么如何创建速卖通无线活动页面呢？具体流程如下。

（1）创建速卖通无线活动页面的路径

卖家后台→店铺→店铺装修及管理→无线店铺→进入速卖通无线装修→无线活动页面→添加主题活动，如图7-44所示。

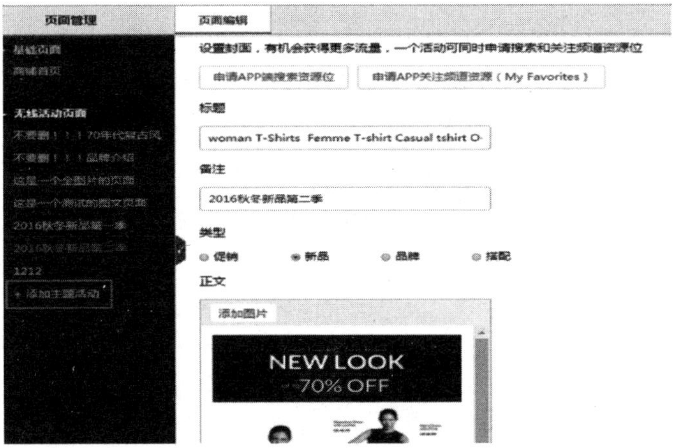

图7-44　无线端活动创建页面

然后根据提示逐项编辑即可，具体操作如图7-45所示。

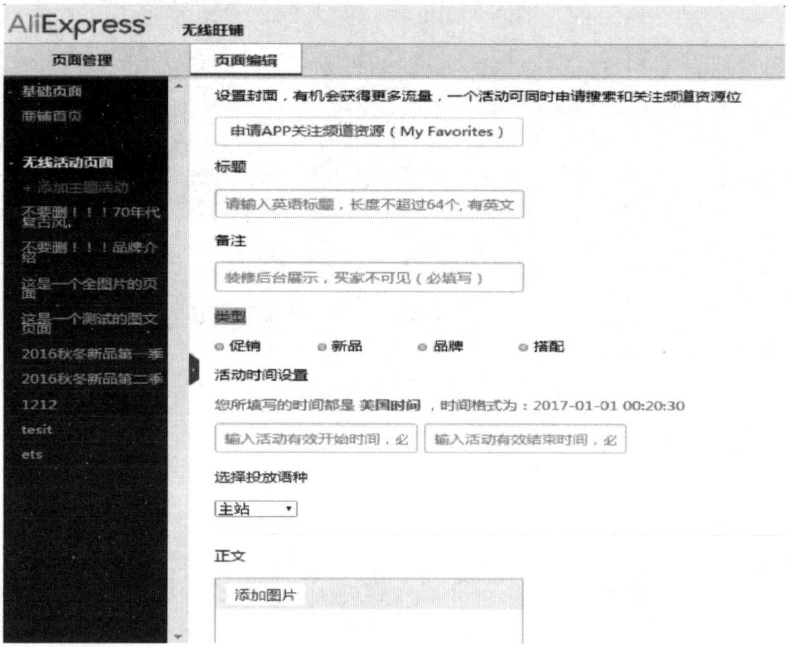

图7-45　无线端活动编辑页面

1）编辑标题

应为64个字符以内的英语标题，这个标题会被买家看到，请不要随意乱写。

2）编辑备注

可以输入任何文字，不在买家端展现，仅用于卖家后台管理。

3）编辑选择活动类型

目前有4种类型供选择，分别是促销、新品、品牌和搭配。

促销是指有明确利益点的活动，比如商品的直接打折，店铺的满减等；新品是指针对有卖点的新品创建的活动；品牌是指品牌故事之类的品牌调性和传播相关的活动；搭配是指能给到买家一些搭配参考、潮流引导或者知识介绍的活动。活动类型虽然不会被买家看到，但是错误的活动类型，会影响额外资源的获得。

4）编辑活动时间

活动的有效时间不能为空，以美国时间为准，格式也是固定写法，如2018-01-01 00:00:00，同时，建议活动开始时间大于活动创建时间2天以上。

5）编辑投放语种选择

目前支持英语（主站）、俄语、葡萄牙语、西班牙语以及法语5种语言的活动投放，活动页面和封面语言必须一致。

6）速卖通无线端活动的正文

活动的正文部分目前只允许输入文字或者添加图片，其中图片可以添加一个或者多个商品或者店铺首页的链接。如果是图片+文字页面，可以先放入所有的文字，然后在需要添加图片的地方点击添加图片；如果是全部图片的页面，直接添加图片即可。图片一次可以添加5张，超过5张的需分多次上传，页面长度建议在3 ~ 6屏间，一屏以内不会通过审核。

另外，为保证图片的清晰度，图片也需要进行必要的设置，标准的图片宽度720px，高度不超过1000px。高度越高，图片越大，打开速度越慢，且可能会因系统自动压缩而变模糊。如果文字是直接做在图片上的，字号不要小于24px。无线端图片设置页面如图7-46所示。

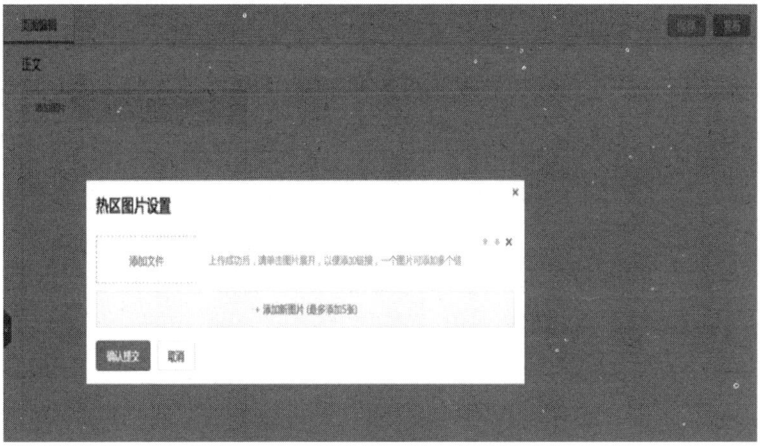

图7-46　无线端图片设置页面

添加图片后，用鼠标在图片上画框，在买家想要点击的地方添加热区，热区可以添加1个或者多个，但是同一块区域内不建议添加3个以上的热区，以免买家误点。同时画框不要超出图片本身，否则会点击出错。

切记，一定要给图片添加链接，否则买家在参与页面活动时就只能浏览，而不能进行实时购买。

图片链接目前只支持PC店铺首页地址、二级分类地址、PC商品页地址、无线活动页面等，其他地址暂不支持。需要特别注意的是，如果错误使用链接，反而会导致无线端转化率下降，间接影响无线搜索排序。

（2）速卖通无线活动页面申请投放

完成页面内容后，可以申请无线端的资源位来推广活动。目前开放申请的资源有：无线关注频道（My Favorites）、无线搜索位置（金银牌卖家专享）。

（3）速卖通无线活动页面封面设计指导

① 主标题：内容可以有互动性、情感性、品牌性等，字数需要简洁，字体较副标题大、突出重要卖点。

② 副标题：集中于阅读区域的文案更好阅读，不建议一次性放太多卖点，而且断行太多会增加阅读难度。

③ 行动点：展示Banner并不是让用户留在当前页欣赏Banner的，而是希望用户尽快进入承接页产生转化率，所以，一个促使用户产生点击的行动点就非常重要了。

主题图片需要清晰表达活动的商品，可以使用模特来表现商品的使用方式或效果等。对于单品类活动的Banner而言，图片本身的吸引力强于数量的影响；对于多品类活动的Banner而言，品类的丰富度对选择更有作用。

第8章

商品定价：价格是影响销量的核心因素

如果商品销量不好，很多卖家首先想到的是图片、商品详情页做得不够好，却很少会想到也许是商品定价有问题。定价对销量有很大的影响，合理的定价可以帮助卖家迎合国外买家的需求，赢得更多的订单；不合理的商品定价则可能导致与订单失之交臂，甚至影响正常交易。

妙招 74 速卖通商品常用的定价公式

在给商品定价时，卖家往往会综合考虑生产成本、利润、商品品质等多个因素，再进行定价。对于速卖通卖家，定价时可参考以下定价公式：商品售价=商品成本+平台佣金+市场影响+其他。

（1）商品成本

商品成本包括原材料成本、生产成本、推广成本、税务成本、人工成本等，有的工厂还会把研发、生产制造、运输等成本纳入其中。有的卖家尽管没有生产过程，但会有很大一部分采购成本，他们需要在不同厂家或批发商处进行采购，采购成本的高低对定价有直接影响。如果商品的进货成本高，卖家为了保证利润，定价自然会高一些；同时有的卖家为了保障品质，也会对商品进行改良或微创新，成本也会增加。

无论什么样的成本，从商品本身的角度出发定价基本有一个恒定的规则，即在成本的基础上加上10% ~ 20%。当然，这个比例不是固定不变的，有的商品销路比较好，可能比例就高一点；有的销路差一点的，利润也就少一点。

（2）平台佣金

众所周知，卖家在速卖通经营需要按照其订单销售额的一定百分比交纳佣金，速卖通会根据不同类目收取不同比例的佣金，且经营的类目不同，佣金比例也不同。

（3）市场需求

市场的影响主要表现在需求变化上，需求的大小直接决定一个商品在市场上的价格表现。需求大的商品价格相应会高，需求小的商品价格自然低。当一个商品供不应求时，它的价格就算调高也会有人抢着要，所以处于上架、成长阶段的商品，可以根据市场需求来灵活调整价格。但当商品线上线下大量铺货时，买家的选择会多样化，卖家的利润被稀释，则可以适当降低价格。

想要了解市场需求价格水平，可以参考一下国内外的相关电子商务网站，如eBay、亚马逊等。eBay在欧美就相当于淘宝，它上面的商品零售价基本上就反映了国外的市场行情。所以，可以参考一下eBay上的同类商品的零售价，然后比他们稍微低一点就行了。

另外，eBay是零售市场，很多eBay卖家会直接通过批发平台来采购，也就是说eBay上面卖家很有可能成为我们的买家。

总之，商品价格必须结合成本、平台佣金的多少，以及市场需求变化等多个因素进行综合评估，这是最基本的参考依据。

妙招75　影响商品定价的其他因素

在对商品进行定价时，除了考虑成本、平台佣金和市场需求3大基本要素外，还要兼顾到其他因素。其他因素比较多、杂，通常需要视具体商品、具体店铺或具体营销策略而定。

这些因素主要有以下4个。

（1）品牌形象

每个商品的品牌定位不同，那么其价格也一定不一样。走低端市场路线的品牌，价格会偏低；走中端市场的品牌，价格适中；走高端市场路线的品牌，价格偏高，但商品与服务也都是高端的。

（2）竞争对手价格

竞争对手价格是影响商品价格的重要因素：虽然企业在现代经营活动中一般采用非价格竞争，即制订相对稳定的商品价格，以降低成本、提高质量、提供服务、加强销售和推广等方式来增强竞争力，但是也不能完全忽视竞争对手的价格。在跨境电子商务平台，一个商品不仅只有一个卖家，竞争对手的价格也会成为卖家定价、调整价格的参考依据。

根据竞争的程度不同，企业定价策略会有所不同。按照市场竞争程度，可以分为完全竞争、完全垄断与不完全竞争3种情况。

1）完全竞争。所谓完全竞争又称自由竞争，它是一种理想化了的极端情况。在完全竞争条件下，买者和卖者都大量存在，商品都是同质的，不存在质量与功能上的差异，企业自由地选择商品生产，买卖双方能充分地获得市场情报。在这种情况下，无论是买方还是卖方都不能对商品价格进行影响，只能在市场既定价格下从事生产和交易。

2）完全垄断。是完全竞争的反面，是指一种商品的供应完全由独家控制，形成独占市场的情况。在完全垄断竞争情况下，交易的数量与价格由垄断者单方面决定。完全垄断在现实中也很少见。

3）不完全竞争。它介于完全竞争与完全垄断之间，是现实中存在的典型的市场竞争状况。不完全竞争条件下，最少有两个以上买者或卖者，少数买者或卖者对价格和交易数量起着较大的影响作用，买卖各方获得的市场信息是不充分的，它们的活动受到一定限制，而且它们提供的同类商品有差异。

因此，它们之间存在着一定程度的竞争。在不完全竞争情况下，企业的定价策略有比较大的回旋余地，它既要考虑竞争对象的价格策略，也要考虑本企业定价策略对竞争态势的影响。

（3）促销策略

速卖通平台上会定期或不定期地有不同主题的促销活动，如黑色星期五、圣诞大促销等，针对不同的促销活动，商品的定价会出现波动，甚至大幅调整。

另外，很多店铺在不同时间都会有不同主题的促销活动。如在亚马逊平台，除了有会员日以外，也会在西方欧美国家的重大节假日，如情人节、万圣节、感恩节、圣诞节等进行促销。节假日作为营销的黄金时期，卖家们一定会制订各种促销策略，并大规模地进行价格调整。

（4）国家政策

国家政策对商品定价的影响表现在许多方面，国家的价格政策、金融政策、税收政策、产业政策等都会直接影响企业商品的定价。

妙招 76　根据店铺的销售目标来定价

一般来讲，店铺的销售目标主要有以下4个。

（1）利润目标

即在企业所能掌握的市场信息和需求预测的基础上，按照已达到的成本水平，适当定价，以追求所能得到的最大利润。

（2）市场份额

有些企业的定价目标是大幅度增加销售量，以提高市场占有率，为此，会制订相当低的价格，不惜放弃目前的利润水平，甚至不顾目前的生产成本。

（3）促销目标

以增加商品的销售额作为定价目标，有两种情况：一种是增加整条商品线的销售额，而不是被定价商品本身的利润或者市场份额；另一种是当企业的联合成本、间接成本等复杂因素，无法测算出成本函数时，就以获得最大销售收入代替最大利润作为定价目标。

（4）市场削价目标

这是一种新商品的定价目标，即企业定出尽可能高的价格，争取在新商品上市的初期就取得尽可能多的利润，一旦销量下降就有充分的余地主动逐步削价。

妙招 77　根据商品所处的阶段来定价

一个商品在整个销售过程中通常有4个阶段，分别为上架、成长、成熟和衰退，不同阶段其定价思路是不一样的。

（1）上架阶段

当新品刚上架时，没有好评，没有星级评分，没有忠实的粉丝，商品处于无竞争力状态，如果商品价格设成跟成熟卖家的价格一样，试想还会有人买吗？

所以，在新品上架之初，为了培养买家的良好体验，让商品快速切入市场，卖家们不妨将价格设置低一些。但是，也不能设置得太低，那样非但赚不到应得的利润，反而会让买家低估商品的价值，甚至怀疑商品是假货。

（2）成长阶段

当卖家商品的销量、好评、星级分数等各项指标有了一些基础，销量处于上升阶段，但仍处于成长阶段时，可以稍微提高一下价格，或者将价格控制在比竞争对手偏低一点的范围。

（3）成熟阶段

当店铺内的商品销量已经很稳定，在排名、流量、星级评分、销量各方面的指标都很不错并且在市场上积累了不少的人气之后，在这个层次的商品，比价功能已经弱化，更多的是代表了品牌形象与店铺定位。那么此时卖家可以放心地将价格调得比市场价高一些了，忠实的买家也不会因为提价而离开。

（4）衰退阶段

当商品在市场火过后，就会慢慢地进入衰退期，因为市场会不断出现功能更加完善的竞品，慢慢地取而代之。当有了新的竞品出现，消费者对原有商品的关注度就会降低，需求逐渐减弱，忠诚度也会下降。针对这类容易被竞品取而代之的商品，卖家也没必要继续强推，还有库存的可以进行清仓处理，如采用满减、打折、包邮等方式。

妙招 78　根据人的心理进行定价

对一个商品的价格，很多人都有个心理价，很多时候心理价比商品的实际价更重要。人的消费心理不同，对价格的反应也不同，有的喜欢低价，有的喜欢高价，有的则喜欢折扣价。对此，卖家可根据人的心理对商品进行定价。

尽管把握个人的心理差异很难，但有些具有共性和规律性的东西还是很容易把握的，这就需要卖家在实践中善于观察、分析和总结。

（1）以“9”结尾的商品定价

在各大跨境电子商务电商平台上，很多商品价格都以“9”为尾数。如$9.99、$49.99、$99.99。在亚马逊上，一部儿童平板电脑的售价$99.99。也许很多商家会问直接卖$100不是更方便吗？为什么要设$99.99呢？

这就与买家的心理因素有关了。定价$99.99，会让买家觉得购买这个商品不需要$100。相较于$100，买家更愿意去购买$99.99的商品，哪怕实际售价只差0.01美元。

因此卖家在定价时，除了考虑成本与利润之外，也要顾及买家的心理。

（2）差别化定价

卖家在定价的时候，可以把功能类似的同系列商品一起陈列标价，并试着推出较高价的商品来影响价格较低的商品。举个简单的例子，很多店家总是喜欢把￥39、￥69、￥99三个有差别价位的衣服排列在一起。在￥99元的衬托下，消费者会觉得39元的衣服性价比更高，从而刺激消费。

在速卖通平台上，定价也可以如此，通过分等级定价，令商品之间产生价格差别，可以实现对销量的刺激作用。

妙招 79　设置价格区间的技巧

设置价格区间本意是为了给买家更多的选择，但对于大部分卖家来说却成了左右为难的问题。价格区间设置得过大，两极分化严重，往往会导致买家对商品质量产生置疑；设置得过小又无法体现价格优势，不利于批量销售。

那么，如何设置价格区间呢？可从以下3个方面入手。

（1）填写清楚与价格相对应的信息

不同规格的商品有不同的价格，而不同的价格往往对应着特定的信息，为了便于买家了解定价缘由，往往需要填写清楚价格相对应的信息。这些信息通常包括如下。

1）商品规格：此项为选填项，如智能手机商品有3G、4G等，可在商品规格中填写“智能手机4G”。

2）供应商价：指的是商品实际的销售价格，由卖家填写。此数目为卖家最后收到货款的数目。

3）网上售价：指的是买家所看到的价格，是系统根据供应商价自动计算出来的。

4）交货时间：买家成功下单后，卖家执行订单至成功发货期间的天数，此项由卖家自定义，这里不含物流公司的运输时间（交货期限只能填写3 ~ 60天）。

如果同一商品拥有不同的规格，也可以针对不同的规格、不同的数量区间设置各自的价格和交货期。商品的起定量设置不应该过大，过大会让一些想测试订单的买家或个人消费者无法进行交易，降低成交概率。

（2）多设几个价格区间

商品的价位区间，建议多设置几个，以便让价格形成较明显的差距，这样能大大增加买家的选择余地，促使客户多买。

商品价格区间的设置如图8-1所示。

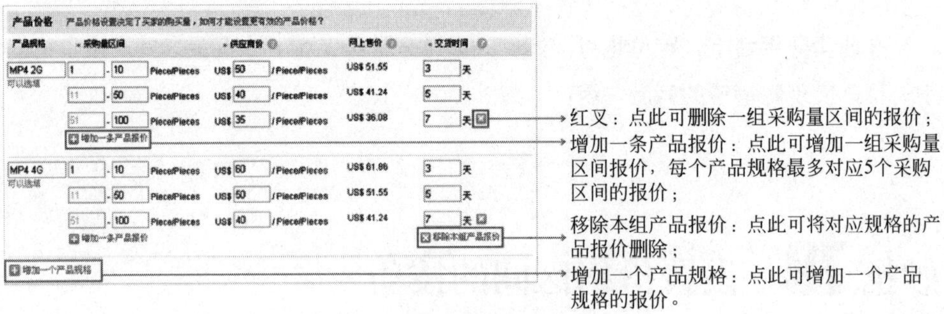

图8-1　商品价格区间的设置页面

（3）注明零售价、批发价

1）如果商品按件出售，则需要再在商品包装信息销售方式一栏中选择“按Piece/Pieces出售”，如图8-2所示。

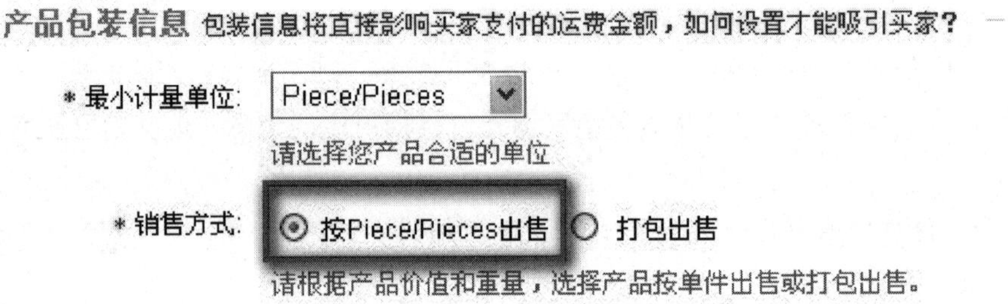

图8-2　商品零售价设置页面

同时，在商品价格信息中填入每件商品的价格，如图8-3所示。

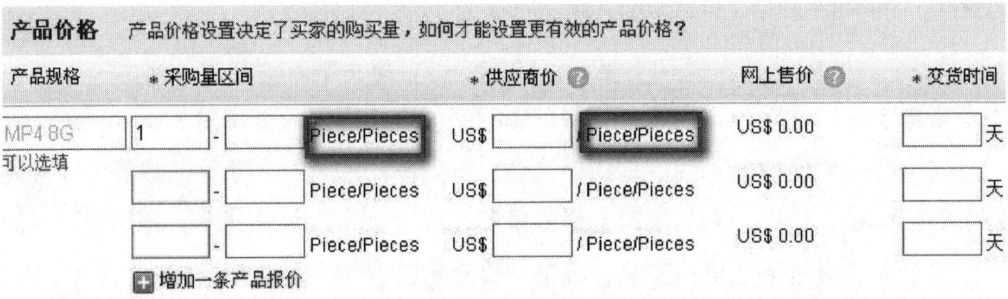

图8-3　商品零售价填写页面

2）如果选择打包出售商品，那么需要在商品价格信息中填入的价格为每包的商品价格。例如，选择了打包出售的销售方式，每包商品设定为10件。那么也就是说，卖家需要在商品信息中填入的价格是10件商品的价格，如图8-4所示。

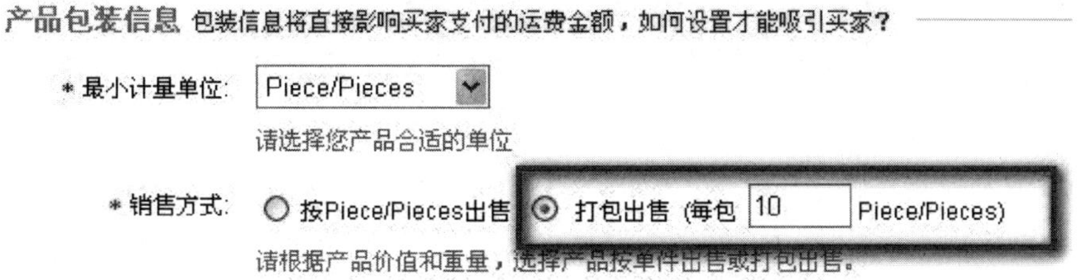

图8-4　商品批发价设置页面

现在有不少卖家将打包价格误填为单件商品价格，这样会导致商品价格过低，无法正常发货并完成交易，甚至还有可能引发交易纠纷，影响卖家在速卖通平台的后续发展，如图8-5所示。

图8-5　商品批发价填写页面

妙招80　3种情况下适合低价策略

买家是否购买某个商品，除了受商品功能、详情描述等因素的影响之外，最大的影响因素仍是价格。如果他们感觉价格符合预期就会果断购买，但若感觉价格过高，超出了自己的购买能力，很可能就会放弃。目前，商品同质化非常严重，有很多功能相近，这时价格就显得异常重要。如果别家有类似的或同样商品，且价格还较低的话，那么买家大多会选择在价格较低的店铺进行购买。

因此，有时候需要实行低价策略，尽管低价竞争是很多商家不提倡的做法，但有时候不失为一种策略。尤其对竞争力较大的品类，低价就是一种竞争优势。当然，也不是什么商品都可以低价，什么时候都可以随便采用低价策略。

那么，卖家在什么情况下采用低价较好呢？通常有3种情况。

（1）起步阶段

为打造爆品和积累人气，刚上架商品时可以将价格调低，但当做到一定量时，可以再提价。

（2）促销阶段

卖家应具有一定实力，对商品质量、商品成本、货源有很好的控制，即使低价也有足够的盈利空间，同时在推广营销等方面也很成功。

（3）热销阶段

较低的价格对热销商品具有拉升作用。

妙招 81　对商品价格进行调整

买家决定购买某商品后，会在商品详细信息页中点击“Buy Now”，进入订单页面填写订单信息并提交后，此时一份订单正式生成，如图8-6所示。

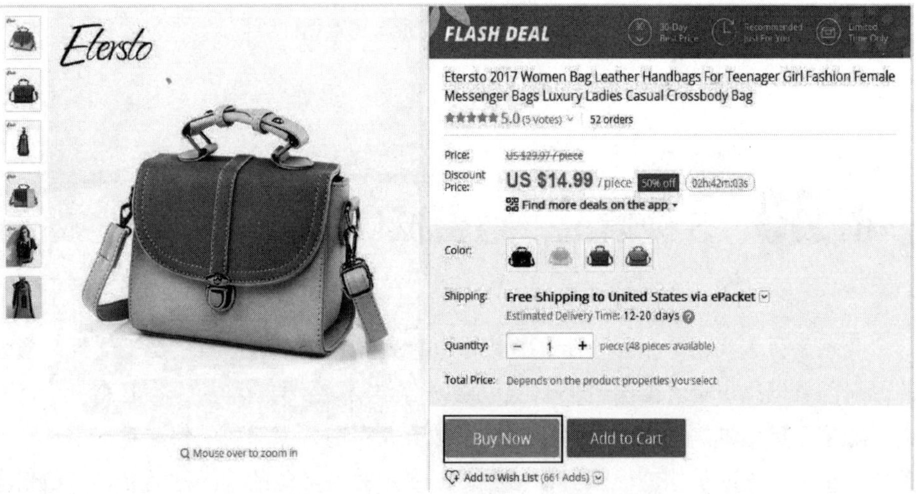

图8-6　买家购买（Buy Now）页面

当买家下单后，卖家即可在后台查询并对其进行处理。具体步骤可按照“交易”→“管理订单”→“进行中的订单”进行。

在交易过程中，如果买家对价格有异议，卖家可通过速卖通后台对价格进行调整。具体步骤为：进入“进行中的订单”页面中，选择所要修改的订单，点击“调整价格”，如图8-7所示，然后对价格的折扣等信息进行修改。

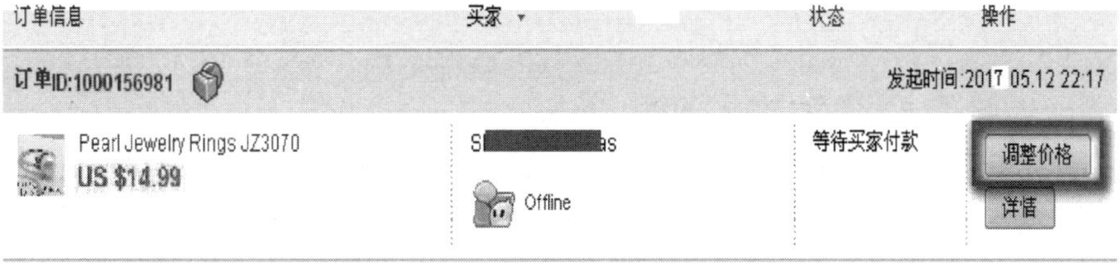

图8-7　速卖通价格调整页面

（注：如果买家已经付款，卖家则无法再调整交易价格）

妙招 82　如何设置手机端的折扣

随着智能手机的大范围运用，手机购物已经成为一种普遍现象。为了更好地吸引手机端用户，卖家需要对手机端速卖通APP上的商品折扣进行设置。目前，设置速卖通手机端折扣可以从限时限量折扣和全店铺打折活动着手。

速卖通对限时限量折扣和全店铺打折功能进行了升级，升级之后将会更灵活地支持全站和速卖通手机端折扣的设置，具体设置方式有3种，如表8-1所列。

表8-1　手机端折扣设置种类

全站折扣	活动开始后，PC端和手机端展示一样的折扣，折扣为设置的全站折扣率
手机端折扣	活动开始后，PC端展示全站折扣率，手机端展示手机专享折扣率，此种设置下的商品在无线的搜索结果页支持手机专享价的筛选
手机端专项折扣	活动开始后，只有手机端展示折扣，折扣率为设置的手机专享折扣率，PC端为原价，此种设置下的商品在无线的搜索结果页支持手机专享价的筛选

速卖通手机端折扣属于速卖通无线端优惠的一种，怎么设置还需要按以下步骤进行。

（1）限时限量折扣的速卖通手机端折扣设置

具体操作请点击《速卖通限时限量折扣怎么设置手机端专享折扣》。

(2)全店铺打折活动速卖通手机端折扣设置

针对全店铺打折，卖家在设置全店铺打折时，可以参考以下的设置规则。

步骤1：登录卖家后台→营销活动→全店铺打折→创建活动。

步骤2：填写活动基本信息，针对对应的营销分组，设置具体的分组折扣。

1）只设置速卖通手机端折扣率。

此时针对分组商品，在PC端展示原价，在无线端显示速卖通手机端折扣率，此种设置下的商品在无线端会出现手机专享价的标志，在无线端的搜索结果页支持筛选功能。

2）同时设置全店铺打折的全站折扣率和速卖通手机端折扣率。

同时设置时，设置要求为：速卖通手机端折扣率必须大于全站折扣率。活动开始后，分组商品在PC端展示全站折扣率，在无线端显示速卖通手机端折扣率，此种设置下的商品在无线端会出现手机专享价的标志，在无线端的搜索结果页支持筛选功能。为了最大程度获取PC端和无线端的流量，建议日常采用此种方式设置。

第9章

交易管理：左手及时发货，右手安全收款

交易管理是速卖通店铺经营的一个重要环节。交易管理主要由4个部分组成，分别为发货管理、物流管理、订单管理和售后管理。开通网上店铺，除了要辛辛苦苦上传商品、做推广之外，还需要做好交易管理，否则很有可能功亏一篑。

妙招 83 及时发货，确保买家按时收货

买家下单后，卖家要及时发货，这是客户的需要，也是平台对卖家明确提出的一项要求。

具体发货流程如下：

1）买家付款成功后，订单进入“等待卖家发货”状态，此时卖家可对订单信息进行查询，具体步骤为：“交易”→管理订单→进行中的订单→等待卖家发货→等待买家收货，如图9-1所示。

图9-1 订单信息查询页面

2）卖家可自己联系货代公司发货，也可以使用UPS线上发货功能。在平台发货页面，卖家可以查看剩余的交货时间，如图9-2所示。

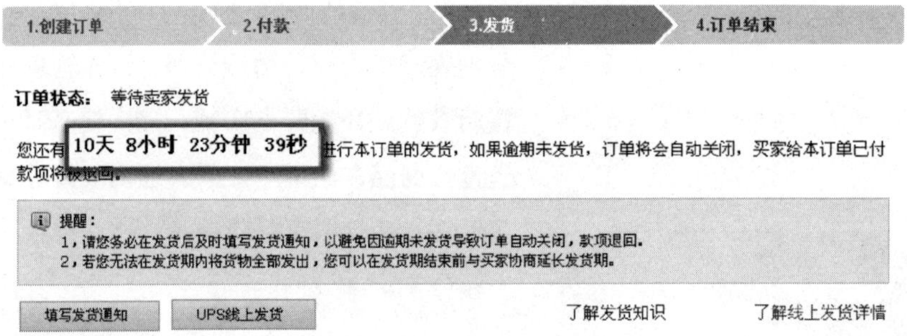

图9-2 卖家发货页面

如果卖家未在交货时间内将货物发出并填写有效的货运跟踪信息，该订单会自动关闭，订单款项将会被退回给买家。这种情况称为“发货超时”，属于卖家“成交不卖”行为，在速卖通平台属于违规行为。当判定卖家具有这种行为后，平台将根据违规程度，对卖家进行处罚。

3）卖家发货后，需要将正确的发货详细信息填写到“发货及物流信息”一栏中，包括承运方、货运跟踪号、发货状态等，填写完成后点击“提交”即可，如图9-3所示。

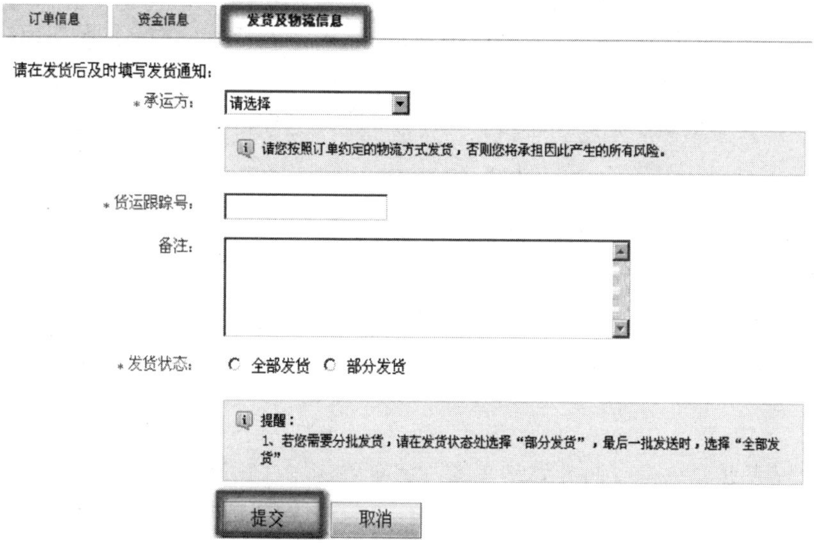

图9-3　发货及物流信息填写页面

注意事项：

① 如果卖家全部发货则订单状态显示为卖家已发货，等待买家确认。

② 如果卖家部分发货则订单状态显示为部分发货，等待卖家完成发货。

③ 在卖家交货时间内，可及时与买家沟通，如果在交货时间截止前确认无法发货，可以在截止时间前要求买家延长发货时间。

4）卖家发货成功并填写发货物流信息后，订单进入“等待买家收货”阶段。此时，可以在“交易”→“管理订单”→“进行中的订单”页面中选择“等待买家收货”查询订单信息，如图9-4所示。

图9-4　等待买家收货查询页面

注意事项：

① 如果买家在收货时间内不能按时收到货物，卖家可适当延长买家确认收货的时间周期，使买家在未收到货物时不至于随意提起退款，保障双方安全及信誉。

② 卖家发货后可以告诉买家已经发货，请买家注意查收。

③ 在买家收到货物之后，卖家应及时与买家沟通验货，并进行服务指导，及时跟进买家确认收货和放款。

④ 如果买家逾期未确认收货，则订单将自动结束，订单款项将会自动支付给卖家。

妙招 84 常用的各大跨境物流方式

物流在速卖通电子商务活动中发挥着重要作用，它是卖家与买家的“桥梁”，是商品及时运送到消费者手中的唯一途径。因此，对于卖家而言，必须构建起一套科学、完善、高效的物流管控体系和流程。

做跨境电子商务，物流是其中的一个核心环节。如何快速高效地把货物送到买家手中，是每个速卖通卖家最关注的问题。目前，常用的跨境电子商务物流方式有5种，如图9-5所示。

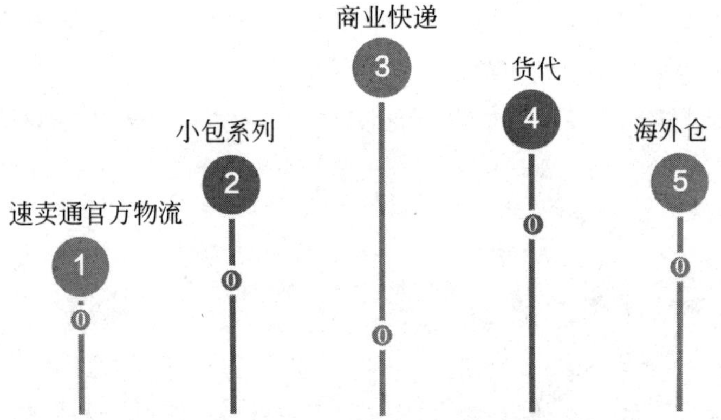

图9-5 卖家常用的5种物流方式

① 速卖通、菜鸟网络联合推出的无忧物流，是速卖通官方物流，可为速卖通卖家提供包括稳定的国内揽收、国际配送、物流详情追踪、物流纠纷处理、售后赔

付在内的物流系统。

② 小包系列如中国邮政小包、新加坡小包、香港小包等，是小批量发货的首选。

③ 商业快递是目前跨境电子商务物流的主流，服务机构多，选择余地大，如DHL国际快递服务、UPS国际快递服务、联邦快递服务等。

④ 海外仓、货代更偏重于企业级卖家和大出口商。

妙招85　方式1：无忧物流——速卖通官方物流

无忧物流作为速卖通官方唯一指定的物流方式，具有渠道稳定、时效快的优势，也是很多卖家的不二选择。

开通无忧物流使用权限的卖家，可以在速卖通平台上设置无忧物流运费模板，直接线上发货，无忧物流支持发往全球254个国家及地区，优先服务的国家及地区可多达184个。

卖家在设置无忧物流运费模板时可按照以下步骤进行。

（1）选择所需发货的订单

进入“我的速卖通”→“交易”，选择“等待您发货”状态的订单，将会看到所有等待卖家发货的订单明细，选择所需发货的订单，点击“发货”，如图9-6所示。

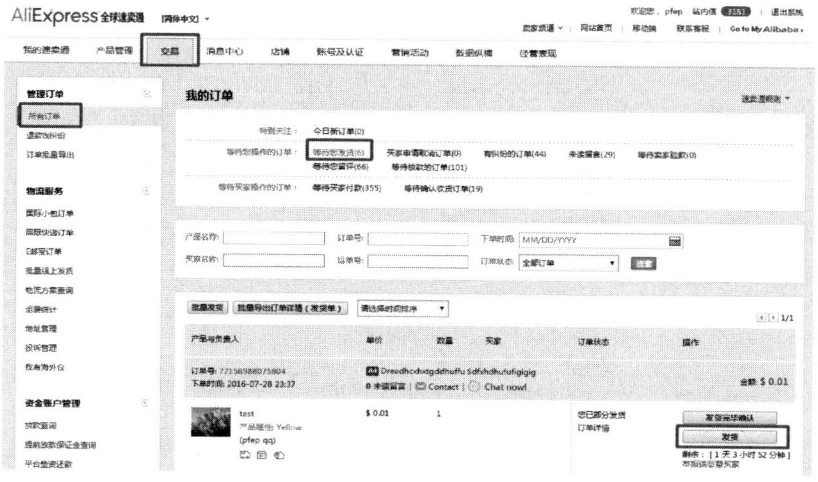

图9-6　订单明细页面

点击后，将会看到如图9-7所示的发货页面，此时便可选择“线上发货”。

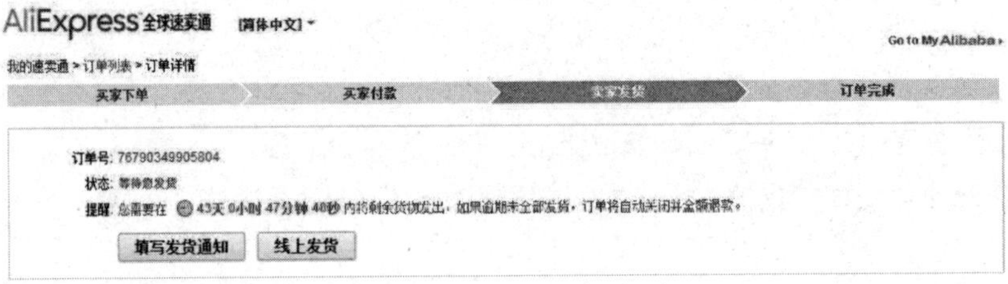

图9-7　发货页面

(2) 选择物流方案

在“选择物流方案”页面里，选择所需要的物流服务（当选择的物流服务与买家下单的服务不一致时，系统将会给出提示请卖家确认）。选择完毕后，点击“下一步”创建相应的物流订单，如图9-8所示。

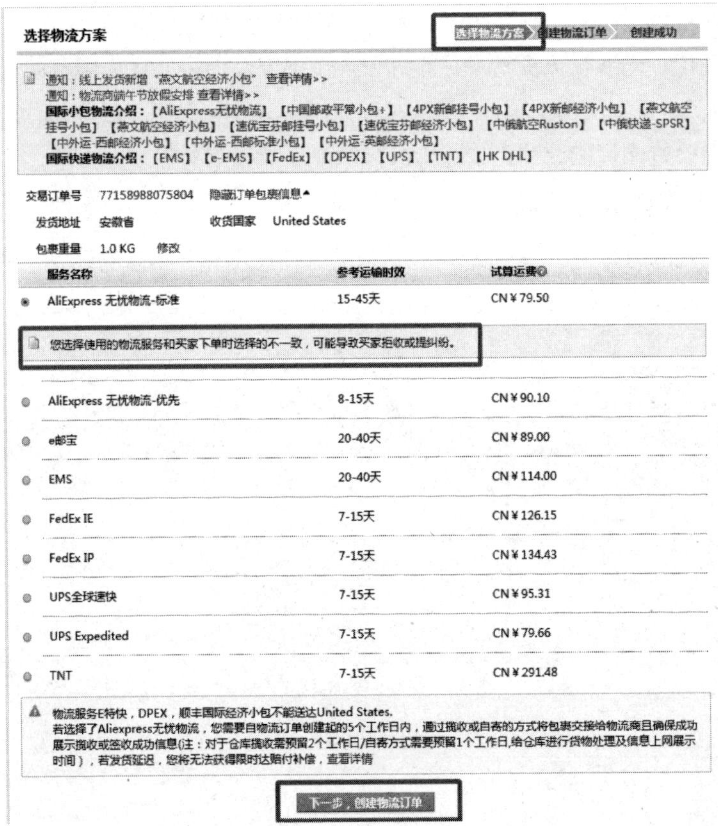

图9-8　创建物流订单

（3）创建物流订单

选择“创建物流订单”后，会出现如图9-9所示的页面，提示卖家对关键信息和有误的信息进行修改，如果无须修改可以将这步忽略。

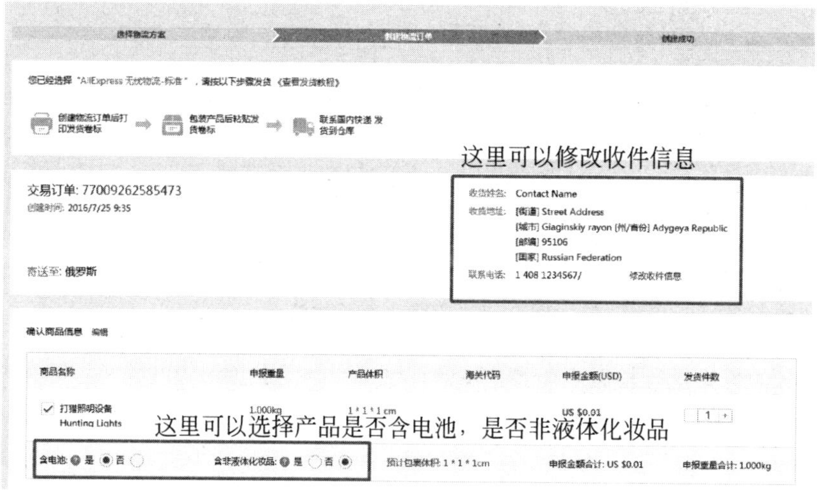

图9-9 物流信息修改页面

如果需要修改买家收件信息，可以点击“修改收件信息”。点击后会显示如图9-10和图9-11所示的弹窗，可以在此编辑收件信息。

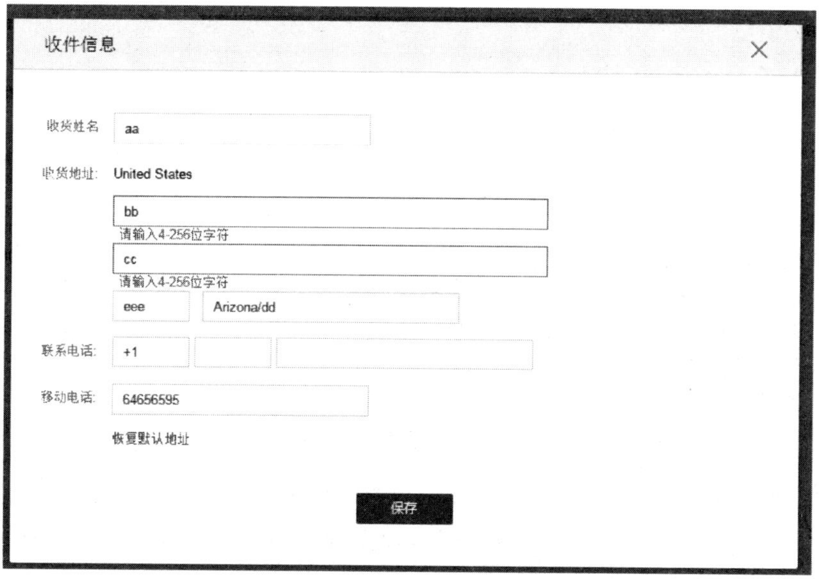

图9-10 买家收件信息修改页面

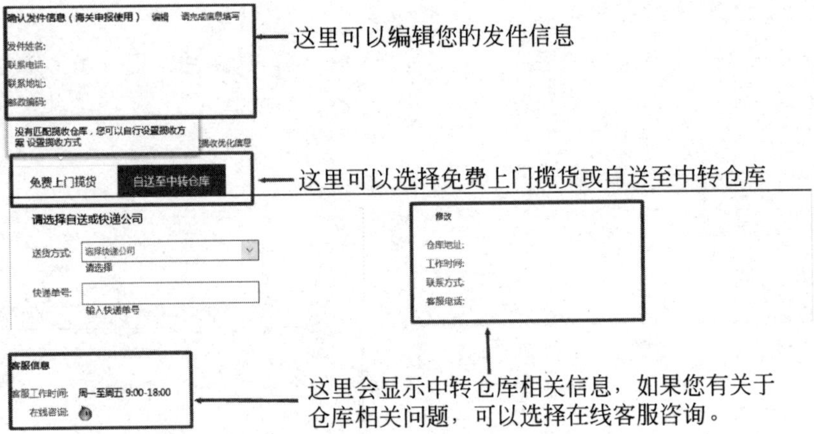

图9–11　买家收件信息详情

如果发件地址在物流商揽收范围内，系统会自动配置对应的仓库。如果所在的地址不在揽收范围内，系统会提示“自寄至指定中转仓库”，如图9–12和图9–13所示。

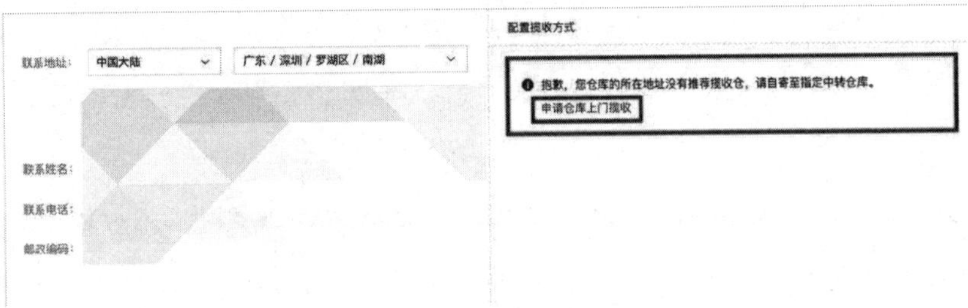

图9–12　“配置揽收方式”查询页面

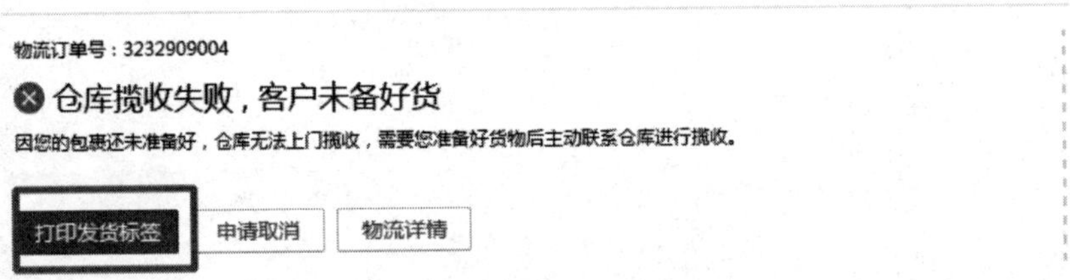

图9–13　揽收失败提醒

如果卖家需要上门揽件，可选择“免费上门揽收”，点击“申请仓库上门揽收”，申请揽收仓库。注意，请提前与物流商沟通能否上门揽收，以免拒单。

创建物流订单时，在页面底部有关于无法投递的包裹处理方案。卖家可以根据自己的需要，选择是否需要将包裹退回，或者在海外销毁。当选择“退回”时，每单会收取固定金额的退件服务费，如图9-14所示。对于选择退回的包裹，一旦发生目的国无法投递的情况，将不再收取退回运费。当选择“销毁”时，不产生退件服务费，销毁包裹是免费的。

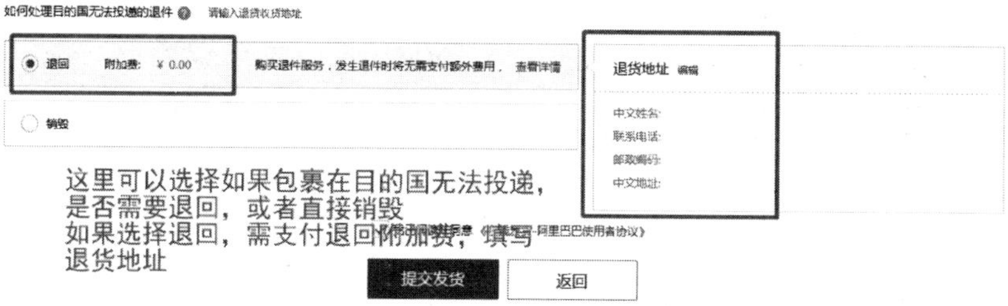
如何处理目的国无法投递的退件
请输入退货收货地址
退回　附加费：¥ 0.00
购买退件服务，发生退件时将无需支付额外费用，　查看详情
销毁
退货地址　编辑
中文姓名：
联系电话：
邮政编码：
中文地址：
这里可以选择如果包裹在目的国无法投递，是否需要退回，或者直接销毁
如果选择退回，需支付退回附加费，填写退货地址
提交发货
返回

图9-14　退件信息查询页面

以上选择全部完毕之后，可以勾选“我已阅读并同意《在线发货-阿里巴巴使用者协议》”，并选择“提交发货”，至此，物流订单创建完毕。

（4）查看国际物流单号，打印发货标签

在物流订单创建完毕之后会出现如图9-15所示的页面，提示“成功创建物流订单”。这时，卖家可以点击“物流订单详情”链接，即可看到生成的国际物流单号，打印发货标签。

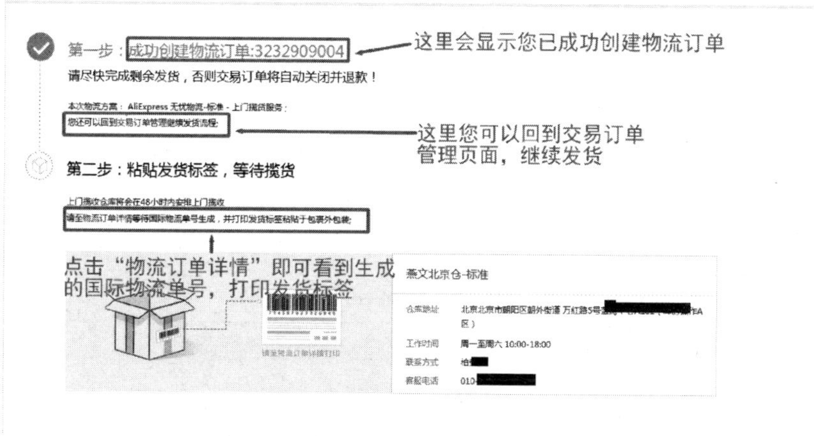
第一步：成功创建物流订单:3232909004
这里会显示您已成功创建物流订单
请尽快完成剩余发货，否则交易订单将自动关闭并退款！
本次物流方案：AliExpress 无忧物流-标准 - 上门揽货服务：
您还可以回到交易订单管理继续发货流程；
这里您可以回到交易订单管理页面，继续发货
第二步：粘贴发货标签，等待揽货
上门揽收仓库将会在48小时内安排上门揽收
请至物流订单详情等待国际物流单号生成，并打印发货标签粘贴于包裹外包装；
点击“物流订单详情”即可看到生成的国际物流单号，打印发货标签
燕文北京仓-标准
仓库地址　北京北京市朝阳区朝外街道 万红路5号[redacted]
工作时间　周一至周六 10:00-18:00
联系方式　[redacted]
客服电话　010-[redacted]

图9-15　物流订单创建成功查询页面

（5）填写发货通知

物流订单创建成功后，系统会生成运单号给卖家，卖家在完成打包发货，交付物流商之后，即可填写发货通知，如图9-16所示。

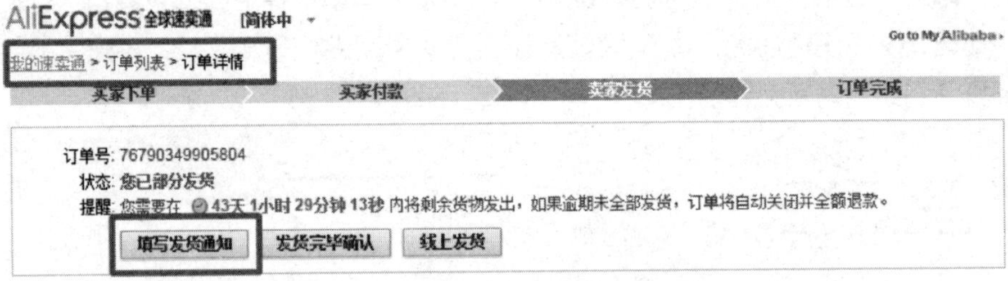

图9-16 填写发货通知页面

妙招 86 方式2：小包系列——小批量货物首选

所谓小包，是一种针对较小重量包裹的运送服务，货物重量在2公斤以下，运费一般根据包裹重量按克计费，1克起重，运送时间为正常情况16 ~ 35天到达目的地，特殊情况除外（包括但不限于：不可抗力、海关查验、政策调整以及节假日等）。

在各种小包中，中国邮政挂号小包的使用率是最高的，占据着小包业务的半壁江山。另外，中外运、顺丰国际也是常用的物流方式，顺有航空、燕文航空等所占份额尽管相对较少，但特定需求下也可使用。

小包物流的模板设置、步骤与无忧物流操作相仿，这里将不再赘述，两者不同的是使用标准和服务，因此重点对常用的小包运送范围、物流信息查询进行阐述，具体内容如表9-1所列。

表9-1 常用的物流小包及详细信息

名称	运送范围	物流信息查询
中国邮政挂号小包	全球217个国家及地区	速卖通平台订单页面 菜鸟官方物流追踪网站http://global.cainiao.com/ 中国邮政官网：http://intmail.11185.cn/
4PX新邮挂号小包	全球254个国家及地区	速卖通平台订单页面 菜鸟官方物流追踪网站http://global.cainiao.com/ 递四方官网：http://express.4px.com/ 新加坡邮政官网：http://beta.singpost.com/

续表

名称	运送范围	物流信息查询
中外运－西邮标准小包	西班牙全境	速卖通平台订单页面 菜鸟官方物流追踪网站http://global.cainiao.com/ 在揽收服务商网站燕文官网查询到包裹出库前的信息：http://www.yw56.com.cn/ 在中外运官网查询出口报关、国际航空运输、进口清关以及西班牙末端派送等物流信息：http://www.sinoair.com/index.php
速优宝芬邮挂号小包	俄罗斯、白俄罗斯、爱沙尼亚、拉脱维亚、立陶宛、乌克兰、波兰、德国全境邮局可到达区域	速卖通平台订单页面 菜鸟官方物流追踪网站http://global.cainiao.com/ 俄罗斯官网：https://pochta.ru/tracking 白俄罗斯官网：http://www.belpost.by/
中俄航空Ruston	俄罗斯全境	速卖通平台订单页面 菜鸟官方物流追踪网站http://global.cainiao.com/ 中国邮政官网和服务商网站Ruston官网
燕文航空挂号小包	全球40个国家	速卖通平台订单页面 燕文官网

妙招 87　方式3：商业快递——发货最主流的方式

商业快递是目前速卖通物流中的主流方式，包括FedEx、UPS、DHL、TNT等。在使用率方面，专线物流也是不可忽视的，如中东专线、中俄专线速优宝、中通俄罗斯专线等，更多信息如表9-2所列。

表9-2　商业快递种类以及优劣势对比

类型	优势	劣势
FedEx	适宜走21kg以上的大件，到中南美洲和欧洲有竞争力	价格较贵，需要考虑商品体积和重量；对托运物品限制较为严格；收取偏远附加费、单件超重费、地址更改派送费

续表

类型	优势	劣势
UPS	速度快、服务好。强项在美洲路线和日本路线，特别是美国、加拿大、南美、英国等	运费较贵，计算商品包装后的体积和重量；对托运物品的限制比较严格；收取单件超重费、超长费
DHL	送达国家网点比较多；日本、东南亚、澳洲有优势	对托运物品的限制比较严格、拒收许多特殊商品；收取偏远附加费（偏远地区划分经常变化）、单件超重费
TNT	全球货运服务、速度快、通关能力强，报关代理服务；无偏远派送附加费；在欧洲和西亚国家时效有绝对优势	要算抛重，对所运货物限制比较多

妙招 88　方式4：货代——适用于大批量货物

货代，即货运代理，是货主和买家之间的桥梁和纽带，是指在流通领域专门为货物运输需求和运力供给者提供各种运输服务业务的总称，其工作内容主要是接受客户委托完成货物运输某一个环节或与此有关的环节的工作。

很多卖家，尤其是新手卖家，未完全搞清什么是货代，以及货代和快递有什么区别，平时只是单一地靠费用来判断什么更加适合自己，认为自己能赚到钱，能把货顺利发走，及时送到国外客户手里就好。其实，这是非常错误的，需要不需要与货代合作，什么情况下才要选择货代，需要视情况而定。

那么，什么情况下才要选择货代呢？

（1）发货量大

发一部手机可用国际快递，但如果发一批手机就需要用货代物流了，因为这还涉及到费用、安全等问题。通过快递公司发大量货，费用往往较高，因为快递公司一般是以件数或重量计算运费的；而与货代公司合作，运费上会有很大的商量余地，且货代可提供更完善的服务，保证货物畅通无阻、尽快出口。

（2）特殊商品

国家对有些商品的出口规定比较严格，往往需要很复杂的流程才能办理。这种情况下使用物流公司就很难完成，因为物流公司只承担运输的职责，负责把货物从委托地点运输到目的地。而货代则可提供一站式服务，不但可运输，还可受货主委托，代办租船、订舱、配载、缮制有关证件、报关、报验、保险、集装箱运输、拆装箱、签发提单、结算运杂费，乃至交单议付和结汇。将这些工作委托给货代公司，可大大节省卖家的时间和精力。

当然，货代公司的质量也是参差不齐的，市场上不规范、不合乎要求的货代公司也比比皆是，在选择合作对象时需要谨慎对待。选择货代公司有一般有3个标准：

（1）服务要专业

服务专业，是选择货代的第一标准。那么，如何判断一个货代的服务质量呢?最好是根据自身的切身体验，如当卖家和货代业务员有争议的时候，业务员是否能给予耐心解释，是否态度平和。

（2）业务要熟练

业务是否专业也是选择货代的一个标准，因为很多货代公司有点“卖羊头挂狗肉”的嫌疑，它们本身不是货代，不具备货代的资历，只是挂靠一些大货代公司，或者接单后再次委托给第三方，这样的公司业务上是没有优势的，是缺少必要保障的。

比如一位卖家想发货，他想找一个便宜、时效又不错的渠道发一件大包去美国。卖家直接选择了一款非常便宜的中国邮政航空水陆大包，结果走了2个月，卖家的承运期到了客户还没收到货，最终引发了纠纷，不仅导致卖家店铺差评，还得退款。

（3）制度要健全

制度是一个公司的硬件，有一个科学、合理、可靠的制度，才可以约束员工的行为。货代都要用系统做单，这样才不会丢件，哪怕是一家小货代公司，只要有制度保证，在收到货后放置好并马上录入系统，就可以保证工作有条不紊地进行。而且一旦货物出现什么意外，也可以保障有据可查。

妙招89　方式5：海外仓——海外本地化服务

海外仓，顾名思义就是设在海外的商品库存，当有买家购买商品时，卖家不必一定要在中国发货，而是可以选择距买家最近的仓库就近发货。如发往加拿大、墨西哥、智利、巴西等国家的货，可将发货地设置在美国；发往新加坡、马来西亚等国的货可将发货地设置在印度尼西亚。

有效利用平台上的海外仓优势，既可以缩短运输时长，又可以降低物流成本，更重要的是，还可以拓展销售种类，突破航空对商品体积、重量，甚至禁运的限制，升级售后服务，增强买家信心。

目前，平台共设置了9个国家海外仓所在地，辐射亚洲、欧洲、美洲、大洋洲各主要市场，分别为印度尼西亚、俄罗斯、英国、法国、德国、西班牙、意大利、美国、澳大利亚。平台会针对不同国家举办专场活动，如无线海外专区，俄罗斯、美国精品活动等，同时对卖家商品进行SEO、PPC推广，卖家的商品如果支持海外发货或服务的则有机会入选。

那么，卖家如何获得海外仓发货或服务的机会呢？具体可通过以下5个步骤实现，如图9-17所示。

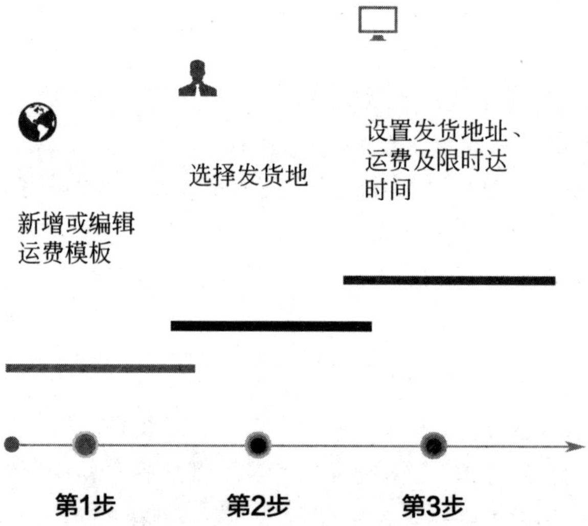

图9-17　卖家获得海外仓发货或服务步骤

（1）第1步：新增或编辑运费模板

进入速卖通卖家后台→商品管理→模板管理→运费模板，点击新增运费模板按钮或选择现有运费模板进行编辑，如图9-18所示。

（2）第2步：选择发货地

点击“新增发货地”，勾选需要设置的发货国家，点击“确认”按钮，同一运费模板可以同时设置多个发货国家，如图9-19所示。

图9-18　运费模板新增或编辑页面

物流公司	设置	价格	运达时间
e-EMS	不支持向该国家发货	-	-
DHL Global Mail	不支持向该国家发货	-	-
ePacket(e邮宝)	不支持向该国家发货	-	-
Singapore Post	自定义	$12.63	39天
EMS(中国邮政特快专递)	标准运费（减免0.0%）	$59.41	27天
UPS Expedited	标准运费（减免0.0%）	$85.51	23天
Fedex IP	标准运费（减免0.0%）	$89.47	23天
DHL	标准运费（减免0.0%）	$91.96	23天
TNT	标准运费（减免0.0%）	$92.39	23天
UPS Express Saver	标准运费（减免0.0%）	$101.31	23天

图9-19　运费模板的国家设置

目前，运费模板中可选择的发货地设置仅包含中国在内的10个国家，如图9-20所示。如果商品发货地不在其中，请选择发货地为中国。后续平台会根据卖家发货地分布新增支持的发货国家。

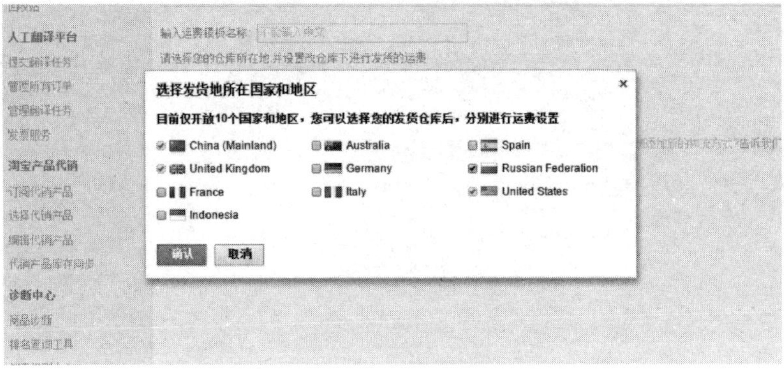

图9-20　运费模板国家设置上的限制

（3）第3步：设置发货地址、运费及限时达时间

点击发货地区后的“展开设置”，可针对不同的发货地区以及不同的物流方式分别设置运费及承诺运达时间，如图9-21所示。

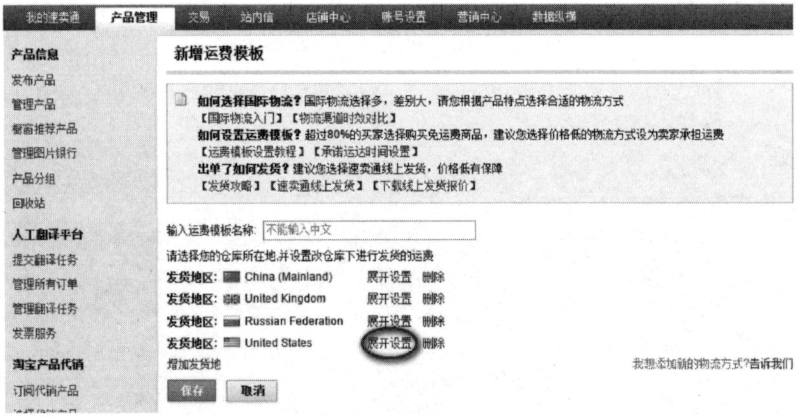

图9-21　运费和发货地址设置

提醒：卖家可以点击自定义运费，选择物流方式所支持的国家及运费；也可以点击自定义运达时间，对不同国家设置不同的承诺运达时间。

例如，发货地在美国，可以设置支持发往美国、加拿大、墨西哥、智利、巴西5国，并分别设置运费及承诺运达时间。发货国与目的国一致（除俄罗斯外，俄罗斯可分区设置承诺运达时间），承诺运达时间最长不能超过15天，如图9-22所示。

图9-22　运费及限时达时间的设置

妙招 90　海外仓的选择标准

海外仓的优点是成本低、货物安全、送达速度快，目前越来越多的跨境电子商务企业开始用海外仓这种物流方式。

目前市场上的海外仓有第三方海外仓服务商和卖家自建海外仓两种。前者是与第三方进行合作，合作的方式有两种：租用和合作建设。租用方式会存在操作费用、物流费用、仓储费用；合作建设则只产生物流费用。合作建设是指企业按照一般贸易方式，将货物批量出口到境外仓库，实现本地销售、本地配送的跨国物流形式。

自建海外仓毕竟还是少数，只有那些有实力的企业卖家才能构建，对于中小卖家来讲，最现实的做法还是与第三方合作。那么，该如何选择合作对象呢?

（1）看海外仓所在国家和地区

卖家通常都有一个自己比较熟悉的目的国，因此，选择海外仓一定要在自己熟悉的目的国或周边。这主要是考虑到向海外仓发货需要向目的国缴税，而每个国家的要求和申请流程不同，最好选择一个门槛低、流程简单的。

以eBay四大站点为例，英国需要VAT税号，目前申请流程大概需要2 ～ 3周的时间，然后每三个月要依法报税。德国和英国情况类似，也是需要申请VAT税号，但是审核时间较长，可能需要几个月时间。美国和澳洲暂时还没有VAT的要求。但是澳洲站点除了特定品类（历史销量高）以外，整个站点的买家需求量相对来说在四大站点中比较低，卖家间的竞争也少。而美国则是最大最成熟的市场，比较适合新手卖家。

（2）看企业自身的实力

目前，市面上第三方海外仓供应商很多，这里不做列举和推荐，只做提醒，在选择合作对象时要考虑他们的自身实力，可优先从以下几点考虑：

看是否有高效的系统，看仓储规模大小，看退货服务是否完善，看价格是否明确合理，看在目标国家有什么优势、业界口碑和行业经验如何等。

（3）结合自己的商品

一般来说，大多数商品的海外仓利润率都远高于国内发货，这也是海外仓的优势。如果商品因重量、尺寸等在国内发货成本高，或者客户对时效、售后要求比较高，甚至有些商品在国内发货有严重障碍，或便捷性、安全度都很差的情况下，只能选择海外仓。

中小卖家适合选择第三方海外仓，超大卖家都会布局自建海外仓。不过这两种方式都有缺点：与第三方合作运输时间长，需要支付一定的租赁费和管理费，运费计算复杂，找到可靠的公司比较难；自建海外仓投资大，风险高，流程繁琐。

妙招 91　选择物流的标准

卖家在选择合作物流对象时，需要从各个方面进行详细的考虑，考虑的内容通常有以下5个，如图9-23所示。

（1）速度

对于物流最先考虑的是它的速度、时效性，这是快递业务最本质的要求，同时也是客户最在意的一点。对于购买者来讲，谁都希望以最快的速度拿到购买的商品。因此，对于卖家来讲，尽量选择运输速度较快的物流公司，对于提升客户的物流体验有很大帮助。

物流公司的时效性主要表现在两个方面，一是取件时间，二是物流公司的配送速度。

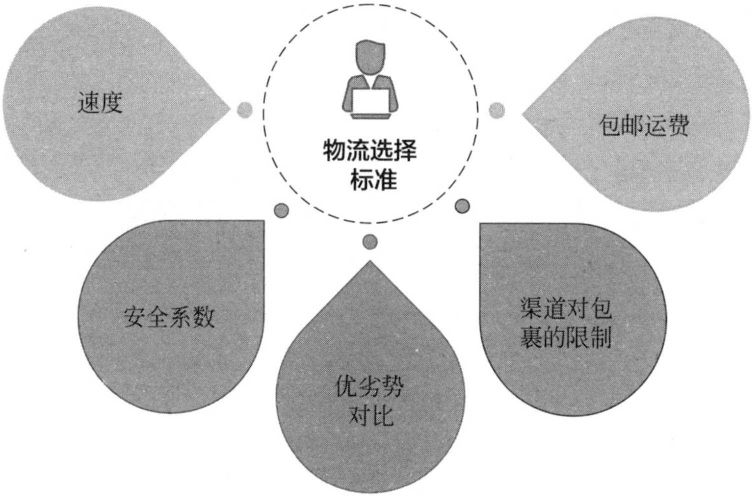

图9-23 卖家选择物流的5个标准

（2）安全系数

在物流过程中，最让买卖双方感到为难的便是快递的安全性。目前来讲，安全系数不高是整个快递行业普遍存在的问题，商品丢失、损坏的现象非常多，一旦出现这些问题，客户利益得不到保障，损失最大的首先就是卖家。所以，在选择快递公司时最好选择具有良好信誉和口碑，监管制度相对完善，在全国各地遍布的网点较多的公司，这类快递公司可大大避免后顾之忧。

（3）优劣势对比

不同的物流方式都有各自的特点，下面来逐一看下常见物流类型的优劣对比。首先是小包系列，包括邮政小包，E邮宝等等为主的跨境电子商务物流体系，这一类物流方式的特点是费用较低，以克为单位，适合跨境电子商务小而美平台的运输，然而其缺点自然是存在运输时间慢的弊病。

其次是商业快递，这类运输方式的优点是快速高效，缺点是费用较高，是否采用这种方式，需要根据商品类型而定。

最后是海外仓，这种是解决最后一公里的最好方法，可以在短时间内将货物送到客户手中，然而这种模式需要支付一定的租赁费和管理费，因此，对于一般货物来说，尽量不要选择这种方式。

（4）渠道对包裹的限制

在选择物流方式之前，卖家要了解这些渠道对包裹有什么限制，如长度限制和重量限制。在了解对包裹的限制之后，就要设置物流组合方案。这里涉及的方案有中邮小包、新加坡邮政小包、专线物流。不过，在选择小包发货时不要有过高的期望，由于其价格较低，因此发货速度无法与商业快递相比。

（5）包邮运费

不同的物流方式，运费存在很大差距，卖家在选择物流时要考虑费用的合理性。这种合理性主要是与费用、成本的关系，既不能过低亏本，也不可过高失去竞争力。在计算包邮运费时卖家要充分考虑的费用、成本有以下5个，如图9-24所示。

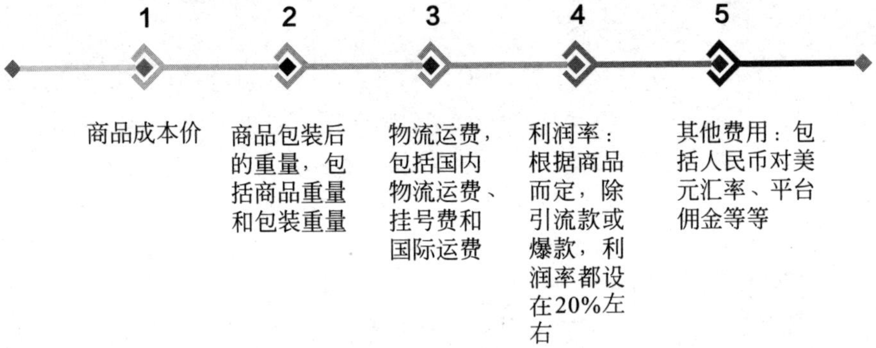
1
2
3
4
5
商品成本价
商品包装后的重量，包括商品重量和包装重量
物流运费，包括国内物流运费、挂号费和国际运费
利润率：根据商品而定，除引流款或爆款，利润率都设在20%左右
其他费用：包括人民币对美元汇率、平台佣金等等

图9-24　计算包邮运费时考虑成本因素

妙招92　物流模板的设置

不同的物流公司计算运费的方式会有所不同。EMS、专线服务、中国邮政大小包和中国香港邮政大小包以商品包装实重来计算运费；FedEx、UPS、DHL、TNT等会根据商品包装实重和商品包装体积重（材积）两者的较高值来计算运费［体积重（材积）计算公式：长（cm）×宽（cm）×高（cm）÷5000=重量（kg）］，因此商品包装尺寸也同样要尽可能准确。

物流设置中主要是选择一个“运费模板”。因为有很多种物流方式可以选择，卖家可以将提供的所有物流方式设置成一个运费模板，在上传商品的时候直接选择就可以了，客户也可以根据自己的需求选择他想要的物流方式。速卖通已经设置好了“新手运费模板”，如图9-25所示，新卖家可以直接选择使用，或是单击“新建运费模板”，进入“商品管理”→“模板管理”→“运费模板”里进行设置。

图9-25　新手运费模板页面

妙招93　物流包装的注意事项

对需要远距离运送的商品而言，包装有很重要的保护作用，尤其是一些易破碎、怕碰撞的商品，需要一定的包装来保证商品的完好无损。

可见，无论是出于美观还是安全保护，对商品进行包装都是非常有必要的。然而，包装是需要掌握一定技巧的，卖家在对商品进行打包时需要掌握以下技巧：

（1）根据包装的用途而定

按包装的作用，可分为销售包装和运输包装，这两类包装是根据商品的性质而定的。上面我们提到包装通常具有美化和保护两重作用。当包装重在对商品进行美化时，可按照销售包装的形式进行；当包装着重对商品进行保护时，则可按照运输包装的形式进行。

1）销售包装。

销售包装又称内包装或小包装，是直接接触商品并随商品进入零售网点与消费者或用户直接见面的包装。常见的销售包装形式有以下8种，如表9-3所列。

表9-3　常见的销售包装形式

类型	内容
便携式包装	该包装上有提手装置设计或附有携带包装，方便消费者携带，如5千克装的大米袋等
挂式包装	该包装采用挂钩、网袋、吊袋设计，便于商品的悬挂、陈列和展销等

续表

类型	内容
易开包装	该包装带有手拉盖等设计的易拉罐、易开瓶和易开盒等，如啤酒罐、罐头等
喷雾包装	该包装上带有自助喷出和关闭的装置，对液体商品较适合，方便消费者使用，如香水、灭蚊水等
堆叠式包装	采用包装的上边盖部和底部能吻合的造型设计以便商品堆叠陈列，节省包装
配套包装	该包装将有关联的不同规格品种的商品搭配成套，如成套茶具包装盒等
复用包装	除用作商品包装外，还可以提供消费者观赏、再使用等其他用途的包装
礼品包装	该包装设计精美，专为送礼的包装，如名贵表、名贵酒等

2）运输包装。

运输包装是指为了方便运输、保护商品而设计的包装，它具有保护商品安全、方便储存、运输、装卸等作用。运输包装一般可根据包装方式、包装材料和包装层次分类，如表9-4所列。

表9-4　运输包装的类型

类型	内容
按包装方式分类	可分为单件运输包装和集合运输包装。单件运输包装主要有箱（纸箱、木箱）、桶（木桶、铁桶）、袋（纸袋、麻袋）、包等，集合运输包装主要有托盘、集装袋、集装箱等
按包装的材料分类	可分为纸制包装、金属包装、塑料包装、木制包装、玻璃包装、陶瓷包装、复合材料包装等
按包装层次分类	可分为外包装、中包装和小包装。如香烟、节能灯等的包装

（2）包装的注意事项

1）密封包装袋。

为了减少商品在运输中因碰撞、甩撞引起损毁的情况，商品的打包需要使用硬质、抗撕裂、抗戳穿的外包装，如纸箱、文件封、包装胶袋等。使用了这样的材质作为外包装之后，还需要用胶带为商品进行密封，在密封过程中要将胶带缠于箱子的所有开口位置，这样能避免商品在运输途中落出箱外，也能预防一些素质较低的快递员私自拆封。

2）包装内放填充物。

商品在运输过程中的损耗性极大，尤其对于一些易碎商品，客服在对商品进行包装时就要预防商品在运输途中被损坏。卖家需要学习内包装的包裹方法，在包装盒内需要放置一些具有缓冲效能的填充物，如珍珠棉、泡沫、纸卡等，让商品在包装盒内能够基本保持固定。

此外，在商品的上架阶段，要正确、详细地填写包装信息，还要填写商品包装后的重量和尺寸两项内容。商品的重量决定了商品的运费，所以商品的重量与商品的定价不可分割。自定义计重是客户在购买多件商品（批发）时，重量是否进行叠加计算，因为某些情况下多件商品可以共用一个大包装，平均下来可能比单件包装的重量要轻一些。

这里要提醒的是，应尽可能将包装信息填写准确，因为在不包邮费的情况下，系统会根据卖家所填写的重量直接计算并显示运费给买家。如果包装信息不正确，计算出来的运费可能会过高或过低，过高会吓跑买家，过低则会产生亏损。

第10章

售后服务：给买家完美的购物体验

售后服务在电子商务中越来越重要，其代表着网店的形象，体现着网店的软实力。一个好的店铺不仅可以为买家提供高质量的商品，还会提供令买家满意的售后服务。尽管大多数店铺都设有客服，但真正做好的并不多。服务工作很简单，每个人都可以做，但要做好必须用心、尽心。

妙招 94　确认收货和物流注意事项

当买家确认收到货物且无异议后，平台系统才会将款项支付给卖家。卖家也可通过后台查询详细信息，货款查询页面如图10-1所示。

图10-1　货款查询页面

这里有几种特殊情况需要注意：

1）卖家使用TNT、UPS、FedEx、DHL、EMS等物流发货的，系统会自动核实物流情况。具体内容如下。

① 买家收货期内，系统核实物流妥投且妥投信息与买家收货地址信息一致时，会自动提醒买家在7天内确认收货。如果买家超时未确认，系统将默认买家确认收货，将结束订单并放款给卖家。

② 买家收货期内，如果系统核实显示货物有投递到买家国家的物流信息，只是未显示正常妥投，只要买家确认收货或卖家能提供物流出具的妥投证明，系统也

会放款给卖家。如果买家没有确认收货，系统会等到收货期超时后，再放款给卖家。

2）对于卖家使用其他物流方式（航空包裹、SF）发货的，系统设定的收货超时时间为30天（除卖家延长收货期的订单外，此类订单发货期以实际延长后的期限为准）。

① 若买家未在规定时间内确认收货，系统将自动确认，并核对货物配送是否进行妥投处理，按规定给卖家放款。

② 若未妥投（不包含货物退回情况），系统会将该笔订单冻结180天，在此期间客服人员会不断与买家进行联系询问收货情况。若在此期间卖家可以提供物流出具的妥投证明或者买家逾期未答复的，平台也会放款给卖家。

为确保平台顺利查询货物妥投信息，卖家应注意：

① 保留发货过程中的所有单据，如发货单、收据等凭证，建议保留6个月以上。

② 保持与快递公司或者货代公司的联系，若所选择运输方式的物流官网上长时间无法查询到货物妥投信息，请督促快递公司或者货代公司进一步了解货物的物流状态。

③ 保持与买家的联系，提醒对方及时确认收货并同意放款。

妙招 95　发货时间的设置

平台对卖家的发货时间有明确要求，买家按照订单付款后，卖家应该在规定的时间内交货。所谓交货，包括货物所需要的生产、备货时间，通常来讲交货期应控制在3 ~ 60个工作日内。

卖家可根据自己的实际情况来设置这个时间，货源充足的话可设置短些，需要临时生产的可将时间设置长些，设置页面如图10-2所示。

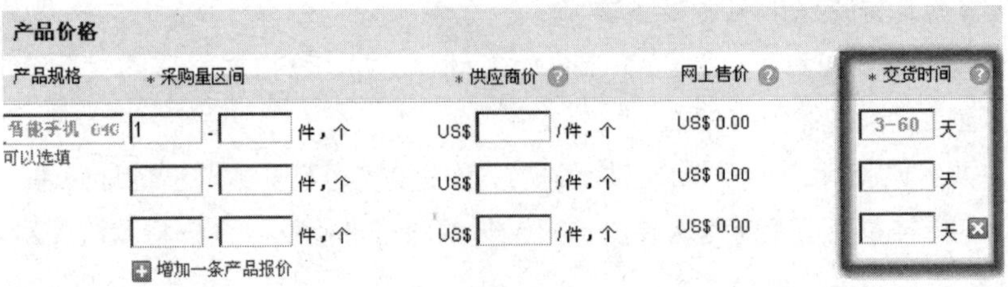

图10-2　发货时间设置页面

注：交货时间计算方法为从买家下单付款且支付信息审核完成（发货按钮变亮）后开始计算。

按照平台的规定，卖家必须在买家下单付款、支付信息审核完成后，在规定的日期内填写发货日期，立即发货。假设设置的交货时间为7天，卖家必须在7日内填写发货信息（周末顺延2天）。否则，系统会关闭订单，货款也将全额退还给买家。

因一些主、客观原因，货物可能未能在规定的时间内抵达收货地，卖家应及时与买家沟通，在截止时间前向买家说明情况，延长发货时间。

不过值得注意的是，延长发货时间需要在后台另行设置。由于之前已经发货成功，并填写了发货及物流信息，订单已进入“等待买家收货”阶段。这时可在“交易”→“管理订单”→“进行中的订单”页面中选择“延长收货时间”，如图10-3所示。

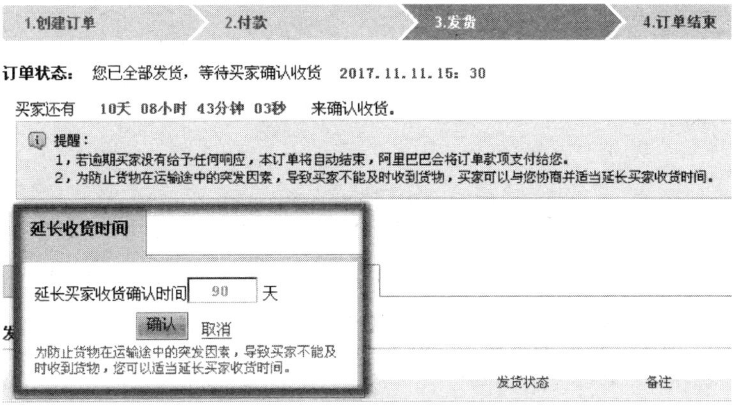
1.创建订单
2.付款
3.发货
4.订单结束
订单状态：　您已全部发货，等待买家确认收货　2017.11.11.15：30
买家还有　10天 08小时 43分钟 03秒　来确认收货。
提醒：
1，若逾期买家没有给予任何响应，本订单将自动结束，阿里巴巴会将订单款项支付给您。
2，为防止货物在运输途中的突发因素，导致买家不能及时收到货物，买家可以与您协商并适当延长买家收货时间。
延长收货时间
延长买家收货确认时间　90　天
确认
取消
为防止货物在运输途中的突发因素，导致买家不能及时收到货物，您可以适当延长买家收货时间。
发货状态
备注

图10-3　延长收货时间设置

注：卖家可延迟收货的次数不限，但对时间是有规定的，累计延长时间最多不得超过90天。

妙招96　订单管理

订单管理是速卖通平台上一个主要功能，登录店铺后台即可看到。这一功能包括3项内容，分别为查看自开店以来所有订单的状态、查看纠纷订单、导出最近3个月的订单。

“所有订单”可以查看开店以来的所有订单；“退款&纠纷”可以查看有纠纷的订单；“订单批量导出”可以导出最近3个月的所有订单并下载到本地为.xls格式保存，方便卖家统一查询物流信息、统计资金以及批量进行客户管理和二次营销。

所以，作为卖家一定要养成良好的操作习惯，定期导出订单，因为只有最近3

个月的信息才可以导出来，3个月以前的订单只能在平台上查询。

订单管理除了批量操作之外，还有更重要的一个作用就是单个订单的操作，即对每个订单进行查看和分析，如未付款的有哪些，待收货的有哪些，纠纷订单有哪些等，如图10-4所示。

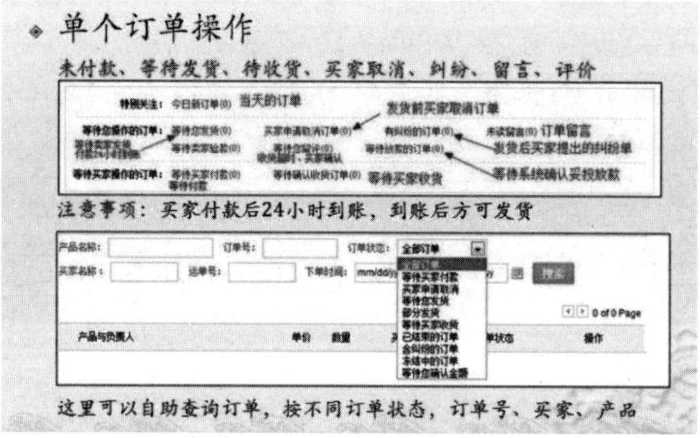

图10-4　单个订单操作页面

单个订单操作是针对已有订单的快捷统计和一系列操作，通过查看、分析不同状态下的订单，及时做出处理。单个订单常见的状态包括如下：

（1）等待确认发货的订单

卖家应在规定的发货期内完成发货，否则订单关闭，并且会增加“成交不卖”的违规风险，降低店铺权重。

（2）等待买家操作的订单

这里面就是已经发货等待买家收货的订单。好多买家提交订单后没有及时付款，卖家要催付款。

（3）买家申请退款的订单

这种订单的状态是买家下单成功，这个可在导出的.xls格式文档里面看到。卖家在下单后如果还不发货，客户是可以提出退款申请的。客户一旦提出退款申请，就会生成产退款订货单。

如果客户取消订单，需要卖家来确认是拒绝还是同意，遇到这种情况要认真与买家沟通。

（4）有纠纷的订单

客户长时间无法收到货物，或者货不对版，极有可能提出投诉而引发纠纷，这时就会产生一些纠纷订单。纠纷产生后，卖家应与买家多沟通，积极配合买家，尽量让问题得到解决。同时平台也会在买家提出申请后提供必要的帮助。

（5）等待放款的订单

买家收货后系统会自动做一个物流妥投的评价，如果没有问题平台就会按照规定放款，生成等待放款订单。注意，如果买家不按规定收货，或收货超时，平台也会做出物流妥投的评价，生成等待放款订单。

（6）订单留言

订单留言是卖家常用的一个客户管理工具，是与买家充分互动的良好途径。需要注意的是，这里的内容只能用英文书写，字符数最多1500个，如图10-5所示。

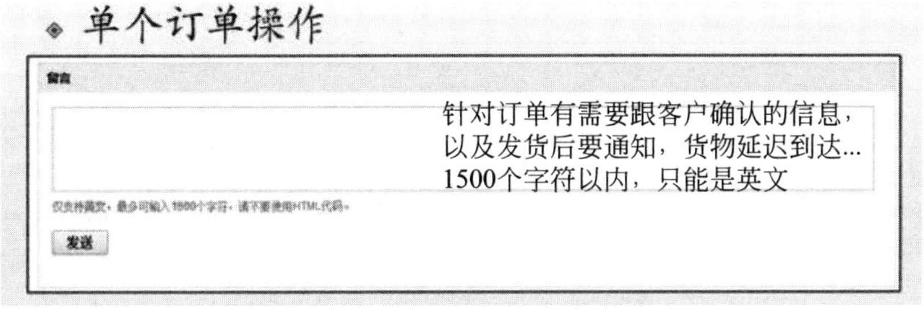

图10-5　订单留言填写查询和处理页面

为了便于管理，卖家也可批量导出订单详情（发货单），需要导出时，系统会有所提示，如图10-6所示。注意只有系统里有等待发货的时候才有这个提示。

图10-6　批量导出订单详情页面

妙招97　付款管理

买家创建订单并确认之后会进入买家付款页面，目前平台支持买家通过Moneybookers、PayPal、信用卡、借记卡、T/T汇款等多种方式在速卖通平台在线支付货款。买家选择任意一种支付方式后，点击“Pay My Order”即可进入支付页面进行支付。

买家下单后，卖家可以在“交易”→“管理订单”→“进行中的订单”页面中查看订单信息。这时卖家需要做好两件事，一是确认订单无错误，与下单前双方沟通的信息保持一致；二是买家若没有付款，应及时提醒对方。因为如果逾期20天未付款，订单将会自动关闭。

如果买家付款成功，订单会显示为“等待您发货”状态，如图10-7所示。

图10-7 “等待您发货”状态页面

如果买家还未付款，卖家可以通过查看订单详情剩余付款时间，尽快提醒买家，如图10-8所示。

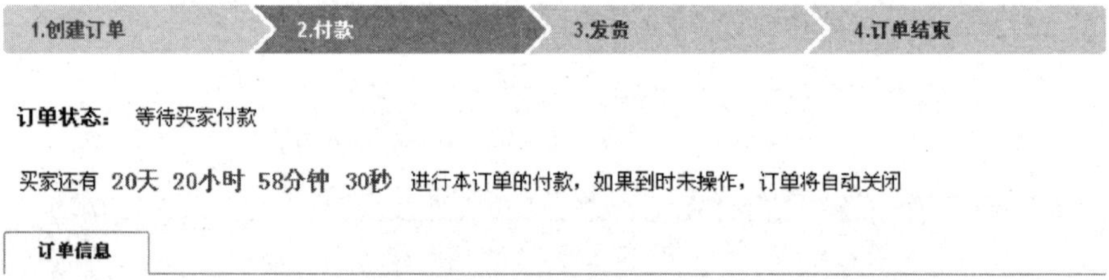

图10-8 提醒买家付款页面

值得注意的是，卖家要同时开通人民币收款账户和美元收款账户。设置美元收款账户，可提高成单机会。按照规则，如果买家使用的是信用卡进行支付，订单完成后平台会将买家支付的美金结算成人民币支付给卖家。如果买家使用的T/T银行电汇、PayPal、借记卡和银行汇款进行支付，订单完成后平台会直接以美金支付。因此，只有在卖家设置了美元收款账户的前提下，买家才能使用非信用卡方式支付货款。

国际支付支持多种支付方式，常见的有信用卡、T/T银行汇款、Moneybookers和借记卡4种，具体如表10-1所列。

表10-1　国际支付的方式

信用卡支付
买家可以使用Visa及Mastercard对订单进行支付，如果买家使用此方式进行支付，订单完成后，平台会将订单款项按照买家付款当天的汇率结算成人民币支付
T/T银行汇款支付
国际贸易主流支付方式，大额交易更方便。如果买家使用此方式支付，其中会有一定的汇款转账手续费用，与卖家收到的金额可能会有一定出入。此外，银行提现也需要一定的提现费用
Moneybookers支付
欧洲也是速卖通的主要市场，Moneybookers是一个欧洲的电子钱包公司（类似与PayPal）而且集成了50多种支付方式，是欧洲一种主流的支付服务商
借记卡支付
国际通行的借记卡外表与信用卡一样，并于右下角印有国际支付卡机构的标志，通行于所有接受信用卡的销售点。唯一的区别是，当使用借记卡时，用户没有credit line，只能用账户里的余额支付

妙招98　不良评价管理

客户的不良评价通常是指，买家在购买或体验商品后发现与预期不符，对服务不满意，或者商品在物流过程中不顺利而做的负面反馈。这些反馈都会严重影响到卖家的信誉和美誉度，甚至被投诉遭到平台的处罚，如图10-9所示。

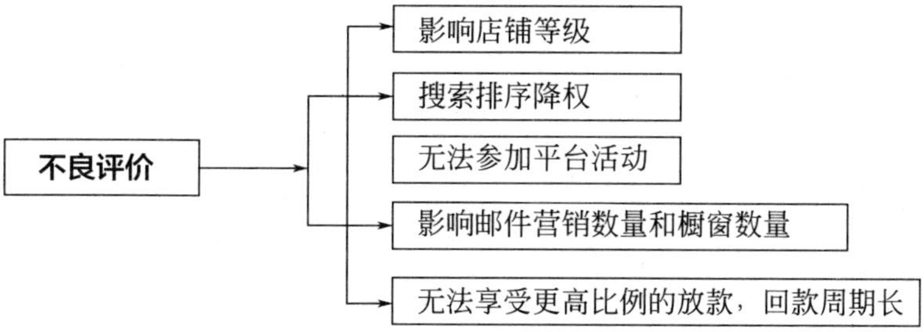

图10-9　不良评价的负面影响

因此，对卖家而言，如果发现有不良评价，必须及时、谨慎地处理，并给出买家满意的解决方案。买家的不良评价往往由于两大问题所致，一个是商品质量问题，另一个是物流问题。解决好这两点，基本可解决90%以上的问题。

（1）商品质量

商品质量问题主要包括：描述不符、质量问题、货物破损、尺寸不符、销售假货等。

对于商品质量问题，没有过多技巧，唯一要做的就是优化商品供应链，控制好商品质量，尤其是对投诉过多的商品，必须及时下架。

（2）物流问题

物流问题一般包括：运单号无效、发错地址、物流途中、海关扣关、包裹退回、未按照约定方式发货等。

对于物流问题，最好的解决方法有两点，一是预防，要了解速卖通物流快递的流程，尽量将可能遇到的问题降到最低；二是及时补救，做好客户服务的工作。

在给买家发货时，也要注意一些技巧，如在设置运费模板时就要确定所使用的快递渠道，并及时告知买家；根据商品特征选择合适的快递，比如比较轻、价值不高的商品选择小包；货值大的选择商业快递货值专线。

在速卖通的物流过程中，客户服务非常重要，这在引导卖家和客户之间进行沟通、增进感情、缓解矛盾、提高店铺ODR等方面起着重要作用。如果商品货源都一样，那服务就是卖家的核心竞争力。

物流中的一些纠纷有的是因为卖家原因，有的是因为买家原因，因此建议要勤检查，及时确认。如果是买家原因，应及早与对方沟通，必要时可截图、录音来保留证据，发生纠纷时可以作为参考。

在以下2种情况下，买家应负主要责任。

一是地址信息明显不全：如若发现这种情况，应停止发货，联系买家或致电客服申诉。

二是买家地址填写错误：如若发现这种情况，应停止发货，联系买家；如若已发货，应保留发货证据，确认无法妥投退回，尽早重新发货。

妙招 99　退货管理

如果卖家和买家达成了退款又退货协议，买家必须要在10天内将货物发出（否则款项会打给卖家）。卖家需要做的工作包括以下几项：

① 若买家已经退货，填写了退货单号，则需要等待卖家确认。一般来讲卖家有30天的确认收货时间，若30天内卖家未进行任何操作，即未确认收货也未提交

纠纷裁决，系统会默认卖家已收到退货，自动退款给买家。

② 若卖家收到退货并同意退款，点击“确定”按钮，速卖通平台会退款给买家。

③ 若卖家在收到退货后，发现退货有问题或有其他异议，则可与买家协商，协商不成可申请平台解决。具体操作为点击“升级纠纷”提交至平台进行纠纷裁决，操作页面如图10-10所示。

图10-10 卖家向平台申请纠纷处理界面

平台会在2个工作日内介入处理，处理过程中卖家可随时在纠纷页面查看。在平台裁决期间，如果得以解决，卖家也可以点击“撤销仲裁”撤销纠纷裁决。

妙招100 充分沟通，减少不必要纠纷

在线交易时买卖双方的交流以在线沟通为主，方式主要有即时通信工具和在线留言。这里简单为大家介绍一些在线沟通的技巧。

沟通的前提是了解，卖家要了解目标市场的风俗习惯，如节假日、国庆日等，便于沟通时拉近距离；要了解不同国家的语言习惯，便于根据不同人群给予针对性回复；要熟悉该商品的主要规格与质量要求，必须要能准确地用英文表达出来。

这里列举一个俄罗斯的订单，由于俄罗斯邮政政策调整，买家收货人名需填写全名才能正常取件。因此，建议卖家在发货前与买家确认收货人名称是否为全名，如不是，请及时与买家沟通。

买家下单后，要记住检查收件人姓名，不确定的就要跟买家联系，确认后方可发货。确认的内容主要包括两项，一是订单属性，如产品的颜色、尺码、运输方式等；

二是客户信息，如联系方式、邮编，电话、邮寄地址等，具体如图10-11所示。

图10-11　卖家发货前需确认的信息

（1）主动联系

卖家在交易过程中最好多主动联系买家。例如发货之后，提醒买家注意收货。这些沟通，既能让卖家即时掌握交易动向，也能够让买家感觉受到卖家的重视，促进双方的信任与合作。

（2）即时回复

卖家要经常关注即时通信工具和在线留言的信息，对于买家的询盘要及时回复。否则，买家很容易失去等待的耐心，卖家也很可能错失订单。

（3）注意沟通时间

由于时差的缘故，卖家在日常工作（北京时间8点～17点）的时间，会发现大部分国外买家的即时通信都是离线的。当然，即使国外买家不在线，卖家也可以通过留言联系买家。不过，供应商应尽量选择买家在线的时间联系，这意味着卖家应该学会在晚上的时间联系国外买家。因为这个时候买家在线的可能性最大，沟通效果更好。

（4）书面沟通为主

即时通信工具，一般都有网络语音对话的功能。一般情况下，卖家应该避免与国外买家进行语音对话，尽量以书写方式为主。用书写的形式沟通，不仅能让买卖双方的信息交流会更加的清晰、准确，也能够留下交流的证据，利于后期纠纷的处理。

（5）学会分析买家

要学会从买家的交流风格判断买家的性格、脾气。如买家语言简洁精炼，则可判断其办事可能是雷厉风行，不喜欢拖泥带水。那么，卖家若能根据买家的性格脾气，积极调整沟通方式，则能促进双方沟通的顺利进行。